"十三五"职业教育国家规划教材

普通高等教育"十一五"国家级规划教材

荣获中国石油和化学工业优秀教材奖一等奖

化学化工信息检索

魏振枢　郭　林　等编著

第四版

化学工业出版社
·北京·

本书以网络检索为基础介绍化学化工信息检索，主要包含六大部分：文献检索基础知识，论文、书籍的网络检索，美国《化学文摘》的网络检索，专利文献的网络检索，标准文献的网络检索，以及科技论文的撰写与编辑。

书中实例和实训内容丰富，资料新颖，每章后附有大量自测题和练习题，将基础理论和实际操作紧密结合，可读性和可操作性强。

本书为大学、高职高专、中等职业院校化学化工类专业文献检索课程的教材，也可供各类技术人员参考学习。

图书在版编目（CIP）数据

化学化工信息检索/魏振枢等编著. —4版. —北京：化学工业出版社，2019.6（2023.5重印）

普通高等教育"十一五"国家级规划教材　荣获中国石油和化学工业优秀教材奖一等奖

ISBN 978-7-122-34190-7

Ⅰ.①化⋯　Ⅱ.①魏⋯　Ⅲ.①化学-情报检索-高等职业教育-教材②化工工业-情报检索-高等职业教育-教材　Ⅳ.①G252.7

中国版本图书馆CIP数据核字（2019）第056832号

责任编辑：王文峡　　　　　　　　　　文字编辑：向　东
责任校对：宋　玮　　　　　　　　　　装帧设计：王晓宇

出版发行：化学工业出版社（北京市东城区青年湖南街13号　邮政编码100011）
印　　装：大厂聚鑫印刷有限责任公司
787mm×1092mm　1/16　印张16¾　字数421千字　2023年5月北京第4版第5次印刷

购书咨询：010-64518888　　售后服务：010-64518899
网　　址：http://www.cip.com.cn
凡购买本书，如有缺损质量问题，本社销售中心负责调换。

定　　价：49.00元　　　　　　　　　　　　　　　　版权所有　违者必究

前言

如果说在本书的第一版问世后,我们还在担心书中相关信息资料不足,难以满足查阅科研资料的需求,也难以满足教学中检索实习的需求的话,那么经过近20年的巨变,随着信息科学以及网络技术的快速发展,信息数量急剧增长,如何从浩如烟海的信息海洋中快速、及时、准确地获取自己所需要的信息,如何鉴别出垃圾资料并准确剔除掉,已经成为人们工作、学习的关键问题。谁掌握了获取知识的方法,谁就掌握了打开人类知识宝库的钥匙。大学生在校期间应该学会如何查找自己所需要的各类资料,只有这样才能不断地学习,不断地更新自己的知识体系,才能适应社会的进步和科学的发展。因此,在大学开设文献检索课程也是大势所趋。从调查的情况可以看出,随着越来越多的学校和专业开设该门课程,更加迫切需求一本高水平适应性强的教材,我们据此完成了对本教材第三版的改编工作。本教材的第四版主要有以下几个明显的特点。

1.仍然延续原有的编排章节,以方便教学安排。仍然把所有内容分为六个方面(基础知识、论文著作等文献的网络检索、CA文献的检索、专利文献网络检索、标准文献的网络检索和论文写作与编辑)。在CA文献的检索编排设计上,着眼于把原有纸质的CA基本知识讲清说透,以便掌握其精髓,把网络检索讲足说够,检索就会变得方便易得了。

2.抓住信息检索的核心知识。学习过程不是学表面形式上的内容,而是学习实质,掌握核心。无论是对纸质还是网络文献信息进行检索时,其核心知识是正确选择"检索项"(检索语言)。其次是要熟悉重要专业数据库及其检索途径,只有这样才能够顺利快速地检索到所需的信息资料。

3.难点分散,反复实践。检索项的确定是信息检索的重点,也是难点,在各种类型情报信息的检索中,反复提炼检索项,加深记忆。重点知识反复操作练习以求消化,在训练过程中把难点突破。

4.内容新颖,以实践教学理解知识内涵。涉及的各类资料都是最新的。书中有各类阅读材料、课堂互动与思考练习实例将近200多项,每章末均有自测练习题共计一百多项,可以在每章学习后自测对知识掌握与否;各章习题共计有一百多项,均根据实用案例精心设计,使这些教学实例和实训课题更具有针对性和适用性。

本书由魏振枢和郭林确定编写内容,由郭林具体执笔编写,最后由魏振枢通稿确认。郑州工程技术学院的刘从军博士、冯丹丹博士和图书馆的王媛媛对本教材的编写提供资料,李靖靖教授和周晓莉教授予以具体指导。

在本书的编写过程中,我们参考了许多相关教材、专著和论文等资料,同时得到化学工业出版社的大力支持,在此向有关著作者表示由衷的谢意。由于水平和经验所限,书中难免存在不足之处,敬请读者和专家批评指正。

编著者

2019年5月

第一版前言
FOREWORD

人类社会已经进入"以情报求生存；以情报求发展"的信息时代。科学技术已经成为发展生产、繁荣经济的第一生产力，并以惊人的速度发展，不断淘汰旧的科学技术。世界人民创造的科技文献宝库，是人类共享的第二资源。

随着科学技术的迅猛发展，信息社会的挑战、社会主义市场经济体制的建立，使得信息、情报工作已经成为全方位的社会需求，而科技文献资料则是信息、情报的重要来源。对于信息利用程度的高低已经成为一个国家综合实力的重要体现。因此，培养具有较强的情报意识、善于运用前人的优秀科学技术成果、能进行开拓创新的人才是社会的要求，更是学校对人才培养的方向。面向现代化、面向世界、面向未来的一代跨世纪智能型人才的培养，更使得以培养学生的信息意识，提高独立获取知识和科学研究能力为目的的文献检索课，成为高等教育中不可缺少的一门科学方法课。

自20世纪80年代中期以来，文献检索课在全国高校得到不断普及，课程建设有了长足的发展，先后出版了不少类似的课本，编写内容和体系上各有千秋。本书编写时以国家教委高教司〔1992〕44号关于高校"文献检索课教学基本要求"中规定的大纲内容为编写准则，依据全国高等职业教育化工工艺专业教材编审委员会制订的教学基本要求和编写提纲，参考不少同类著作，突破过去的旧体系，建立新的文献检索课程体系，增加了现代的科学技术内容和论文的写作等实用性比较强的知识内容，在选材和举例上尽可能地求新、实用，并且要求在每一个章节中均含有本章内容提要和实训练习题。

全书主要内容有：文献基础知识；科技论文的写作；美国化学文摘的查阅；专利文献的查阅；标准文献的查阅、ISO 9000族标准基本知识和条码技术；计算机联机文献检索、光盘文献检索及Internet文献检索等。

参加本书编写工作的有魏振枢（附录及各章习题）、赵辉（第四章、第五章）、张想竹（第一章、第二章）、姚虹（第三章、第六章）。参加编写工作及提供各种资料的还有李靖靖、符德学、袁萍、李敏、管延泉、高孟霞、孙有梅等，同时也得到了孔昭宁和魏蕾的大力支持和协助，在此表示感谢。本书最后由魏振枢统稿审定。

化学工业出版社组织人员（专家）对本书进行了审定，由王焕梅担任主审。参加审稿工作的还有丁志平、许宁、杨永杰、张小军、庄伟强、彭德厚、胡虹、朱智清等。

藏书几千万册之巨的柏林图书馆大门上刻的碑文有："这里是人类知识的宝库，如果你掌握它的钥匙的话，那么全部知识都是你的"。通过本书的学习，如果你能将本书的内容变成为你手中钥匙的话，编著者将会感到万分欣慰。

由于时间仓促和水平条件所限，书中难免有疏漏之处，敬请专家和读者批评指正。

编著者
2001年10月

第二版前言

21世纪是以知识为基础，直接依赖于知识和信息从事生产和应用的知识经济时代。此时，只有最先占有、掌握和充分利用知识与信息，才有把握在竞争中获胜。培养学生尽快掌握与利用信息资源的方法和技能，成为知识经济与信息时代衡量人才素质的重要方面。由此可以看出，开设文献检索课程并让学生掌握好信息检索的手段和方法非常重要，有这样一本合适的教材就显得更为重要。

第一版《化学化工信息检索》于2002年1月问世，由于编排比较科学合理，因此，深受各高等院校的欢迎和厚爱，成为文献检索课程的教材。到目前为止，已经5次印刷，发行2万多册。

经过三年多时间的使用，原书中部分内容已经过时或陈旧，例如，关于标准文献已经有了新的变化，专利文献也已经有了最新的要求，更重要的是网络检索已经成为目前最重要的检索手段，更应该充实这方面的内容……

在新版的修订过程中，我们注意吸收更有经验的教师参与这项工作，在编排上注意吸收最近两年来的新教材中更有价值的内容，力争文献的先进性和可读性更加明显，以便于为读者提供一部能够增长知识才干的好读物。

全书主要内容仍然分为六章：文献基础知识、常见专业文献及科技论文的书写、美国《化学文摘》、专利文献、标准文献、计算机信息检索基础等。

参加本书修订工作的有王炳君（第一章和第六章第四节）、刘哲（第二章）、姬建刚（平原大学）（第三章第一至第六节和第六章第三节）、赵豫林（第三章第七至第八节）、吕志远（第四章）、程西欣（第五章）、郭庆兰（第六章第一至第二节），最后由魏振枢统稿审定。

我们力争使本书知识性、趣味性、系统性更强，使本书可以作为学校（含本科、专科及化工类职业学校）化学化工专业及相关专业的教科书，也可供化学化工专业工作者使用和参考。

本次修订如有不足和疏漏之处，恳切希望广大读者不吝指正。

编著者
2006年1月

第三版前言 FOREWORD

自 2002 年 1 月出版，十余年来《化学化工信息检索》已经累计印刷十几次，发行量超过 10 万册。为了给广大读者提供更为科学实用的优秀教材，我们在进行深入细致调查研究的基础上，再次对本书进行了修订，形成了第三版。在使用本书时，要理解好以下几点。

1. 抓住信息检索的核心知识。学习过程不是学表面形式上的内容，而是学习实质，掌握核心。进行信息检索时，无论是对纸质文献还是对网络文献，其核心知识是正确确认"检索项"（检索语言），只有这样才能顺利快速地检索到所需的信息资料。

2. 在进行网络检索时，各网站的检索功能及界面有颇多相似之处，检索方法大同小异。如果能对众多数据库中的一个有比较透彻的了解，也就能够很快地掌握类似信息资源的检索方法。不少网站含有"使用指南""帮助"等窗口，通过阅读可以很快掌握检索方法。通过下载相应的软件，可以获取所需要的信息资料。各类网站栏目设置甚至网址随时间而有所变化，但不变的是基本规律和核心内容。有些网站甚至还会保留"旧版入口"进入原有界面，方便浏览。因此本书选取 CNKI、CA 等作为重点详细分析，以便起到触类旁通和举一反三的作用。目前各网站有链接功能，形成立体链接态势，如查阅标准资料，可以通过中国知网、国家科学图书馆标准文献信息服务系统等许多网站进行检索，最终都是链接在中国标准服务网购买阅读。

3. 认真学习配套光盘阅读材料。光盘中有涉及标准和法规的文献以扩展知识，有自测练习题和模拟测验题以检验对知识理解的程度，有基本多媒体课件以辅助教学。在学习进程中应该与光盘内容紧密结合，以便收到事半功倍的效果。

4. 全书保留原有的基本章节，可按照自然章节顺序组织教学；也可以把各章节内容与相应网络检索融合在一起讲授；还可以根据需要把内容组合成为几个实训单元，形成项目化教学体系，例如可以分为图书馆认知（检索语言、检索方法及馆藏文献类型），期刊（图书）文献网络信息检索，专利文献和标准文献等网络信息检索，学位论文、会议录、科技成果、产品等网络信息检索，专业课题综合检索及科技论文写作练习等 5 大系统进行教学。

参加本书修订工作的有周晓莉（执笔修订第一章第三至四节、第四章第一节）、王树新（执笔修订第一章第一至二节、第二章）、郭林（执笔修订第三章、第四章第三节）、李靖靖（执笔修订第四章第二节、第五章）、陈磊山（执笔修订第四章第一至二节、第六章）。刘冬、肖望东、栾崇林、刘红波、罗大为、吕志元等与魏振枢共同对书稿和光盘阅读材料进行精选审阅，孔昭宁收集归整资料，最后由魏振枢通稿审定。

编写中许多优秀教材使我们深受启发，并得以参考借鉴，在此对其作者表示诚挚谢意。书中疏漏之处依旧难免，恳请读者不吝指正（联络邮箱：weizhenshu@sina.com）。衷心希望读者能够存留此书，随时参考使用，与这本书成为水乳交融的朋友。

编著者
2012 年 6 月

目录 CONTENTS

第一章 文献检索基础知识 / 001

第一节 科技文献基本知识 / 002
一、文献的概念 / 002
二、文献的分类 / 003
三、学习文献检索的意义 / 006

第二节 文献检索语言 / 007
一、分类语言 / 008
二、主题语言 / 009
三、代码语言 / 010

第三节 网络文献检索概述 / 016
一、因特网基础知识 / 016
二、常用搜索引擎 / 020
三、网络文献中的检索工具 / 023
四、网络文献检索步骤 / 025

第四节 科学利用图书馆 / 031
一、图书收藏特点 / 031
二、期刊收藏特点 / 032
三、工具书收藏特点 / 032
四、图书馆馆藏书籍查询实例 / 034
五、网络检索中的问题与对策 / 035

自测练习题 / 037
实训练习题 / 039

第二章 论文、书籍的网络检索 / 041

第一节 科技期刊基础知识 / 042
一、科技期刊的含义 / 042
二、科技期刊的特点 / 042
三、科技期刊的类型 / 042
四、期刊出版周期常用缩写注释 / 043

第二节 中文检索类文献数据库 / 044
一、全国报刊索引 / 044
二、中国人民大学书报资料中心 / 045
三、经济管理文摘 / 046
四、中国生命科学文献数据库 / 048

第三节 中国知网文献数据库 / 049
一、中国知网简介 / 049
二、基本检索功能 / 050
三、检索途径 / 052
四、知网节 / 055
五、引文数据库 / 057
六、职业技能资源在线 / 058
七、辅助功能 / 060

第四节 其他综合文献数据库 / 063
一、万方数据库 / 063
二、中文科技期刊数据库 / 065

第五节 英文文献数据库 / 065
一、工程索引文献数据库 / 065
二、科学引文索引文献数据库 / 066
三、科学评论索引文献数据库 / 066
四、科技会议录索引 / 066
五、Elsevier 文献数据库 / 067
六、EBSCOhost 文献数据库 / 068

第六节 科技图书文献数据库 / 068
一、国家科技图书文献中心 / 069
二、中国科学院国家科学图书馆 / 069
三、联机计算机图书馆中心系统 / 072
四、国家图书馆 / 072
五、超星网 / 073

第七节 会议文献数据库 / 074
一、中国知网中的中国学术会议数据库 / 075
二、NSTL 会议文献数据库 / 076

三、万方数据中的会议文献
　　　　数据库 / 076
第八节　科技成果文献数据库 / 078
　　一、技术报告 / 078
　　二、科技成果 / 080
第九节　学位论文数据库 / 081
自测练习题 / 084
实训练习题 / 085

第三章　美国《化学文摘》的网络检索 / 087

第一节　《化学文摘》概况 / 088
　　一、《化学文摘》简介 / 088
　　二、《化学文摘》特点 / 088
第二节　《化学文摘》期刊的组织与编排 / 090
　　一、出版周期和内容类别的变化 / 090
　　二、每期的编排结构 / 091
　　三、计算机核对字母的确定方法 / 091
第三节　化学化工科技文献中常见英文构
　　　　词法 / 092
　　一、目的 / 092
　　二、构成 / 092
　　三、化学化工科技文献中常见英文
　　　　缩略语类型 / 095
　　四、缩略语的查找 / 098
第四节　常见化合物的命名 / 099
　　一、无机化合物的命名 / 099
　　二、有机化合物的命名 / 102
第五节　《化学文摘》文摘的著录格式 / 106
　　一、期刊论文的文摘标题 / 106
　　二、会议录和资料汇编的文摘标题 / 107
　　三、技术报告的文摘标题 / 108
　　四、学位论文的文摘标题 / 110
　　五、新书和视听资料的文摘标题 / 110
　　六、专利的文摘标题 / 111
　　七、交叉参考（又名相互参照） / 112
第六节　《化学文摘》的索引 / 113
　　一、《化学文摘》的期索引 / 114
　　二、《化学文摘》的卷索引 / 119
　　三、《化学文摘》的累积索引 / 130
　　四、《化学文摘》资料来源索引 / 130
第七节　《化学文摘》检索实例 / 133
　　一、《化学文摘》索引的查阅原则 / 134
　　二、《化学文摘》的检索途径 / 135
　　三、《化学文摘》的检索步骤 / 136
　　四、《化学文摘》纸质文献的检索 / 136
　　五、SciFinder 文献检索 / 141
自测练习题 / 147
实训练习题 / 148

第四章　专利文献的网络检索 / 152

第一节　专利基础知识 / 153
　　一、专利的含义 / 154
　　二、专利的类型 / 155
　　三、专利的特点 / 157
　　四、取得专利的条件 / 158
　　五、《中华人民共和国专利法》不予
　　　　保护的范围 / 160
第二节　专利文献 / 163
　　一、专利文献的特点 / 163
　　二、国际专利分类法 / 165
　　三、美国专利文献 / 167
　　四、中国专利文献 / 168
第三节　专利文献数据库及网络
　　　　检索 / 173
　　一、概述 / 173
　　二、世界知识产权组织 / 173
　　三、美国专利和商标局 / 173
　　四、欧洲专利局 / 174
　　五、中国国家知识产权局 / 175
　　六、中国专利信息中心 / 179

七、中国知识产权网　/ 181
　第四节　如何申请专利　/ 182

　　自测练习题　/ 184
　　实训练习题　/ 186

第五章　标准文献的网络检索　/ 188

　第一节　标准、标准化和标准文献　/ 189
　　一、标准　/ 189
　　二、标准化　/ 189
　　三、标准文献　/ 190
　第二节　标准的分类　/ 190
　　一、国际标准　/ 193
　　二、区域标准　/ 194
　　三、国家标准　/ 195
　　四、行业标准　/ 199
　　五、团体标准　/ 200
　　六、地方标准　/ 201
　　七、企业标准　/ 201

　第三节　标准文献数据库及网络检索　/ 202
　　一、概述　/ 202
　　二、世界标准服务网　/ 203
　　三、国际标准化组织　/ 203
　　四、美国国家标准系统网　/ 205
　　五、中国标准服务网　/ 205
　　六、国家市场监督管理总局网　/ 211
　　七、中国国家标准化管理
　　　　委员会网站　/ 215
　　八、其他标准数据库　/ 218
　自测练习题　/ 219
　实训练习题　/ 219

第六章　科技论文的撰写与编辑　/ 221

　第一节　科技论文与科研选题　/ 222
　　一、科技论文的概念　/ 222
　　二、科技论文的分类　/ 222
　　三、科研工作选题　/ 223
　　四、科技论文的基本要求　/ 224
　　五、科技论文的撰写步骤　/ 225
　第二节　科技论文的写作格式　/ 226
　　一、科技论文格式基本要求　/ 226

　　二、文后参考文献著录规则　/ 231
　　三、专业论文标准格式样本　/ 241
　第三节　论文的编辑排版　/ 242
　　一、简单排版　/ 242
　　二、数据处理　/ 247
　　三、绘图软件　/ 252
　自测练习题　/ 255
　实训练习题　/ 256

参考文献　/ 257

第一章

文献检索基础知识

学习目标

1. 掌握文献检索语言的分类，并能够熟练地运用。
2. 掌握布尔逻辑检索的基本操作，熟悉计算机网络检索步骤。
3. 熟悉各类数据库的特点，熟悉专业重要网站和主要的搜索引擎，掌握检索文献的途径。
4. 了解网络检索的特点及基本服务功能。熟悉图书馆藏书特点，了解图书馆的排架规律，掌握图书馆书目查询系统、公共联机书目查询系统、联合目录查询系统的使用方法。

重点难点

本章重点是检索语言的类型、布尔逻辑检索的灵活运用和文献检索步骤；难点是如何提炼出正确的检索项和各类专业网站的选择与确认。

导读导学

◎ 什么是文献？常见的有哪些类型？如何用快捷的科学方法查找到你所需要的文献资料？

◎ 教材是文献吗？课堂笔记本或者实验室记录的数据内容是文献吗？报纸杂志是文献吗？到一个陌生的地方去求学，这个学校有什么特色专业？具体位置在哪儿？如何快速便捷地到达？

◎ 外出旅游时，所到城市有哪些特产名吃？有哪些著名的旅游景观？有什么传说典故？如何找到你要去的地方？

◎ 要写一个材料，到哪儿去找相关的资料？自己是否有网络查阅文献资料的经历？在网站的"检索项"栏目中填写什么内容才能找到所需要的资料？

◎ 维生素C、维他命（vitamin C）、VC、维C、抗坏血酸是同一种药品吗？交通工具、电动车、自行车、单车、脚踏车之间有什么关系？这些不同名称给予读者什么启示？

◎ 18位身份证号码中的数字各是什么含义？最后一位校验码是怎样得出来的？

◎ 如何甄别非法出版物（书籍、期刊、音像制品）？

◎ 需要某些化学药品时，如何网络查询在何处购买及相关价格是否合理？

◎ 一般图书馆布局如何？怎样才能科学准确地查找到所需要的图书、期刊、工具书？图书馆中有你所关注的作者编著的书吗？版次如何？复本有多少？排架号是什么？如何到书库快速得到？

◎ "查资料，上百度"此话全面、准确吗？在实际检索过程中感觉是检索到相关信息资料比较少呢，还是检索出的信息资料过多而筛选困难？到商店购买商品，如何用智能手机辨析商品的真伪和价格的合适度？

◎ 在今后工作岗位上如何利用网络资料充实自己？如何利用各类媒体知识完成工作任务？完成这门课程学习后反思一下，这门课程对今后走上社会是否有用？

第一节 科技文献基本知识

知识是人类在社会实践中积累起来的经验。在实践活动中，人们不断接收到客体发出的种种信息，经过大脑的选择、整理、提炼等加工过程，博观约取，去粗取精，去伪存真，由此及彼，由表及里，形成了各种不同的知识。

从认识论出发，信息具有物质的属性，是物质的一种存在形式，它以物质的属性或运动状态为内容，并且总是借助一定的物质载体传输或存储。信息可以是事物运动状态或存在方式的直接表述，即"自然信息"，也可以用语言、文字、信号等符号的形式间接地表述出来，即"人工信息"。因此可以说，信息与一切客观事物一样，无处不在，无时不在，广泛存在于自然界和人类社会中。从知识和信息两者之间的关系看，知识的产生离不开信息和信息的传递。信息经过选择、摄取、整理、提炼等加工过程，便形成知识，把知识用不同的载体记录下来，就形成了文献。

一、文献的概念

信息是一种十分广泛的概念，它在自然界、人类社会以及人类思维活动中普遍存在。不同事物有着不同的特征，这些特征通过一定的物质形式（如声波、电磁波、图像等）给人带来某种信息。所以可以将信息定义为人对客观事物属性以及运动状态的感知。知识是人类对社会实践经验和认识的总结，是人类对客观事物规律性的认识，是信息中最有价值的部分。情报是具有特定传递对象的特定知识或有价值的信息，信息中有情报，情报是知识中的一部分。文献是指记录知识的一切载体。信息与知识之间的逻辑关系为包含与被包含的关系，知识是信息的一部分，文献是信息、知识的具体体现，它不仅是信息、知识的主要物质形式，也是读者吸收利用信息、情报、知识的主要途径。

文献检索的目的是查找到文献中记录的知识信息，而不是载体。文献是信息（知识）的载体，信息（知识）是文献的内容。知识、载体和记录手段（使用文字或符号等）是构成文献的三个要素，即文献具有知识性、物质性和记录性。文献中的知识主要有观察到的事实、实验得到的数据与结果、对规律的认识（假说、定义、理论），以及解决问题的思想、观点、方法、手段、经验、教训。信息的载体随着时代的进步不断地发生变化，人类社会的早期有甲骨、竹简、钟鼎、碑石、布帛等，目前主要有纸张、胶片、磁盘等有形载体和运用声波、光波、电波传递信息的无形载体。

二、文献的分类

文献的类型很多，分类方法也是多种多样。按照我国相关的国家标准规定，根据出版种类可以分为"十大情报源"；根据信息载体形式可以分为纸质文献、感光材料文献、磁性材料文献、光盘文献；根据介质的可识别性可以分为人可读性文献、机器可读性文献；根据记录信息所采取的形式可以分为文字型、代码型、视频型、音频型等，集上述多种形式于一体的称为综合型文献。

1. 按照出版形式的不同划分

根据我国的相关国家标准规定，可以将文献分为10个大的种类。

（1）期刊（periodical，journal，magazine）　期刊是一种以印刷形式或其他形式逐次刊行的一种连续出版物，通常是有数字或年月顺序编号的，并打算无限期地连续出版下去的出版物。由于期刊的内容丰富而复杂，故期刊又称为"杂志"，它有着多种不同出版周期，内容可以划分为综合性的与专业性的。

（2）图书（book）　大多数科技图书是著作者在对已经取得的科技成果、成熟的生产技术知识和经验进行选择、鉴别、核对、组织而成的文字较多而丰富的劳动成果。

（3）会议文献（proceedings，conference papers）　会议文献在科技文献中具有特殊的地位，已经引起众多科技工作者的重视，因为不少学科领域的重要发现是把科技会议作为首次公布成果的公开场合。大型重要的会议论文一般是以图书这种文献形式公开出版。

（4）专利文献（patent document）　专利文献的种类比较多，但一般是指专利说明书。

（5）科技报告（technical report）　科技报告一般是根据研究工作阶段进展情况、实验记录、最终结果写成的，能提供某一方面的完整技术。科技报告的特点是一个报告自成一册，有机构名称和统一编号。

（6）学位论文（dissertation，thesis）　学位论文是指作者为取得专业资格称号而撰写的介绍本人研究成果的文献。学位论文一般分为学士（bachelor）论文、硕士（master）论文、博士（doctor）论文等，其特点是一篇论文只有一个作者。

（7）标准文献（standard document）　标准文献一般是指各类技术标准、技术规范和技术法规等，属于一种法规性的文件，这份文件是一种政府或行业的要求，形成文献的责任者是一个机构或者组织。

（8）产品资料（product literature）　产品资料一般是指厂商为推销产品而印发的商业宣传品，代表已投产产品成熟可靠，是对定型产品的性能、构造原理、产品规格和用途、使用方法、售后服务以及操作规程等所作的具体说明，主要有产品目录、产品说明书、产品数据手册等类型。

产品资料的主要特点是从中可以获得关于产品结构的详细说明。由于它是已经投产的产品,因此在技术上比较成熟,数据上比较可靠,有较多的外观照片和结构图,直观性强,对于新产品的选型和设计都有一定的参考和借鉴作用。另外一般都有比较详细的厂址、网址、联系电话等。需要注意的是,由于产品的不断更新,产品资料比较容易过时而失去先进性。

(9) 政府出版物（government publications） 政府出版物是国家政府部门及所属专门机构发表的有关文件。包括基础科学、应用科学以及政治、经济、贸易等社会科学。从文献性质看,可分为行政性文件（国会记录、政府法令、方针政策、规章制度、决议、指示、调查统计资料等）和科技文献（科研报告、科普资料、技术政策等）两大类。

(10) 其他（others） 指不属于以上九种文献的其他文献类型,如广播电影电视及其他视频资料、技术档案、报纸等。

常见的文献有期刊、图书、会议文献、专利文献、标准文献以及报纸等。

2. 按照文献的级别划分

依据文献传递知识信息的质和量的不同以及加工层次的不同,人们将文献分为以下四种。

(1) 零次（级）文献（zeroth document） 指尚未系统整理的原始记录（手稿）,如科学实验原始记录、谈话录音、来往信函、建筑设计草图等。

(2) 一次（级）文献（primary document） 指原始情报的文献,如期刊论文、书籍等。

(3) 二次（级）文献（secondary document） 指对一次文献进行加工整理而成的具有报道性与检索性的文献。按照著录格式可以将二次文献划分为目录、题录、文摘、索引四类。

(4) 三次（级）文献（tertiary document） 指选用一次文献内容而编写出来的某一专题领域成果,如专题综述、进展报告、数据手册、百科全书、年鉴等。

各次文献之间的关系见图1-1。由零次文献经过写作正式发表变成一次文献,一次文献再经过有关专业出版机构的加工整理变成有序的二次文献,在对一次文献作了大量收集整理的基础上可以变成三次文献。由以上的过程可以知道,从零次文献最后变成三次文献是一个由厚积到薄发、由博观到约取、由分散到集中、由无组织的混乱资料最后变成系统化程度极高的资料的过程。

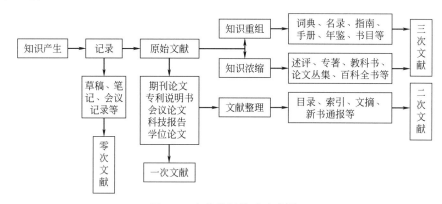

图1-1 文献分级关系示意图

检索文献则是通过二次文献检索到一次文献的过程。因此,二次文献是20世纪纸质资料为主体时最重要的检索工具,一次文献是最终的检索对象。在数字化信息时代,一个数据库中同时存在着一次文献和二次文献,非常方便检索。

第一章 文献检索基础知识

>>> **课堂互动 1-1**

按照文献级别划分标准,判断以下几种文献的级别:①教科书;②课堂笔记本;③新华字典;④一份专利文献说明书;⑤一份标准文献;⑥实验中的原始数据记录本。

3. 按照文献获取方式的明朗程度划分

当前还有一种比较流行的分类方法,就是将文献分为以下三种类型。

(1)"白色文献" 即通过正常渠道可获得的公开文献,它是已知信息的载体。

(2)"黑色文献" 即公开环境下得不到的密级资料,它是未知信息的载体。

(3)"灰色文献" 顾名思义,灰色文献不容易得到,但并非一定得不到,既含有已知信息,又含有未知信息,加之其具有非正式出版的特点,在西方情报界又常被称为"难得文献"(hard-to-get literature)、"非常规文献"(non-convention literature)和"非正式出版文献"(non-publication literature)。

常见的灰色文献类型主要有:①内部刊物;②会议内部资料;③内部技术报告;④未出版的学位论文;⑤产品说明书、产品目录等有关资料。

灰色文献的特点主要有:①出版形式简单;②内容专一、具体;③分散琐碎;④具有半封闭性。

随着信息交流的广泛和频繁,灰色文献会越来越多,科学地收集、筛选和整理这些文献是人们面临的一个重要课题。

阅读材料 1-1

信息安全——氢弹数据是怎样获得的?

1969年,一个叫莫兰特的美国人在《进步》杂志上发表了一篇如何制造氢弹的文章,不仅详述了氢弹制造过程,还给出了1322个重要的技术数据。此文如晴天霹雳,令美国政府和情报部门惊慌不已:氢弹是美国核武库中首屈一指的王牌,是美国核战略的重要基石,这些数据是绝对的核心机密。天机是如何外泄的呢?

美国中央情报局进行了严密调查,但没有发现任何氢弹技术数据被盗的线索,也没有任何一位氢弹专家泄密。于是,美国中央情报局直接传讯莫兰特。莫兰特的回答仿佛是一个新"天方夜谭"。他说,获取这些核心机密,主要用了3种合法的途径:一是广泛收集公开发表的有关氢弹的一切文献材料,并仔细研究;二是用9个月时间钻研热核物理学,当然,在此之前莫兰特已有很高的物理学造诣;三是参观核武器博物馆,强化直观印象,进行实物模拟推导。依靠这3种方法,莫兰特揭开了蒙在氢弹上的神秘面纱。可见,从中找到自己所需的文献资料变得越来越重要。

文献检索的重要性

① 1956年我国人工合成蛋白（牛胰岛素）在世界上首次研究成功。该课题的科研人员在定题之前就全面、准确地进行了文献检索，得知英国牛津大学和美国麻省理工学院对此已经进行了长达10年的研究，并且已经掌握蛋白质分子的结构，正是这条消息使科研人员在他人研究10年的基础上再创新，至少少走了10年重复之路。

② 美国阿波罗宇宙飞船登月计划中，有一项钛合金空舱压力试验。他们用了20个钛合金空舱充甲醇做试验，结果因出现穿孔而报废，经济损失高达150万美元。事后才知道只要事先查一查美国的《化学文摘》就可以完全避免这次损失，因为早在10年前的文献中，就已经发现了解决这个问题的办法——只要在甲醇中加2%的水就可以了。

③ 我国使用植物青蒿抵御疟疾源于晋，到目前已有几千年的历史。葛洪《肘后备急方》卷三（治寒热诸疟方第十六）记载："青蒿一握，以水二升浸，绞取汁，尽服之。"一千多年来，人们用青蒿治疟疾多用煎剂，临床效果不够理想。我国相关科研人员查阅上述记载后得到启发，开始思考为何古人要绞汁生用而不用煎剂，并经过反复试验，1971年首先从黄花蒿中发现抗疟有效提取物，1972年分离出新型结构的抗疟有效成分青蒿素，开创了中医药治疗恶性疟疾、脑型疟疾的新路。在发现、发明过程中，资料的查找和利用起到十分关键的作用。案例中，从古代文献记载中挖掘前人研究成果，汲取以往的经验，认清事物真实的本质属性，对抗疟疾药物的研究起到了意想不到的效用。由此可见，人们只有培养自身的信息意识，加强信息技能素养，才能在科学研究中取得更大的成就。屠呦呦作为中国中医科学院中药研究所青蒿素研究开发中心主任，因发现青蒿素治疗疟疾的新疗法于2015年获诺贝尔生理学或医学奖。

三、学习文献检索的意义

教育部在1984年、1985年、1992年和1998年分别发文，要求开设"文献检索与利用"课程，提出文献课不仅有助于当前教学质量的提高，而且是教育面向未来的一个组成部分；并对文献检索课程提出教学基本要求。这些都说明我国的教育主管部门不仅已充分认识到了文献课的重要性，而且将运用文献能力提升到了作为现代人才必备素质的高度。2002年2月，教育部颁发的《普通高等学校图书馆规程（修订）》中把图书馆主要任务之一的"文献检索"改为"信息素养教育"。

近几年来，随着网络化、信息化的飞速发展，一方面，科学技术的发展使得信息量越来越多，人们对信息的需求越来越迫切，同时获取信息的渠道日益增多，信息的获得变得更加便利；另一方面，随着文献信息量和获得途径越来越多，信息环境变得愈加复杂，垃圾信息无处不在。如果不能掌握一定的科学检索方法，就不能快速检索到自己所需要的文献信息，这就要求必须学习文献检索的基本知识，具有一定的信息素养。这正是学习文献检索知识的意义所在。

信息素养是人能够判断何时需要信息，并且能够对信息进行检索、评价和有效利用的能力。从构成要素来看，信息素养是由信息知识、信息技能和非认知因素（非智力因素）相互作用所组成的一个结构体系，具体来说，它包括以下五个方面：明确信息需求，高效获取信息，正确评价信息，有效利用信息，遵守社会信息伦理规范和法规。文献检索中的借鉴与创新非常重要，对于提高整个国家的科技水平极有裨益。但是文献检索又是一把双刃剑，既可以检索到自己所需要的知识信息，也有不少虚假信息充斥其中，同时还可能让人陷入抄袭的深渊，或者成为不良内容的制造者和传播者，从而丧失最基本的道德良知。

简单地说，文献检索的意义就是通过检索，使人们能够知道所需要知道的知识，能够知道人们不知道的知识，能够发现人们不知道自己还不知道的知识。并且能够落实一个信息或者一个事件的真实性，或者能够知道到什么地方去辨析事物的真伪。对于研究而言，一项成果贯穿于一个课题研究的始终：选题→方案制订→材料获取→理论分析→论文撰写→科研成果推广应用→论文及成果的评奖。文献检索最大的好处就是能帮助你继承和借鉴前人的研究成果，避免重复研究或少走弯路，同时在文献检索的过程中培养信息安全意识和良好的科学道德。

概括起来说，学习文献检索就是要提高信息素养，辨别信息的真伪，不被假象所蒙骗，而且在工作中不剽窃、不做假。学习文献检索就是要掌握科学的检索方法，能够准确、科学而快捷地查找到所需要的文献资料。学习文献检索就是在不断地学习文献知识的过程中，产生创新创业的欲望，敢想而善为。

阅读材料 1-3

学术行为不端实例

2009年10月26日，在韩国首都首尔，韩国干细胞科学家黄禹锡（图1-2）在听取记者提问。韩国首尔中央地方法院26日对历时3年多的黄禹锡案作出一审判决，以侵吞研究经费和非法买卖卵子罪，判处黄禹锡有期徒刑2年，缓期3年执行。首尔中央地方法院在判决中还同时认定，黄禹锡此前在美国《科学》杂志上发表的有关人体干细胞的研究论文部分造假事实成立。但法院考虑到黄禹锡本人在科研领域的贡献等几方面因素，决定对其处以缓刑。

图1-2　韩国干细胞科学家黄禹锡（前右二）

第二节　文献检索语言

文献检索语言（retrieval language）又称为情报检索语言，是在自然语言的基础上经过处理后能够表达文献特征、供信息检索系统存储和检索共同使用的语言。

自然语言（natural language）是人类在社会生活的交流过程中长期形成的习惯语言，随着时代的发展而不断变化，其含义具有明显的失控性，难以做到语言的专指性和单义性，必须经过处理后才能应用于文献检索系统。信息的存储和检索这两个紧密联系的过程，涉及文献的著者、文献标引者、情报检索者和情报用户四个方面的人员，这些人员的专业知识、工作经历、地区或行业的语言习惯都存在很大的差异，如果不采取有效的措施，克服专业水平和语言习惯上的差异，就没有共同的语言，必然给信息工作带来不便。为了使信息的存

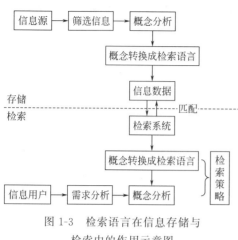

储和检索能够规范化，使标引人员有章可循，使检索人员有据可查，就必须使文献著者和信息用户的习惯语言得以纯化，制定一定数量的规范化的检索语言。检索语言要求接近自然语言，便于检索人员理解和掌握。检索语言必须是单义性语言，一个词应只表达一个概念，一个概念只能用一个词来表示。检索语言的单义性保证了表达概念的唯一性，这为文献标引和检索提问提供了使用共同语言的基础（图1-3）。

图1-3 检索语言在信息存储与检索中的作用示意图

文献检索语言有多种分类方法，按照简单而通行的结构原理可分为分类语言、主题语言和代码语言三种类型。

一、分类语言

分类语言是按照学科门类划分而构成的一种语言体系，由类目（语言文字）或其相对应的类号（字母、数字或它们的组合）来表述各种概念，构成一个完整的分类类目表，分类语言是直线形列举式的"树状"结构，是一种等级体系。分类语言最主要的优点是以字母或数字组合，摆脱了各国语种的束缚，可以在全球范围内广泛使用。随着科学的发展，学科之间的渗透、分化、交叉现象层出不穷，它不能及时反映现代科学的交叉和综合性发展的特征。分类语言的先组式结构受分类号的限制，不但难以容纳不断产生的新学科，而且对综合学科和横断学科文献的归类也束手无策。为适应现实的需要，按照分类语言编排的分类法通常几年就要修订一次。

"中国图书馆分类法"（Chinese Library Classification，CLC）属于分类语言，该分类法依据国家图书馆出版社出版的《中国图书馆分类法》（第五版）将所有图书分为五大部分共22大类，分别以汉语拼音字母加上数字组合起来表示一级到五级类目。该分类法可以通过国家图书馆数据库检索得到。

 阅读材料1-4

《中国图书馆分类法》（第五版）基本部、类

具体详见网址 http://opac.nlc.cn/F/7TXMC454171MNK66CQHLI6YTAP2V3R8VV8USIUKBSQV229EN6G-19797?func=cat-list。

领袖论著	A:马克思主义、列宁主义、毛泽东思想、邓小平理论
哲学	B:哲学
社会科学	C:社会科学总论；D:政治、法律；E:军事；F:经济；G:文化、科学、教育、体育；H:语言、文字；I:文学；J:艺术；K:历史、地理
自然科学	N:自然科学总论；O:数理科学和化学；P:天文学、地球科学；Q:生物科学；R:医药、卫生；S:农业科学；T:工业技术；U:交通运输；V:航空、航天；X:环境科学、安全科学
综合性图书	Z:综合性图书

由于《中国图书馆分类法》工业技术(T)类下属门类众多,又按字母划分了16个二级主类,它们是:TB:一般工业技术;TD:矿业工程;TE:石油、天然气工业;TF:冶金工业;TG:金属学与金属工艺;TH:机械、仪表工业;TJ:武器工业;TK:能源与动力工程;TL:原子能技术;TM:电工技术;TN:无线电电子学、电信技术;TP:自动化技术、计算机技术;TQ:化学工业;TS:轻工业、手工业;TU:建筑科学;TV:水利工程。

其他分类语言还有"国际十进制分类法"(UDC)、"国际专利分类法"(IPC)、"国际标准文献分类法"(ICS)、"中国标准文献分类法(试行)"(CCS)等。

课堂互动1-2

食品化学在中国图书馆分类法中的标识分类符号是什么?

中图分类号查询→工业技术→轻工业、手工业→食品工业→一般性问题→基础科学→食品化学

T 工业技术

TS 轻工业、手工业

TS2 食品工业

TS20 食品工业一般性问题

TS201 基础科学

TS201.2 食品化学

思考练习1-1

复盐在中国图书馆分类法中的标识分类符号是什么?

(提示:O 数理科学与化学→O6 化学→O61 无机化学→O611 化学元素与无机化合物→O611.66 复盐)

二、主题语言

主题语言就是以自然语言字符为符号,从中选出一定量的能够表达、描述文献主题的名词术语,用来进行文献标引和检索的方法。主题语言以语言文字为基础,不论学科类别和科学技术的逻辑序列如何,都直接借助自然语言中代表事物、问题和现象的名词术语作为表征文献资料内容含义的检索标识,具有直观、易记、灵活、方便等优点。在网络时代,由于文献检索语言内容越来越丰富,不断涌现出各类有特色的名词术语,如各类网络语言、调侃语言等。因此主题语言的作用已经被逐渐淡化,而利用关键词进行检索已经成为网络时代文献检索的流行趋势。

关键词是主题语言的一种,是指从文献信息的题名、摘要或内容中抽取出来的,能够表达信息主题内容的具有检索意义的自然词汇。关键词标识系统对自然语词不作规范化处理,

因而也不需要存在"关键词表"之类的辅助词表,使用起来方便、易掌握。网络搜索引擎大多提供关键词检索途径。关键词表达事物概念简便、直接、准确,能及时反映新事物和新概念,例如各类层出不穷的网络语言以及新的学科专有词汇等。目前,关键词语言广泛用于计算机检索中。由于关键词语言未经规范化词表的处理,存在一义多词和一词多义的现象,容易造成漏检和误检。

> **课堂互动 1-3**
>
> 　　一个事物可以有多种不同称谓的关键词,见下例。据此再举几个自己遇到过的例子。为了确认一个准确的规范术语,可以登录中国知网(CNKI)的"规范术语"进行检索确认。
> 　　番茄(tomato)又称蕃茄、西红柿、洋柿子,在秘鲁和墨西哥最初称为"狼桃"。
> 　　英国的地名 Cambridge 译为"剑桥",Cambridge University 译为"剑桥大学",而美国哈佛大学(Harvard University)所在的城市 Cambridge 便音译为"坎布里奇"。
> 　　澳大利亚城市 Sydney 的规范化译名为"悉尼",有的文献中译为"雪莱"或"雪梨"。
> 　　维生素C又称为维他命(vitamin C)、VC、维C、抗坏血酸。

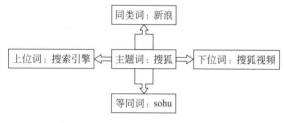

图 1-4　一个主题词及其相互关系词

一个主题词可以有相应的等同词、同类词以及上位词和下位词(图1-4)。主题词概念扩大外延得更广就是上位词,如"鲜花"上位词可以是"花","花"的上位词可以是"植物"等;"鲜花"的下位词可以是"月季""牡丹"等,而"月季"和"牡丹"又属于同类词。同类词指与该主题词的上位词具有某种相同属性的词,如"yahoo""sina"和"sohu"等属于中文搜索引擎类的同类词。等同词指的是对某种明确的概念可以有不同的表达词,如"飘"和"乱世佳人",如"搜狐"和"sohu"。主题词概念上内涵更窄的词就是下位词,如"污水"的下位词可以是"生活污水","生活污水"的下位词可以是"厨房污水"等。《中国图书馆分类法》中的分类是依据上、下位词依次顺序排列。在检索过程中,使用多个等同词,或者换用上位词可以提高查全率;如果使用下位词可以提高查准率。

三、代码语言

代码语言产生得比较早,是对某类事物的一些内涵进行解析,将其中主要特征使用代码(例如字母、符号、数字、图形图像等)按照规定进行有序的排列,用来表达事物的本质内容。

1. 常见代码语言的组成

(1) 字母组合(包括希腊字母)的代码语言　包括:各种化学元素的元素符号和各种较复杂物质的缩写;各类机构团体或者企业的代码标志,如 ASTM(美国材料与试验协会)等;分析测试方法、管理科技术语,如 NMR(核磁共振)、CT(计算机横断扫描成像)、QMS(质量管理系统)等;物理量及其单位名称简称,如 kg(千克)、mp(熔点)、d(密度)等;仪器设备或装置的简称或状态;国别代码、省州代码、语种代码等,如 CHN、CN

（中国），USA、US（美国），TX（美国得克萨斯州），Eng（英文）等。

（2）数字组合的代码语言　条码与条码技术是目前应用最广泛的数字代码语言（图1-5），并将数字转化成线条，可以扫描识别。包括：身份证号码，如34052419800101001X；各单位自行编制的各类顺序号码，如学生学号编码、馆藏图书顺序编码、单位设备编号、个人一卡通编码。

图1-5　EAN-13商品条码的符号结构

（3）字母与数字组配组合的代码语言　包括：中国标准书号（CSBN），如ISBN 978-7-122-00434-5；中国标准连续出版物（期刊）代码，如：$\dfrac{ISSN\times\times\times\times-\times\times\times\times}{CN\times\times-\times\times\times\times/YY}$；各类专利文献标识代码，如ZL200410060208.9；技术报告编号，如AD-A130900（美国AD报告）；各类工程设备装置和各种产品型号编号、各类原材料编码等。

（4）信息图形图像符号　日常生活和工业生产中存在多种公共信息图形符号和图形，图1-6就是根据规定，包装外表面必须贴有统一制定的"辐照食品"标志。指纹图形标志[图1-7（a）]可以广泛用于身份识别、笔记本电脑开机、门窗开启等，利用虹膜和人脸图像[图1-7（b）]可进行人类身份的快速自动识别。类似这样的图形图像符号标志今后会越来越多，会在更多的领域得到更广泛的使用。这样的检索语言更加简单易懂，活泼醒目，准确率高，很容易普及使用。

图1-6　"辐照食品"标志

(a) 指纹图形标志

(b) 人脸识别

图1-7　信息图像符号

2. 代码语言的特点

现代网络信息时代代码语言内容丰富而杂乱，发展势头较快。分类语言有许多比较明显的特点，主要有以下几点。

（1）形成过程的专有性　代码语言是按照事先设计好的排序方式对一个对象进行标记，从而形成一一对应的语言关系。为了更加准确、唯一地表达所描述的对象，很多代码语言标识式增加了校验码，以确保其一一对应的关系。所以说，代码语言具有专有性和不可替代性。

如我国居民身份证的号码是按照GB 11643—1999《公民身份号码》编制的，由18位数字组成：前6位为行政区划代码，第7至第14位为出生日期码，第15至17位为顺序码，第18位为校验码。对同地区同年同月同日出生的人员则编定顺序码，顺序码的奇数分配给男性，偶数分配给女性。按照ISO 7064：1983.MOD 11-2计算出来的是检验码。尽管中国有近14亿人口，不会出现身份证号码重复的情况。例如：

$$\underbrace{11}_{\text{省}}\ \underbrace{05}_{\text{市}}\ \underbrace{24}_{\text{县区}}\ \underbrace{19800101}_{\text{出生年月日}}\ \underbrace{001}_{\text{在该县区序号}}\ \underbrace{7}_{\text{校验码}}$$

（2）检索结果的唯一性　使用主题语言（例如关键词）或者分类语言作为检索语言进行检索时，会得到一批相关的文献资料。例如用《中国图书馆分类法》中的"G254.0"（有关文献检索语言总论方面的资料）作为检索项在 CNKI 中检索，会得到上百条不同的文献。

代码语言的检索是一一对应的，只能找到唯一的对应文献资料。例如，通过百度查找 GB/T 7714《文后参考文献著录规则》，可以得到多达数千条有关这个国家标准的检索内容。

（3）结构组成的复合性　代码语言可以利用数字和字母符号等进行组配成为复合检索语言。比较典型的是在 1986 年以前曾经使用过的《全国图书统一编号》的书号，它分为三个部分：图书分类号、出版社代号、序号。其中，图书分类号统一采用阿拉伯数字表示，共分为 17 个类目；出版社代号由已经确定的"出版社名编号表"中查询；序号为该出版社的出书序列号。例如人民文学出版社出版的《金光大道》的统一书号为"10 019·1886"，表示这本书的分类号为"10"（文学），出版社代号为"019"（人民文学出版社），这本书是该社出版的文学类书籍的第 1886 种。

（4）应用范围的局限性　分类语言具有等级列举式结构，是一种规范性的、应用广泛的，甚至是强制性的标准语言，属于强制性的法律范畴。只要在某领域有这样的分类语言，就必须无条件地执行。由此可知，像这样的检索语言在一般搜索引擎（包括百度等）或大型数据库中可以作为检索语言进行资料的查询。主题语言更是最常使用的检索语言，几乎在所有的网站或数据库中都可以使用。

代码语言涉及范围和领域比较局限，作为一种文献检索语言也许只能在专有的网站才能识别并检索出来，而在一般的综合性网站或数据库进行检索则效果不太理想，甚至没有这样的检索项。例如居民身份证号码在各公安机构、机场、海关口岸、银行、工商税务机构中都能够作为检索项进行检索查询，但是在 CNKI 数据库就无法识别，当然更不可能查询到任何资料。在标准数据库中可以用标准编号作为检索语言进行检索，在专利文献数据库中可以用专利文献号、专利号或国际专利分类号（分类语言）作为检索语言进行检索。

（5）涉及领域的单一性　主题语言涉及所有文字描述的领域，分类语言涵盖范围也比较广，例如《中国图书馆分类法》基本上可以覆盖我国目前所有领域，而像标准分类法、国际专利分类法主要涉及理工技术方面。但是在代码语言中，只对某一个局部领域的对象进行定义，从而形成特定的检索语言；超出这个范围，它所组成的代码就变得无任何意义了。

（6）语言内容的丰富性　从代码语言的组成来看，可以是数字组合、字母组合、数字与字母组配组合等形式，还可以有图形图像显示。代码语言所涉及的学科、领域范围非常广泛，这类语言可以说是不计其数，随时都在不断产生新的代码语言。

（7）验证鉴别的便捷性　对于有些代码语言来说，用扫描设备识别，检索鉴别特别方便、快捷、准确。如指纹识别、磁卡识别、商标标识真伪的识别、虹膜识别、人脸识别等，又如前期开发的条码识别是将数字转换成间隔不同的粗细线条。复杂图形图像识别系统一旦被广泛应用，则会有更加简便快捷的空间和领域。

（8）内涵发展的前瞻性　代码语言具有很好的发展前景，使用领域广泛。

3. 几种常见的代码语言

（1）中国标准书号（China Standard Book Number，CSBN）　根据 GB 5795—2006《中国标准书号》，采用国际标准书号（International Standard Book Number，ISBN）作为中国标准书号。中国标准书号由标识符 ISBN 和 13 位数字组成。其中 13 位数字分为五部分。

阅读材料 1-5

中国标准书号构成简介

中国标准书号由标识符 ISBN 和 13 位数字组成。其中 13 位数字分为五部分。

① EAN·UCC 前缀（EAN·UCC prefix） 由国际物品编码系统专门提供给国际 ISBN 管理系统的产品标识编码，统一为"978"。

② 组区号（registration group identifier） 由国际 ISBN 管理机构指定的，以国家、地理区域、语言及其他社会集团划分的工作区域，中国组区号为"7"。

③ 出版者号（publisher identifier） 标识具体的出版者，由中国 ISBN 管理机构设置和分配，其长度为 2~7 位。出版者号长度决定其出版量，出版者号越小，出版量越多。例如：01 为人民出版社，122 为化学工业出版社。

④ 出版序号（title identifier） 由出版者按照出版物的出版次序管理和编制，出版序号的长度取决于组区号和出版者号的长度。每个出版者所出各种图书的书序号的位数 L 是固定的，计算公式如下：

$$L = 9 - (组区号位数 + 出版者号位数)$$

由公式可以看出，出版者号越小，则其书序号越大，也就是说可以出版的书种类越多。

⑤ 校验码（check digit） 校验码为中国标准书号的最后一位数字。其数值 C_{13} 由中国标准书号的前 12 位数字（$C_1 \sim C_{12}$）依次分别与 1 和 3 加权相乘后相加，并以 10 为模数按下式计算得到：

$$C_{13} = \text{mod}10\{10 - [\text{mod}10(中国标准书号前 12 位数字的加权乘积之和)]\}$$

如果根据算式所得余数为 0，则校验码为 0。中国标准书号应印刷在图书封底（或护封）右下角和图书在版编目数据中，书号的各部分之间要用一个连字符相连接。例如由魏振枢主编的化学工业出版社出版的《化学化工信息检索》（第 3 版）的书号为 ISBN 978-7-122-14458-4。验证中国标准书号真伪的方法是：加权乘积之和加校验码，被 10 整除即可。

（2）标志用公共信息图形符号 由于许多化工产品易燃易爆，因此化工生产企业往往需要强化安全生产教育，并且在很多场合张贴"禁止烟火"的公共信息图形符号（图 1-8），警示人们每时每刻都要把安全生产放在第一位。

（3）各类条码 条码（bar code）是一种利用光电扫描阅读设备识读并实现数据输入计算机的特殊代码。它是由一组粗细不同、黑白相间的规则排列的条与空及其对应的代码字符组成的标记，以表示一定的信息。

条码是随着计算机技术的发展而发展起来的一种高速、准确的电子计算机数据输入手段，它们的实用性和经济性远高于键盘输入、光学字符等的自动识别系统。条码作为一种可印刷的计算机语言，被未来学家称为"计算机文化"。20 世纪 90 年代的国际商品流通领域将条码誉为商品进入国际超级市场的"身份证"。

图 1-8 "禁止烟火"标志

一个条码由两部分组成：一为代码字符；二为与代码字符相对应的一组粗细不同、黑白相间的条、空标识。常用条码是标准型的 EAN-13 代码结构。

标准型的 EAN-13［EAN 为 European Article Number（欧洲物品编码）的缩写］代码结构（见图 1-5）由 13 位数字字符组成，结构见表 1-1。

表 1-1 标准型 EAN-13 代码结构表

前缀码	制造商代码	商品项目代码	校验码
×××	××××	×××××	×

前缀码：3 位，用于标识国家或地区的编码，由国际物品编码协会总部赋予，如中国为 690～699。由于前缀码是由国际物品编码协会总部赋予并统一分配注册的，因此确保了商品前缀码在国际范围内的唯一、不重复。

制造商代码：4～6 位，用于标识商品生产（或批发）企业的独有代码，由国家或地区的物品编码中心赋予。我国由中国物品编码中心赋予。由于我国制造商代码是由中国物品编码中心统一分配注册的，因此确保了制造商代码在我国范围内的唯一、不重复。

商品项目代码：5～3 位，用于标识商品的唯一固定代码，由企业自己分配。

校验码：1 位，为校验条码使用过程中的扫描正误而设置的特殊代码，其值由前三种代码数值计算而得。中国标准书号和中国标准连续出版物号的条码都是 EAN-13 代码，因此也都可以用 EAN-13 商品条码校验码的计算方法计算求得。

阅读材料 1-6

EAN-13 商品条码校验码的计算方法

EAN-13 校验码的计算方法见表 1-2。

表 1-2 EAN-13 校验码的计算方法

步骤	举例说明												
1. 自右向左顺序编号	位置序号	13	12	11	10	9	8	7	6	5	4	3	2	1
	代码	6	9	0	1	2	3	4	5	6	7	8	9	X

步骤	举例说明
2. 从序号 2 开始求出偶数位上数字之和①	9+7+5+3+1+9=34 ①
3. ①×3=②	34×3=102 ②
4. 从序号 3 开始求出奇数位上数字之和③	8+6+4+2+0+6=26 ③
5. ②+③=④	102+26=128 ④
6. 用大于或等于结果④且为 10 最小整数倍的数减去④，其差即为所求校验码的值	130−128=2 检验码 X=2

例如，条码 690123456789X 中校验码 X=2。

第一章　文献检索基础知识

思考练习 1-2

下面分别属于何种文献检索语言？

①77·040·10（中国标准分类号：金属材料力学试验）；②A23C3/00（国际专利分类号）；③国家知识产权局；④启功（书法家）；⑤催化剂；⑥PH-LW16-BHP/25A（机床设备型号：激光冷水机）；⑦121021417（某学院某同学的学号）；⑧ISBN 978-7-80209-110-1（书号）；⑨GB/T 9999—2001（标准号）；⑩TQ028.8（化工过程）

思考练习 1-3

发现一个商品条码中有一个数字被污损看不清，69393343?1042。试通过计算求得这个数字是几。

（提示：5）

阅读材料 1-7

SC 全面取代 QS

《中华人民共和国食品安全法》在 2015 年 10 月 1 日开始施行，作为《中华人民共和国食品安全法》的配套规章，国家食品药品监督管理总局制定的《食品生产许可管理办法》（以下简称《办法》）也同步实施。2015 年前食品包装标注"QS"标志的法律依据是《工业产品生产许可证管理条例》，随着食品监督管理机构的调整和《中华人民共和国食品安全法》的实施，《工业产品生产许可证管理条例》已不再作为食品生产许可的依据。为了能既尽快全面实施新的生产许可制度，又尽量避免生产者包装材料和食品标签浪费，所以给予了生产者最长不超过三年的过渡期，即 2018 年 10 月 1 日及以后生产的食品一律不得继续使用原包装和标签以及"QS"标志，取而代之的是"SC"加 14 位阿拉伯数字（见图 1-9）。

因此取消食品"QS"，一是严格执行法律法规的规定，因为《中华人民共和国食品安全法》明确规定食品包装上应当标注食品生产许可证编号，没有要求标注食品生产许可证标志；二是新的食品生产许可证编号完全可以达到识别、查询的目的，新的食品生产许可证编号是字母"SC"加上 14 位阿拉伯数字组成；三是取消"QS"标志有利于增强食品生产者食品安全主体责任意识。

图 1-9　SC 全面取代 QS 图

食品生产许可证编号一经确定便不再改变，以后申请许可延续及变更时，许可证书编号也不再改变。

新食品生产许可证编号组成如下：

```
   SC          ×××         ××         ××        ××       ×××        ××
"生产"的       食品类      省(自治     市、地     县(区)    生产许可   校验码
汉语拼音首     别编码      区、省辖市)代码     代码      代码       证序码
字母缩写
```

"SC"食品、食品添加剂类别编码有3位数字标识,具体为:第1位数字代表食品、食品添加剂生产许可识别码,阿拉伯数字"1"代表食品,阿拉伯数字"2"代表食品添加剂。第2,3位数字代表食品、食品添加剂类别编号。

其中食品类别编号按照《食品生产许可管理办法》第十一条所列食品类别顺序依次标识,即:"01"代表粮食加工品;"02"代表食用油、油脂及其制品;"03"代表调味品;……;"26"代表蜂产品;"27"代表保健食品;"28"代表特殊医学用途配方食品;"29"代表婴幼儿配方食品;"30"代表特殊膳食食品;"31"代表其他食品。食品添加剂类别编号标识为;"01"代表食品添加剂;"02"代表食品用香精;"03"代表复配食品添加剂。例如 SC10641011000073:

```
   S C         106         41         01        10       000        73
"生产"的       食品类      河南省     郑州市     高新区    生产许可   校验码
汉语拼音首     饮料                                       证序码
字母缩写
```

第三节 网络文献检索概述

网络出版物也叫机读文献,是指经计算机管理终端处理后才能阅读或打印的出版物。随着计算机的日益普及、信息技术的发展和信息高速公路的建设,应用国内外的网络出版物越来越广泛,利用它可以检索到包罗万象的海量文献信息,大有取代纸张书本式文献的趋势,因而有专家评论说,信息化社会将是一个无纸社会。

一、因特网基础知识

因特网即国际互联网络(Interconnect Networks,Internet),是当今世界上最大的、开放的、由上亿台计算机相互连接而成的全球计算机网络,是具有提供信息资源查询和信息资源共享的全球最大的超级信息市场,是未来"信息高速公路"的雏形。目前,有很多数据库商都在致力于将检索系统由光盘版升级为网络版,网络数据库已经成为科研人员获取学术信息的一个最重要的信息来源。不少世界著名的印刷性文献检索工具均将检索系统由光盘版升级为网络版,如美国的《化学文摘》就已经将其光盘版的 CA on CD 升级为网络版的 SciFinder Scholar。

我国1994年正式加入因特网,近几年发展势头迅猛,目前已有多个国家级的网络接入了因特网,例如中国科学院计算机网络中心(NCFC)、中国教育和科研计算机网(CERNET)、中国科学院高能物理研究所网络(IHEP)、中国公用互联网络(CHINANET)等。截至2018年12月,中国网民规模为8.29亿,互联网普及率达到59.6%,手机网民规模达8.17亿,均居全球第一。4G网络在中国已经普及,网民通过手机接入互联网的比例高达98.6%,手机网络支付用户规模达5.83亿,网络购物用户规模达6.1亿。网络更新换代速度加快,从2G通电话,3G看视频,到4G无线网络飞一般的速度几乎能够满足所有用户对于无线服务的要求。从3G到4G用了短短的三四年时间,而我国

处于技术领先的5G（无人驾驶、远程医疗、物联网、智慧城市等）网络通信技术在最近两年也会得到普及。手机智能化使移动互联网渗透到人们日常生活的方方面面，给信息传播插上腾飞的翅膀。随着我国教育、科技、经济等各个方面的进一步发展，我国将有更多的网络、更多的计算机和更多的用户接入和使用因特网，通过手机随时随地检索所需资料，已经成为一件非常方便的事情。

> **阅读材料 1-8**
>
> ### 计算机检索系统的发展历程
>
> （1）脱机检索阶段（offline retrieval）　即批处理检索（20世纪五六十年代），1954年美国海军兵器研究中心首先将计算机应用于文献信息的处理，建立了利用计算机存储、检索文献的情报检索系统。由于当时计算机设备条件的限制，需要由系统人员对用户的检索需求进行成批处理即批处理检索。
>
> 批处理检索主要存在三点不足：①地理上的障碍，指用户与检索人员距离较远时不便于表达检索要求，也不便于获取检索结果；②时间上的迟滞，指检索人员定期检索，用户不能及时获取所需信息；③封闭式的检索，指检索策略一经检索人员输入系统就不能更改，更不能依据机检应答来修改检索式。
>
> （2）联机检索阶段（online retrieval）　主要经历了三个时期：20世纪60年代对联机信息检索进行了研究开发试验；70年代末进入了联机检索地区性应用阶段；80年代以后，随着空间技术和远程通信技术的发展，使计算机检索进入信息-计算机-卫星通信三维一体的新阶段，即以信息、文献不受地区、国家限制而真正实现全世界资源共享为目的的国际联机信息检索阶段。
>
> （3）光盘检索阶段（CD-ROM retrieval）　1983年，出现了一种新的存储器——CD-ROM光盘。光盘检索具有储量极大而体积微小，要求设备简单，可随地安装，使用方便、易于操作，检索费用低（不需要昂贵的联机检索通信费用），因此可随时修改检索策略而具有很高的查全率和查准率等优点，因而至今仍被世界各地广泛应用。
>
> （4）网络检索阶段（network retrieval）　进入20世纪90年代，随着卫星通信、公共数据通信、光缆通信技术以及信息高速公路事业在全世界的迅猛发展，计算机情报检索走向了全球大联网。网上资源具有信息的实效性、内容的广泛性、访问的快速性、搜索的网络性和资源的动态性五大特点。那么要及时、准确、有效地获取与自身需求相关的实用信息，对所有网络用户都非常具有挑战性。
>
> 因特网就是这个时期的最杰出代表。它是一个联结了全球几乎所有国家、几万个信息网络、几百万台主机、几千万个终端用户，并能够跨越时空，进行实时信息检索、资源共享的国际性超级计算机网络。

1. 因特网的域名系统（domain name system, DNS）

用一串数字来表示每一台上网的主机地址，网上的用户用起来会非常不方便，而且也不便于记忆。为此因特网采用一种层次型的命名机制。所谓的层次型是指在名字中加入了层次型结构，将名字分成若干层空间，每一层空间授权于相应的机构进行管理。该机构有权对其管辖的层次进行进一步的划分，并再授权相应的机构进行管理，可以说域名是服务器在信息高速公路上的门牌号码。一般一个完整的层次型主机名由三部分组成，有的还包括一层主机名：

（主机名.）本地名.组名.网点名

层次与层次之间用圆点分开，最右边的一层是最高层，由右向左逐级降低，最高一层为网点名。网点作为因特网的一部分，由若干网络组成，这些网络在地理位置或组织关系上关系非常紧密。因此网点命名可分为三类：第一类是国际域名，现在只有一个".int"代表国际组织；第二类是表示机构性质的；第三类是表示地址位置（国别）的。目前常用到的表示机构性质的名字代码见表 1-3。人们经常用到的表示地址位置的名字代码见表 1-4。

表 1-3　网络域名系统机构性质代码

机构性质	代码	机构性质	代码	机构性质	代码
商业机构	.com	教育机构	.edu	网络服务机构	.net
非营利组织	.org	军事部门	.mil	政府部门	.gov
国际组织	.int	娱乐机构	.rec	信息机构	.info

表 1-4　网络域名系统地址位置代码

地址位置	代码	地址位置	代码	地址位置	代码
澳大利亚	.au	俄罗斯	.su	加拿大	.ca
中国	.cn	美国	.us	法国	.fr
中国香港	.hk	德国	.de	日本	.jp
中国台湾	.tw	新加坡	.sg	英国	.uk

例如，中国教育科研网网控中心的域名地址由两层组成：edu.cn。其中网点名是 cn，表示中国；组名是 edu，表示是教育机构；域名中字母的大小写无区别。中国的域名注册由国务院信息化工作领导小组办公室授权中国互联网络信息中心（CN-NIC）负责办理。

2. 因特网的基本服务功能

因特网应用之所以广泛，是因为它提供了多种服务和多种方便的服务工具。目前因特网可提供以下主要服务功能。

（1）远程登录（telnet）　允许用户从一台计算机登录到远端的另一台计算机上并使用其资源。目前最为普遍的应用是接入世界各地的大学数字图书馆或情报机构数据库，以便于查找各馆的馆藏目录。

（2）文件传送服务（file transfer protocol，FTP）　用户将一台计算机上的文件传送到另一台计算机上。当用户不希望在远程联机的情况下浏览存放在与 Internet 联网的某一台计算机上其他终端的文件时，用户可以利用这一功能先将这些文件取回到自己在本地的联网终端中，这样不但能节省实时联机的长时间通信费用，还可以从容地阅读和处理这些取来的文件。

（3）电子邮件服务（electronic-mail，E-mail）　每个用户均可以有一个或多个电子信箱，当收到电子邮件时，其就存放在电子信箱中，用户可以在任何时候阅读。因此，目前不少单位和个人经常提供 E-mail 地址。

（4）电子商务（electronic commerce）　通常是指全球各地广泛的商业贸易活动中，在 Internet 开放的网络环境下，基于浏览器/服务器应用方式，买卖双方不谋面地进行各种贸易活动，实现消费者的网上购物、商户之间的网上交易和在线电子支付以及各种商务活动、交易活动、金融活动和相关的综合服务活动的一种新型的商业运营模式。阿里巴巴、淘宝、京东、当当等电子商务网站的飞速发展，影响着越来越多的人的生活和购物习惯。

3. 环球网（WWW）服务

环球网（world wide web，WWW、3W 或 Web）是由位于瑞士日内瓦的欧洲粒子物理实验室中的 CERN 小组，于 1990 年研制并于 1992 年公开使用的，现在已经成为因特网发展最快、信息最丰富的一种检索方式。WWW 的特点是基于 HTTP 协议、用 HTML（Hypertext Markup Language，译作"超文本标识语言"，可嵌入 Java Script 和 Java Applets）将多媒体信息组织成"超文本"或"超链接"。能够将各种类型的信息（图形、图像、文本、声音和动画等）有机集成起来，供用户阅读查询。还可以通过一个 WWW 服务器，访问连接在该服务器定义的指针指向的其他 WWW 服务器的资源。WWW 提供了一种非常易于使用的界面，用浏览器软件（如 Nescape）还可以访问 FTP、Gopher News、E-mail 等过去要用不同客户程序才能访问的信息资源，它统一了整个因特网的应用功能，使之成为一个超媒体的信息资源的集合。WWW 服务器采用了统一资源地址协议（uniform/universal resource locator，URL）、公共网关界面协议（CGI）、超文本的传输协议（HTTP），利用超文本标记语言（HTML）把用户的计算机和 WWW 网络服务器有机结合起来，使用 Netscape、IE 等多种友好的浏览工具，从而实现了有效和广泛的信息检索。

4. 因特网的特点

因特网是一个知识的海洋，存储着人们所希望查阅的各种文献信息，加之使用方便、通信快捷、价格低廉、功能完备、服务灵活等优点，因此在短时间内得到了迅速的发展。

（1）灵活多样的入网方式　通过电话拨号，配备适当的相应软件加上一个调制解调器，或者通过宽带网或局域网络即可上网。

（2）采用客户/服务器（client/server）工作模式　客户/服务器工作模式是目前最为流行的一种局域网或广域网工作方式，它增强了网络信息服务的灵活性。用户在使用因特网的各种信息服务时，可以通过安装在自己主机上的客户程序发出请求，与装有相应服务程序的主机服务器进行通信。

（3）超文本信息通信　把网络通信技术和多媒体技术融于一体，实现了超文本信息的制作、加工、传输和应用。使之不仅为教育、科研、商业、远程医疗诊断、气象预报等应用提供了新的手段，而且为家庭影视、家庭娱乐等方面提供了新的环境。

（4）使用费用低廉　目前多采用包月制，使用费用十分低廉。

（5）信息资源丰富　虽然 Internet 最初的宗旨是为大学和科研单位服务的，但是，目前它已经成为服务于全社会的通用信息网络。其信息资源包罗万象，可谓浩如烟海。

（6）服务功能丰富，接口友好　Internet 的丰富信息服务方式使之成为功能最强的信息网络，传统网络的功能均包括在内，此外还有许多新的功能。除了 TCP/IP 所提供的基本功能外，还有许多高级的信息服务方式和友好的用户接口。以 Gopher 客户程序为例，它可以使用 Internet 上所有 Gopher 服务程序所存储的信息（通常称为 Gopher 答问），而且主机地址和存取路径对用户是完全透明的。WAIS 和 WWW 的情况也十分类似。这种强大的网络信息服务手段是其他网络无法比拟的。在 WWW 通信协议的基础上开发的 MOSIC 软件是目前水平最高的网络化用户接口，其强大的"导航"功能可以帮助用户在 Internet 的信息海洋中随意漫游。

二、常用搜索引擎

1. 百度搜索引擎

搜索引擎（Search Engines）是指对 WWW 站点资源和其他网络资源进行标引和检索的一类检索系统，其主要功能是自动搜索 Web 服务的信息，并将其分类，建立索引，同时把索引内容放在自己的服务器上供用户搜索。搜索引擎的作用与传统的二次文献相似，它们提供给用户的是信息资源的线索。

百度公司结合世界先进的网络技术、中国语言特色以及中国互联网经济发展的现状，开发出了中国互联网信息检索和传递基础设施平台（http://www.baidu.com），并且运用先进的商业模式，直接为整个中国的互联网提供高价值的技术性服务产品（图 1-10）。

图 1-10　百度搜索引擎主界面

百度搜索可以提供百度快照、拼音提示、错别字提示、英汉互译词典、计算器和度量衡转换、专业文档搜索、股票、列车时刻和飞机航班查询、天气查询、货币换算等功能。提供高级搜索语法，把搜索范围限定在一定的范围。进入移动互联时代，百度不断再生再造移动商业新模式，连接人与服务，为越来越多的中小型企业转型升级助力。数据显示，在 2012~2014 年的这三年中，创业板上市企业中有 50% 以上的企业是百度推广的客户，且这一比例呈递增趋势，越来越多的企业借助百度推广成功上市。百度移动推广让越来越多的中小型企业找到了突破移动互联网的发展新方向。

(1)"百度快照"打开　如果无法打开某个搜索结果，或者打开速度特别慢，可以使用"百度快照"。每个未被禁止搜索的网页，在百度上都会自动生成临时缓存页面，称为"百度快照"。当遇到网站服务器暂时故障或网络传输堵塞时，可以通过该法快速浏览页面文本内容。百度快照只会临时缓存网页的文本内容，所以那些图片、音乐等非文本信息，仍存储于原网页。当原网页进行了修改、删除或者屏蔽后，百度搜索引擎会根据技术安排自动修改、删除或者屏蔽相应的网页快照。

图 1-11　百度主界面拼音搜索

(2)输入内容多样性的识别　输入检索词的汉语拼音，百度可以把最符合要求的对应汉字提示出来，它相当于一个强大的拼音输入法。例如输入"shipingongye"，百度的检索框中就可以默认出现"食品"（食品工业）、"视频""饰品"等多种组配（图 1-11）。

检索时可能由于汉字输入法的误判而输入一些错别字,导致检索结果不佳。百度会在检索结果上方给出错别字纠正提示,并且给出正常结果。例如输入"唐醋排骨",提示为:您要找的是不是:糖醋排骨。

如果输入的汉字是繁体字,系统会按照繁体检索词,对百度已经收录的网页进行检索。

（3）英汉互译词典

① 百度网页搜索内嵌英汉互译词典功能。如果想检索英文单词或词组的解释,可以在检索框中输入"英文单词或词组＋是什么意思",检索结果第一条就是英汉词典的解释。例如在检索框输入"received是什么意思",点击"百度一下",可以得到图1-12（a）。同理,如果想检索某个汉字或词语的英文翻译。可以在检索框输入想检索的"汉字或词语＋的英语",如"添加剂的英语",就会呈现出汉英词典的解释,见图1-12（b）。

(a) 界面1　　　　　　　　　　　　　(b) 界面2

图1-12　百度主界面中英文翻译搜索

② 可以通过"翻译"界面进行英汉互译。点击主界面检索框右上方"更多产品",下拉菜单后点击"全部产品",链接"百度翻译",确定英-汉互译方式,输入检索词,到百度词典中查看想要的词典解释,如"生物转化酶诱导剂"的英文译文（图1-13）。

（4）百度搜索技巧

① 提高效率的高级搜索　表1-5归纳了百度所支持的常用检索算符和检索式,它们在百度检索中可以实现各种快捷、准确的检索目的。

图1-13　百度翻译界面搜索

表1-5　百度常用的检索算符一览表

名称	符号	说明	例证
逻辑算符	空格	逻辑"和"。一次输入多个关键词,中间用空格隔开,系统将按照逻辑"和"处理	输入"上海 人民公园",得到有关上海人民公园的信息资料
	分隔符|	逻辑"或"	输入"酒精|乙醇"得到含有两者的相关资料
	-	逻辑"非"。用来查找不包括某些检索词的网页	输入"催化剂-添加剂",不需要相关添加剂资料
词组检索	" "、《》	精确匹配。严格按照双引号或书名号中的内容检索	输入《手机》,得到关于电影"手机"方面的资料

续表

名称	符号	说明	例证
文档类型	filetype:	限定文件类型。可选择的文件格式有 DOC、XLS、PPT、PDF、RTF、ALL	输入"热力学 王键吉 filetype:doc"检索到作者王键吉关于热力学方面的论文资料
标题检索	title:	网页标题检索	输入"title:清华大学",可以检索到网页标题中含有清华大学的网页
	intitle:	网页标题内某标题检索,可以检索论文	输入"产品 intitle:三全食品有限公司"得到有关三全食品的产品内容 输入"关键词 文摘 intitle:废水处理"得到废水处理的资料
链接	inurl:	网页 URL 和网页内必须出现两个检索词	输入"photoshop inurl:技巧"。搜索 Photoshop 可以出现在网页任何位置,"技巧"出现在网页 URL 中
网站检索	site:	站点内检索	输入"msn site:skycn.com",得到天空网下载软件
论文检索	xueshu.baidu.com	百度网站内学术搜索	输入"xueshu.baidu.com"进入百度学术,通过链接检索资料
备注	不区分大小写,所有字母和符号为英文半角字符		

▶▶▶ 课堂互动 1-4

检索虚拟经济方面的文献。

① 分析网页特点:学术论文都有一定的格式,除了标题、正文外,还有摘要、关键词等。其中"关键词"和"摘要"是论文的特征词,此外论文通常为 DOC 或 PDF 格式。

② 确定检索式:关键词 摘要 虚拟经济 filetype:pdf。

③ 输入检索式,得到检索结果。

国家奖学金申请开始了,老师要求同学到学校网站(www.zhzhu.edu.cn)下载"国家奖学金申请表",填写后上交,比较科学的表达式是什么?

(提示:国家奖学金申请表 site:zhzhu.edu.cn)

▶▶▶ 课堂互动 1-5

通过百度搜索引擎在教育部网内检索《全国大学名单》,比较合适的检索表达式是什么?
① 首先确定需要检索的关键词是"教育部"和"全国大学名单";
② 其次确定利用网页中的标题进行检索:全国大学名录 intitle:教育部;
③ 最后确定需要登录的数据库为教育网。

② 百度的高级检索　通过百度主界面的"设置"选项进入"高级检索"界面。选项内容主要有关键词、时间范围、文档格式、关键词在网页中所处的位置以及限定站内要搜索指定的网站表达式。

2. 其他重要综合网站和搜索引擎

如：雅虎（www.yahoo.com）；前程无忧（www.51job.com）；搜狐（www.sohu.com）；搜狗（www.sogou.com）；网易（www.yeah.net）；网址导航（www.345ba.com）；新浪（www.sina.com.cn）；舞123（www.wu123.com）；酷站（www.37021.com）；阿里巴巴（www.alibaba.com）；天空软件站（www.skycn.com/soft）；优酷（www.youku.com）；中国精彩网址（www.5566.net）；中国网（www.china.com.cn）；中国政府网站（www.gov.cn）。

不同的专业和检索方向，存在多种专业网站和数据库，可以根据不同的需求，登录不同的网站或数据库进行文献信息的检索。

三、网络文献中的检索工具

在实施网络文献检索时，需要考虑使用什么样的检索工具、选择什么样的检索途径和采用什么样的检索方法。

1. 检索工具的含义和作用

文献检索工具是用来报道、存储（积累）和查找文献线索的一种工具。它的作用主要有三点：一是起到报道作用，可以揭示出某一时期、某一范围文献的发展状况。通过检索工具对文献的报道，可以用来揭示文献的基本内容，了解整个科学技术的历史、新的概貌和水平，某门学科的沿革、新的动向和成就。二是起到存储作用，即把有关文献的特征著录下来成为一条条文献线索，并将其系统排列组成检索系统，永世留存。检索工具的正文实际上是文献线索的集合体。三是检索功能，人们按一定的检索方法，随时从相关资料中查阅出所需的文献线索，以便于进一步获取文献的原文。在纸质文献为主体的时期，各类文献检索期刊有很多。在进行科学研究前，一般都需要先借助纸质的各类文献检索工具（即各类文摘期刊）进行检索，收集足够的资料，加工整理后找到所研究课题的切入点进行研究。在网络时代，各类文献数据库中，检索工具的作用无处不在，而其概念则被淡化。它与原始文献（一次文献）同存在于数据库中，其职能与作用还是存在的。

2. 检索工具的类型

根据不同的目的和需要，可以将文献检索工具进行不同的分类。按著录格式可以把文献检索工具划分为以下四种。

① 目录型检索工具（catalogue）　目录型检索工具是以单元册为单位报道，强调收藏单位，是以报道文献出版或收藏信息为主要功能的工具。主要著录款目有文献名称（书名或刊名）、编著者、出版项、页数和开本。例如国家图书馆网站以"安全技术"为检索词检索到的目录型图书检索界面（见图1-14）。

② 题录型检索工具（title）　题录型检索工具是以一个内容上独立的文献单元（如一篇文章，图书中一部分内容等）为基本著录单位，在揭示文献内容的深度方面优于目录，但也只揭示外部特征。主要著录款目有文献题名、编著者、出处和文种等。例如中国知网以"理论塔板数计算"为关键词检索题录型论文的界面（见图1-15）。

③ 文摘型检索工具（abstract）　文摘型检索工具是除题录内容外，还有对文献（或一个文献单位）的内容所作的简略、准确的摘要。它不仅描述外部特征，且简明深入地反映了

图 1-14　国家图书馆目录型图书检索界面　　图 1-15　中国知网题录型期刊论文检索界面

原文的内容要点，具有比较健全的情报功能，是文献检索工具的主体。例如中国知网一篇论文摘要检索界面（见图1-16）。

④ **索引型检索工具（index）**　索引型检索工具是按某种可查顺序排列的，能将某一种文献集合中相关的文献、概念或其他事物指引给读者的一种指南或工具。也就是利用某些明显的内部和外部特征，通过索引工具迅速查到所需资料。常见的著录款目有主题词索引、分类号索引、书名索引、著者姓名索引等。例如中国万方数据库中成果检索界面可以通过行业分类、学科分类和地区分类查找（见图1-17）。

图 1-16　中国知网文摘型期刊论文检索界面　　图 1-17　中国万方数据库成果类目索引界面

可以看出，从目录、题录到文摘，能够得到的文献内容详细程度越来越高，有价值的信息越来越多。而索引则是按照某种可查顺序进行汇总，可以得到成批类似的信息，但其内容多数比较简单。

>>> **课堂互动 1-6**

按照著录格式考察图 1-18，从 CNKI 的检索界面各文献显示的项目看，它应该是属于何种类型文献检索工具？

图 1-18　中国知网期刊检索界面

（参考答案：目录）

四、网络文献检索步骤

计算机检索是指检索者在计算机终端将检索提问式按特定的检索指令输入计算机，计算机检索系统将检索提问式与数据库中的文献特征项进行匹配比较，并将符合检索提问式的文献记录输出，由计算机显示、下载或打印的过程。

从检索策略上看，首先是确定检索内容，然后对内容进行概念的分析，选取一定量的检索词（关键词），对检索词进行科学组配，组成检索提问式。输入选取好数据库的"检索项"方框中即可。

数字化信息检索过程实际上是检索词的确定以及检索词之间的科学组配。在数字化信息检索系统中，基本的检索方法有逻辑检索和加权检索，辅助的检索方法有词表助检、截词检索等。

1. 检索方法

（1）布尔（Boolean）逻辑检索　检索某一课题所需要的文献时，通常不止用一个检索词，而是用多个检索词来表达它的主题内容，并且还要将这些检索词进行恰当的逻辑组配，这样才能全面准确地表述检索课题的主题概念。利用布尔逻辑算符进行检索词语或代码的逻辑组配，是计算机文献检索中最常用的一种方法。常用的组配方式有三种：AND、OR、NOT（图1-19）。

图1-19　布尔逻辑检索关系

①"AND"或"*"（A AND B）　在同一文献中必须同时含有A概念和B概念，如children and education（儿童教育）表示在数据库中含有children和education两个词的文献被检中。

②"OR"或"+"（A OR B）　只要含有A概念或者B概念的文献都能被检出。如alcohol or ethanol（酒精或者乙醇），表示在数据库中含有alcohol或者ethanol的文献均被检中。

③"NOT"或"-（有的数据库使用符号"/"）"（A NOT B）　在含有A概念的文献中除去含有B概念的文献。如lactose not dairy products（乳糖而非乳制品）表示在数据库中只检索lactose（但不含milk）方面的文献。

布尔逻辑检索式的优先执行顺序通常是NOT、AND、OR。另外，在有括号的情况下，先执行括号内的逻辑运算；在多层括号时，先执行最内层括号中的运算。

布尔逻辑是二值逻辑，其运算结果只有"真"或"假"两种状态。数据库中的文献对于某个提问来说，也只有相关或不相关两种可能。由于布尔逻辑不能表示词与词之间的顺序关系，有时在概念上较难区别，为了增加检索的准确性，可以采用位置符加以控制。

① W（WITH）　表示该算符两边的检索词按照顺序排列，不许颠倒。例如，powder（W）coating，表示这两个单词相当于一个组合词。

② nW（nWORD）　与上式相同，但中间可存在 n 个词，如："education 2W school"，则检索结果中可能含有"education and music school"等。

③ F（FIELD）　表示该算符两侧的检索词必须同时出现在文献记录的某一字段内，两个词的顺序不限，只要在同一字段，例如powder（F）coating。

④ N（NEAR）　表示该算符两边的检索词顺序可以颠倒。如"information（N）retrieval"，则检索结果中可能含有"information retrieval"，也可能含有"retrieval information"。

在使用布尔逻辑表达式进行检索时，除要求掌握检索课题的相关因素外，还应该在布尔逻辑算符对检索结果的影响方面注意。如果检索词涉及表达整体的概念，就要针对具体情况分别列出每一个表达部分概念的检索词，否则可能出现漏检。例如，需要检索有关欧洲能源方面的文献。分析课题，主题词有两个：欧洲（Europe）和能源（Energy）；检索逻辑表达式为 Europe AND Energy。如果用这个检索式去检索，会漏检不少相关文献。因为，在地理位置上当确定欧洲时，它包括有英国、法国、意大利、西班牙等具体国家。然而，在检索式中用"欧洲"作为一个检索词，只能代表欧洲本身，无法代表具体国家。同样能源有多个种类，应该分别指出。因此，如果要查全该课题的相关文献，检索式应该改为：（Europe OR Britain OR France OR Italy OR Spain OR…）AND（Energy OR Coal OR Petroleum OR…）。

（2）截词检索　截词检索也是一种常用的检索方法，尤其在西文检索中，更是广泛应用。因为西文构词灵活，在主词上加不同的前缀或者后缀，就可以派生出许多新的词汇。由于主词相同，派生出来的词的含义是基本一致的。

所谓"截词"（truncation）是指检索者将检索词在合适的地方截断，用"?" "％"或"＊"等表示。用截断的词的一个局部进行检索，并认为凡是满足这个词局部中的所有字符（串）的文献都是检出的文献。目前，有些中文书目数据库开展的题名或者著者中任选一个字或词进行模糊检索，其实质就是截词检索。不同的数据库所用的截词符也不同，而且截词符可以分为有限截词（即一个截词符只代表一个字符）和无限截词（一个截词符可以代表多个字符）。常用的截词检索主要有三种。

① 前截断　又称为左截词，就是截去某个词的前部，以截词符号代替。从检索性质上讲，前截断是后方一致检索。用前截断进行某个学科不同应用领域的检索十分方便。例如：用"? ology"，可检索出含有"technology" "psychology" "archaeology"等词的结果。

② 中间截断　即截去词中间可能发生变化的字母，用若干个"?"来代替。中间截断必须是有限截断。英语中有些单词的拼写有英式和美式之分，有些词则是某个元音位置上出现单复数不同。例如 organi?ation 可检索出含有 organisation 和 organization 的记录，wom?n 可检索出含有 woman 和 women 的记录。

③ 后截断　又称为右截词，就是截去某个词的后部分，用截词符号来代替。从检索性质上说，后截断就是前方一致检索。例如，用"librar?"，可检索出含有"libraries" "librarian" "library"等词的结果。后截断还可以用于年代或者作者的检索上，例如 199?（20世纪90年代）。

使用截词检索可以减少检索词输入的数量，简化检索程序，扩大检索范围，提高查全率，节省时间，降低费用。但是，对于此方法必须慎重使用，一方面是词干不要太短，以免检出许多与原来含义不相干的信息；另一方面是英、美不同拼音的词，如变化字母数不同，则不能使用中间截断检索方法。无限截断不限制被截断的字符数量。如："inform?"，可检索出含有"informal" "informality" "informally" "informalize" "informatics" "information"等词的检索结果。

第一章 文献检索基础知识

> **课堂互动 1-7**
>
> 用右截词"heat?"可以检索到哪些词的结果?
>
> [参考答案:heatengine(热力机)、heatisland(热岛)、heatproof(耐热的)、heatresisting alloy(耐热合金)、heattreatment(热处理)、heater(加热器)等。]

> **思考练习 1-5**
>
> 三个关键词的布尔逻辑检索式是"发动机 * (汽车+拖拉机)",通过以上描述说明三者之间的逻辑关系。
>
> (提示:检索汽车或拖拉机的发动机文献)

2. 网络检索步骤

从网络检索步骤上来看,一般网络检索可以简单归纳为"确认检索项、规范组配、科学检索和验证效果"四个步骤。

(1) 分析检索需求,概念分析并确定检索项　要弄清研究课题的目的性和重要性,掌握与课题有关的专业知识,明确课题的检索条件和要求,然后再确定检索范围。例如:

① 专业范围　课题所属学科和专业,与该专业相邻的学科是哪些,它们的性质特点和已知发展水平等。

② 时间范围　目的是想获得最新资料,还是想了解历史发展?可能出现在哪类出版物中和哪个时间范围区间?综合已有情报,寻找新的情报线索。

③ 国别范围　需要检索哪些国家的文献资料?国内哪些检索工具中有这些资料?如何检索?

④ 文献类型　需要查找有关的全部文献还是部分文献?需要查找哪些类型的文献(期刊论文、专利、标准、技术报告或其他)?

⑤ 检索角度　需要检索的文献信息侧重于理论方面,还是应用方面?

如果是课题的开题,需要检索的资料就尽量全一些;如果是在课题研究过程中的检索,需要检索的资料就尽可能准一些,以便于对下一步的研究找出正确的方向;如果是课题的结题,需要检索的资料就尽量新一些,以便于通过对比,确定自己的研究课题具有新颖性特点。

选择检索词时可以考虑以下几个原则。

① 选择规范词　一般应该优先选择主题词作为基本检索词,但是,为了检索的专指性也选用自由词配合检索。如需要查找有关"人造金刚石"的文献,很可能用"manmade(人造) diamonds(金刚石)",但是,"人造"的实质是"人工合成",检索词的范围可以放宽到:

synthetic(W)diamonds(合成金刚石)　　synthetic(W)crystals(合成晶体)
synthetic(W)gems(合成宝石)　　artificial(W)crystals(人造晶体)
synthetic(W)materials(合成材料)　　diamonds(金刚石)
synthetic(W)stones(合成石)

② 尽量使用已经规定好了的代码表示这个关键词　不少文档有自己的各种代码，如《世界专利索引》（WPI）文档的国际专利分类号代码 IC，《世界工业产品市场与技术概况》（PTS PROMT）文档中的产品代码 PC 和事项代码 EC，《化学文摘》（CA）中的化学物质登记号 RN 等。如需要查找"20 年来 CA 收录的锡酸钡导电机理"的文献，就应该用化学物质登记号 RN＝12009-18-6 来表示。检索式为：

rn＝12009-18-6 ＊ electric??（W）(conductivity＋conduction)。

而不能用下面的检索式直接检索：

(barium（W）stannate＋$BaSnO_3$) ＊ electrical（W）(conductivity)。

③ 尽量选用国际通用的习惯用语　国外许多习惯性的技术用语对于检索国外文献非常重要，必须搞清楚这些词语的真正含义。例如要查找有关"麦饭石的应用"方面的国外文献，如何将"麦饭石"译成正确的英文是至关重要的。直译可以是"wheat rice stone"，这种译法极有可能不正确。分析其实质，"麦饭石"是一种石头或矿物，其功能主要是吸收水中有害物质并释放出一定量对人体有益的微量元素，从而改善水的品质。所以，应该选用"改善""水质""石头或矿石"这几个概念进行检索，结果在 WPI 中检出四种专利。德温特专利公司将麦饭石译为"bakunaseki"，这样就查出了麦饭石的英文检索词。

④ 尽量避免使用低频词或高频词　进行文献检索时，应尽量避免使用频率较低或专指性太高的词，一般不选用动词或者形容词，不使用禁用词。新出现的低频词使用不多，因而文献量也不会多。而像"分析""研究""应用""方法"等高频词没有特指含义，也不要使用。必须用时，应与能够表达主要检索特征的词一起组配，或增加一些限定条件再用。

⑤ 同义词尽量选全　检索时为了保证查全率，同义词尽量选全。选择同义词应主要考虑以下几点。

a. 同一概念的几种表达方式，如化学分析有 chemical analysis、analytical chemistry、chemical determination、composition measurement 等。

b. 同一名词的单、复数，动词，动名词，过去分词等，如生产有 product、production、producing、produce、productive 等，可用截词符解决。

c. 要考虑上位概念词与下位概念词，如水果榨汁，不仅要选 fruit，也应选各种水果，如 pear（梨）、apple（苹果）等；反之，如果某一种水果保鲜则应参考"水果保鲜"。

d. 化学物质用其名称（中、英文），也要用其元素符号，如氮、nitrogen 和 N。

e. 植物和动物名，其英文和拉丁名均要选用。

（2）检索词间合理组配，构造检索策略　在进行充分分析的基础上，将课题概念转化成最恰当的检索标识或检索词。检索词的确定要满足两方面的要求：一是课题检索要求；二是数据库输入词的要求。

当出现多个检索词时，就要利用布尔逻辑算符把这些检索词按照重要性排序。通常研究对象为最重要的检索词，其次是研究方法（手段），再其次是研究目的。也就是说关键词排序的基本原则是：研究对象 and 方法（技术方案）and 目的 and（技术特点 or 创新点）。在实际检索中，应根据检索的具体情况（主要看检索结果数量的多少），将检索词按照重要性的大小依次作为检索词添加到检索式中。

（3）选择数据库和检索途径，进入实际检索　建议优先选择专业索引文摘型检索系统或大型综合性检索工具。数据库有多种类型，人们可以从不同的角度对其进行分类。例如：可以按照数据的表现形式将数据库分为文字型、数值型、图像型（视频型）和声音型（音频型）；可以按照存储介质将其分为磁介质数据库（磁盘、磁带）、光盘数据库（CD-ROM、WORM）、多媒体数据库；可以按照性质将其分为文献型数据库（document retrieval）、数据型数据库（data retrieval）、事实型数据库（fact retrieval）等。目前在情报界比较流行的是根据数据库所含信息内容为基本的分类标准。

① 数据库种类

a. 书目数据库（bibliographic database） 书目数据库也称为二次文献数据库，它包括各种文摘、索引、目录等。这类数据库存储某个领域原始文献的书目，组成记录的字段一般有文献的标题、作者、出处、文摘、主题词等。

b. 指示数据库（referral database） 指示数据库的内容包括可以作为信息来源的机构、计划、活动，乃至有特长的个人介绍，其价值在于指引用户找到合适的信息源。

c. 数据数据库（data database） 这是专门提供数值的一种源数据库。其数据存储通常成组排列，其检索结果可能只是单一的值或一组数据。数值数据库提供的信息覆盖了一大类的专业范围。在科技领域，它能提供物质的物理化学性质、结构、频谱等，如各种化学物质的物理化学性质数据、生物科学中的实验动物数据、农产品和毒性等数据。

d. 事实数据库（fact database） 包含自原始文献或社会调查中获得并经过处理的各种事实。有人将其称为字典型数据库（dictionary database）或术语数据库（terminological bank），它提供给人们查询人物、机构、事件、研究项目、产品或商品的简要情报。同时还可以指引用户获取更详细的信息，如人物传记数据库、产品指南数据库、公司名录数据库、专利数据库、标准数据库等。

e. 全文数据库（full-text database） 常简称为全文库，即存储文献内容全文或其中主要部分的数据库。具体主要指经典著作、法律条文、重要的学术期刊、化学期刊全文数据库，以及百科全书、手册、年鉴等的全部文字或非全部文字。全文数据库能够使用户获得最终的一次文献，是文献数据库建设的重要发展方向。不过，目前大多数的全文数据库的检索查阅是一种付费服务。

f. 多媒体数据库（multimedia database） 多媒体数据库可以收到事半功倍的效果，具有广泛的开发前景。

② 数据库的选择原则 由于文献信息的数据库种类繁多，并且一直在不断增加，而各种数据库的内容各有千秋，选择好恰当的数据库对于快速准确地完成检索任务非常有帮助。

选择数据库之前应该弄清楚课题所需要的检索要求、各种数据库的特点和内容，然后应从以下几个方面确定数据库。

a. 学科范围 任何一个数据库在收录文献信息时都会有一个比较明确的学科范围，因此，对数据库收录的数量、类型、存储年限和更新周期要有所了解。

b. 文献范围 数据库出版商往往以某一类型的文献来编制数据库，如专利、标准、会议录等。

c. 国别或语种范围 对所需文献信息在国别和语种上加以选择限定。

d. 数据库检索功能 要了解数据库所提供的检索途径、功能和服务方式。

③ 确定检索途径 根据检索词特征确定科学的检索途径。可以把检索词分为外部特征和内部特征。文献外部特征简单明了，检索方便，但检索出的文献不一定能够满足检索条件的需求。文献外部特征主要有文献名（书名、刊名及篇名）、著（译）者（个人或团体单位）、序号（如专利号、标准号、收藏号、报告号等）、其他（如出版类型、出版日期、文种等）。通过文献的内部特征可以检索到所需的系列资料，比较接近实质，但是可能出现查检

到的资料过多，难以选取。文献内部特征检索途径主要有以下两种。

a. 主题途径　利用选取的主题词、关键词等进行检索。优点是同一主题内容文献集中在一起，便于查全。

b. 分类途径　按学科门类将同一学科文献信息集中在一起，利用分类号及其分类名称进行检索。其缺点是新兴学科、边缘学科和交叉学科在分类中难以处理。

④ 基本检索方法　在进入所选择的数据库后，根据检索词情况主要可以采用以下两种基础检索方法。

a. 简单检索（basic search）　也叫基本检索、快速检索。只提供简单的检索界面，适合初学者。其中还有二次检索，即在第一次简单检索结果的基础上，再进行一次简单筛选检索，以提高查准率。

b. 高级检索（advanced search）　也叫专家检索、复杂检索，是一种多项组合检索。一般输入多个检索词进行科学组配，其组配可以是同一检索途径下的，也可以是不同检索途径下的。

>>> **课堂互动 1-8**

确定课题"将天然植物茶叶中的茶多酚作为食品防腐剂"的检索词组配并完成检索。

① 通过课题名称可以提取关键词：天然植物、茶叶、茶多酚、食品、防腐剂；剔除不必要词：天然植物、茶叶。

② 将关键词按照重要性排序并形成检索式：茶多酚 and 食品 and 防腐剂。

③ 将检索式"茶多酚 and 食品 and 防腐剂"代入进行高级检索，选择"模糊匹配"，以便忽略，得到结果21条[图1-20（a）]。

(a) 关键词"防腐剂"检索界面　　　　　　(b) 关键词"防腐"检索界面

图 1-20　检索词组配实例

④ 分析检索词"防腐剂"会漏检"防腐材料""防腐功能""无防腐"等条目，故可以将"剂"删除，以减少定词扩检。

⑤ 将检索式"茶多酚 and 食品 and 防腐"代入进行高级检索，得到结果28条[图1-20（b）]。

思考练习 1-6

确定课题"灌溉用的橡塑多孔管"的检索式。

[提示1：灌溉 and 橡塑 and 多孔管。提示2：灌溉 and（橡胶 or 轮胎 or 塑料 or 聚乙烯）and 多孔管]

> **课堂互动 1-9**
>
> 以下是一篇论文相关信息,阅读后分析哪些是外部途径,哪些是内部途径。用什么检索式才能最快、最准地得到该篇文献全文?
>
> 文献名:铁氧体法处理含铬废水工艺条件探讨
>
> 作者:魏振枢
>
> 作者单位:中州大学
>
> 发表期刊:化工环保
>
> 发表日期:1998年4月
>
> 分类号:X703(废水的处理与利用)
>
> 关键词:铁氧体;含铬废水;硫酸亚铁
>
> 化学物质:硫酸亚铁
>
> (参考答案:外部途径有文献名、作者、作者单位、发表期刊、发表日期等;内部途径有分类号、关键词、化学物质等。最快捷的检索方式是利用文献名进行一对一的检索。)

(4) 整理评价检索结果,确定是否二次检索 在当前文献量剧增的情况下,往往需要对检索式的组配进行多次优化,才能找到最佳检索式,达到事半功倍的效果。

第四节 科学利用图书馆

图书馆是收集、整理、保管文献并向社会提供文献资料服务的科学、教育和文化机构,有着悠久的历史。由于图书馆保存了人类的文化遗产,提供了无穷的知识宝藏,因而在科学、教育和文化事业方面起着巨大的作用。在进入信息时代的今天,图书馆已成为培养人才、传递情报信息的重要机构,成为培养独立研究能力、自学深造的场所,成为探索、发现和扩大知识领域的第二课堂。

图书馆的主要服务项目有外借服务(包括馆藏外借和馆际互借)、阅览服务(包括印刷本文献的阅览和电子文献的阅览)、参考咨询服务、读者教育与培训和信息服务五个方面。

一、图书收藏特点

现代图书馆均采用开架阅读的模式。在馆藏书籍查检的过程中,首先通过书目检索系统查得书目信息和馆藏信息,然后根据查询到的馆藏信息,按照图书馆的排架顺序,到相应的书库或阅览室获取书刊。

图书馆的书库一般分为社会科学书库、自然科学书库、基藏书库等。馆藏文献的排架就是把已经分编加工并入库的文献,按照一定的方法科学地依次排列组织起来,使每一种文献在书架上都有一个明确固定的位置,便于检索、利用与保管。我国各类图书馆图书的排架基本上都是采用分类排列法。每册书在分类加工时都获取一个分类排架号(或者称为索书号),索书号主要由分类号和书次号(或著者号)两部分构成,用斜杠(或"-")分开。分类号是按照中国图书馆分类法进行分类标引,它是图书排架的依据,使图书在书库中有一个具体的排列位置。索书号的第二部分是按照图书进入馆藏时间的先后所取用的顺序号码,书次号是按照数字大小排列的,数字越小,排列越靠前,也表示此书越久;或者是按照图书作者姓名所编排的著者号码,通过采用著者号码,一位作者所著的同一学科主题的图书会被集中在一起,也方便了读者查找资料。著者号可以用姓氏第一个字母表示,也可以用著者姓氏的四角号码规则编制而成的4位数字表示,如TQ 086/W613(《环境保护概论》),斜杠前的TQ 086是中图分类号,主编为魏振枢,斜杠后的W613是书次号。再如N49-9026(《科学百科》),主编为常和,书次号为9026("常"姓四角号码规则编排出的4位数字)。

要想充分利用好图书馆,要会看目录卡片(如分类目录柜、汉字汉语拼音字母顺序目录柜、著译者目录柜等),通过目录卡片可以方便地获取所需的图书资料。到图书馆查阅需要的书籍时,需要注意其馆藏状态,它主要显示该书是否有复本可借;需要注意馆藏地,表示该书所在的书库位置;需要注意索书号,表示该书在书架上排列的位置。

到学校图书馆查找有关催化反应过程方面的书籍,并确认存放在什么位置。
(提示:催化反应过程的中图分类号:TQ032)

二、期刊收藏特点

期刊的排架可以分为现刊和过刊两种情况,现刊一般是采用开架陈列,通常采用分类刊名字顺排架法、分类种次号排架法、刊名字顺排架法或按原有刊号排架的方法等。过刊的排架,一般首先按照文种将期刊分为中文、西文、俄文、日文等部分,然后再采用其他方法加以配合。期刊一般是放置在资料室中,资料室一般分为书目资料室、检索资料室、工具书资料室、过刊资料室、外文资料室、情报资料室和特种文献资料室等,根据检索要求去不同的书库和资料室检索。特种文献如技术报告、专利、标准等一般是按照顺序号排架。

三、工具书收藏特点

参考工具书是一类比较特殊的出版物,一般都属于三(次)级文献。它系统汇集了某方面的资料,按特定方法加以编排,以供需要时查阅。这类出版物的编写目的并不在于供读者从头到尾地详细阅读,主要是便于读者快速准确地查到自己所需的资料和数据。根据不同的特定方法可以编写出多种不同类型的参考工具书。

1. 词(字)典(dictionary)

词(字)典主要是对字、词的意义和用途作简要解释。字典主要是汇集单字,解释字形、读音、含义和用法;词典则是解释语词的概念、意义及其用法。西方无字、词之分,因而无字典、词典之分。中文的字典与词典之间的界限也已经不太严格,不少字典中也兼收语词,辞典是对专门性名词或术语进行解释。

2. 手册(handbook, manual, reference book)

手册是汇集某一范围内的基本知识和数据的参考工具书,具有较强的实用性。就其内容和编排形式来分,手册有四种类型:数据手册;条目性手册(正文由各种条目组成,按条目的字序编排);图表图谱手册(汇集各种图表图谱,按照一定的规则编排,如光谱图、流程图、相图等）；综合性手册（用文字、图表、公式相结合的形式对某一个学科或某一个专题的基础知识、原理、概念、方法、用途等加以简要的叙述）。

3. 百科全书（encyclopedia）

百科全书的英文意思是"各种知识的汇编"，故又称大全，是比辞典更高一级的工具书，是由有经验的专家主编而成的，是系统地汇集某一领域范围内的全部知识的大型参考性工具书，它将搜集到的专门术语、重要名词分列条目，加以详细的叙述和说明，并附有参考文献。因此要比较深入地了解工业技术方面的某一问题，使用这类书籍比较适宜。百科全书可分为综合性百科全书和专门性百科全书两种。

(1)《不列颠百科全书》　印刷版《不列颠百科全书》（*Encyclopedia Britannica*，EB，又称《大英百科全书》）于 1768 年首次出版，现由美国不列颠百科全书公司（Encyclopedia Britannica Inc.）出版。历经两百多年修订、再版的发展，得到不断的完善，2005 年出版了最新纸质版本。《不列颠百科全书》全套共 32 册，所有条目均由世界各国著名的学者、各个领域的专家撰写，对主要学科、重要人物和事件都有详尽介绍和叙述，其学术性和权威性已为世人所公认。它与《美国百科全书》（*Encyclopedia Americana*，EA）、《科利尔百科全书》（*Collier's Encyclopedia*，EC）一起，并称为三大著名的英语百科全书（即百科全书 ABC）。其中又以 EB 最具权威性，是世界上公认的权威参考工具书。

(a) 不列颠百科全书　　　(b) 中国大百科全书

图 1-21　百科全书网络版主界面

1994 年推出了《不列颠百科全书》网络版 Britannica Online［图 1-21（a）］，网络版还收录了最新的修订和大量印刷版中没有的文字，同时精选了 10 万多个优秀网站链接，从而拓宽了获取知识的渠道，查询网址为 www.britannica.com。

(2)《中国大百科全书》　由中国大百科全书出版社编辑出版，1978 年开始编撰，1993 年出齐，是我国第一部大型综合性百科全书，共 74 卷（其中总索引 1 卷，正文 73 卷），涵盖 66 个学科，共收录 7 万多个条目，近 5 万幅图片。

访问中国大百科全书出版社主页［www.ecph.com.cn，见图 1-21（b）］，该网站数据库能检索 74 卷全文资料、简明版 12 卷全文资料、百科术语、人名库等，共计数十万个条目，可对所有条目及内容进行全文检索。

4. 年鉴（yearbook, annual, almanac）

年鉴是系统汇集一年内的重要事件、数据、统计资料等有关问题的工具书，并按年度出版的连续性出版物。年鉴的特点主要是资料简明、可靠、及时。在某种程度上，是对不易更新出版的百科全书的补编，由于其内容是按年度集中编排，因此，很容易研究发现一些事物发生和发展的趋势。多数年鉴都注明资料的来源，按类编排，正文前都有详细目录，便于读者迅速、准确地找到原文，以便进一步研究。近几年来，我国高度重视这项工作，出版了许多种类的年鉴。按内容可将年鉴分为综合性年鉴和专业性年鉴。

(1)《中国百科年鉴》　中国大百科全书出版社《中国百科年鉴》编辑部编，中国大百科全书出版社出版。这是我国出版的第一部大型综合性年鉴,首卷于 1980 年问世。共分为政治、军事、外交、法律、经济、科学技术、哲学、社会科学、文学艺术、教育等 18 个部类,资料全面,图文并茂,便于检索,是了解百科知识的一部重要的工具书。网址:www.ecph.com.cn。

(2)《中国统计年鉴》 国家统计局编写,中国统计出版社出版。它是反映我国经济和社会发展情况的最全面的资料来源。收录了上一年全国和各省、自治区、直辖市经济和社会各方面的统计数据,以及历年全国统计数据。内容主要有:行政区划和自然资源,综合,国民经济核算,人口,劳动力和职工工资,固定资产投资,能源,财政,价格指标,人民生活,城市概况,环境保护,农业,工业,运输和邮电,建筑业,国内贸易,对外经济贸易,旅游,金融业,教育和科技,文化,体育和卫生,其他城市活动等。其他还有港澳台主要经济指标,中国经济、社会统计指标同世界主要国家和地区的比较。中国年鉴信息网网址:www.chinayearbook.cn。

5. 指南(guide)

指南有引导、指引、入门等含义。因此,以"guide"命名的工具书含有书目、手册、便览、入门书的性质。指南和手册有点相近,都有汇辑或叙述某一专题、某一学科的基本资料和基本知识,供人们参考使用。指南在收录资料内容上的一个特点是它的应用性和实践性,这种出版物都使用简练、科学的专业语言,描述或汇辑有一定专业深度的资料,包括数据资料、统计、图表等。指南在收录资料方面的另一个特点是其概括性,一部好的指南往往收罗资料十分全面,可以成为该书出版以前某一专门领域内专业知识和技术的总结性资料。

陆伯华主编的《国外科技工具书指南》由中国书籍出版社 1992 年出版。主要收录 1976~1989 年间国外出版的各种科技工具书 8000 余种。全书涉及数学、力学、物理学、化学、天文学、地球科学、生命科学、农业、工业技术、交通运输、航空航天和环境科学等学科。按照学科分类排列,大类之下按工具书类型细分。每个大类之前撰写一篇文章,叙述本学科文献的发展、特点和分布状况。对书中涉及的重点工具书详加阐述。该书正文后附有中文书名索引、俄文书名索引、西文书名索引和日文书名索引。

四、图书馆馆藏书籍查询实例

许多图书馆面向公共用户提供网上书目查询系统,即公共联机书目查询系统(Online Public Access Catalogue System,OPAC)。通过 OPAC 系统可查询该图书馆入藏的各种文献,包括图书、期刊、会议文献、学位论文、多媒体资料等。另外还有多种图书馆管理系统,有些是面向图书馆工作人员(通常要口令才能登陆)的业务工作系统,提供诸如采访、编目、期刊管理等专业管理功能。

在图书馆馆藏书籍的查检过程中,第一步是在图书馆的书目检索系统中检索自己所需要的图书,第二步是到收藏地点索取。

> **课堂互动 1-10**
>
> 到学校图书馆检索有关"信息检索"方面的书籍馆藏情况。
> ① 登录所在学校图书馆书目检索系统。提供的检索途径有所有题名、责任者、出版者、标准编码、索书号、主题词、全部字段、随书光盘等。在检索框中输入"信息检索"关键词,然后点击"搜索"按钮。

② 可以得到 157 项检索结果 [图 1-22 (a)],其中第 1 项是于光编著的《信息检索》,查询该书的馆藏情况。

③ 点击该书得到图 1-22 (b),得出该书的情况信息。

④ 下拉菜单可以得到"馆藏信息" [图 1-22 (a)],可知索书号为 G252.7/Y706,全部在馆,可以借阅。

(a) 检索界面　　　　　　　　　　　　(b) 书目简介

图 1-22　图书馆馆藏书目检索系统实训实例

根据【课堂互动 1-10】提供的馆藏地和索书号,进入含有 G 类图书的图书主库,观察书架侧面的指示牌,按照字母顺序找到 G 类书所在的书架后逐步缩小范围,按照数字顺序 1、2、3、4、…找到 G2 类书,在 G2 类中再按照数字顺序找到 G25 类书,以此类推,一直找到 G252.7 类的书;再根据"Y706"最终找到 G252.7/Y706,就是所要查找的《信息检索》。

检索过程中,如果有电子图书,也会出现相应的标记符号,以便于读者更方便地查找电子图书。

思考练习 1-8

到学校图书馆查找有关"精细化工工艺学"方面的书籍有多少种,各放置在什么位置。

五、网络检索中的问题与对策

网络环境极大地拓展了信息的空间,除了图书馆中的各类文献资源外,当然还有无所不包的网络资源。网络资源主要有两大类:一类是诸如图书、期刊、政府网络数据库等,其来源大多取之于纸质图书期刊资料,图书馆一般均有馆藏,权且把它叫作图书馆文献资源;另一类是各种社会网站承办的搜索引擎检索数据库,由各类企业或公司主办。这两类网络资源各有什么特点?在文献检索中会起到什么重要作用呢?首先通过表格形式(表 1-6)给出两者的特点比较。

表 1-6　图书馆检索(纸质资源)与网络搜索引擎检索的比较

比较项目	图书馆文献资源	互联网搜索引擎信息资源
服务对象	馆内读者	任何人
资源采集	读者需求选读	没有选择
使用特点	需要检索技能	简单快捷、时效性强、信息量大、传播范围广

续表

比较项目	图书馆文献资源	互联网搜索引擎信息资源
资源质量	阅读性、学术性	内容庞杂、质量不一、学术性差
作者	专家学者	任何人
观点	严谨科学、客观公正	多数为个人观点

例如需要检索 2010～2015 年间关于"改性脲醛树脂胶黏剂的合成"的文献资料，用百度检索可以得到 38200 条信息，用搜狗检索可以得到 13111 条信息，见图 1-23。

(a) 百度搜索　　　　　　　　　　(b) 搜狗搜索

图 1-23　网络搜索引擎数据库检索系统检索结果

如果以"改性脲醛树脂胶黏剂的合成"为检索条件 [图 1-24（a）]在网络系统中检索 CNKI 数据库，限定时间仍然为 2010-01-01～2015-12-31，可以得到 38 条文献信息 [图 1-24（b）]。检索出的信息资源均在限制的时间内，这些信息资源都是来源于专业期刊、博硕士论文、国家级会议等，并且均能在图书馆里查找到相应的纸质资料。反之，网络搜索引擎数据库的检索优点非常明显，如时效性很强，简单易用，方便快捷，检索到的资源多（有的可以检索到上亿项）。但是其缺点也非常明显，如：搜索结果过多、过泛，或者说垃圾信息过多，为检索有价值信息需要花费大量的时间去甄别；同时网络 URL 不稳定，网络是动态变化的，也许检索下载的资源有具体详细的网址，但当需要核对鉴别时这个网页或者信息资料已经消失了（机构的撤销或者自我撤销等），无法确认其真实性；这些大量的搜索引擎无法提供数据年代的选择功能因而无法获得历史数据，无法对事物的发展过程做纵向比较；有多次报道揭露出不良搜索引擎数据库利用竞价排名向全国推销假药，按照企业付费多少确定企业在搜索结果中的排名位置，使人无法相信搜索出来资料排名顺序。因此，网络资源只能是一种补充。当需要引用某些网络资料作为参考文献时，最好是能够查找到原始纸质资料，以纸质资料作为参考文献的母本。

(a) 检索条件　　　　　　　　　　(b) 检索结果

图 1-24　CNKI 数据库检索系统检索结果

第一章 文献检索基础知识

自测练习题

1. 单选题：根据主题语言的含义，在下面一组概念中，应将（　　）选作人工语言。
   A. Laser　　　　B. 莱塞　　　　C. 激光　　　　D. 镭射

2. 单选题：概念（　　）之间不属于上下位关系。
   A. 花儿与 flower　　B. 花儿与植物　　C. 花儿与玫瑰花　　D. 花儿与鲜花

3. 单选题：按照出版时间的先后，应将各个级别的文献排列为（　　）。
   A. 三次文献、二次文献、一次文献　　　B. 一次文献、三次文献、二次文献
   C. 一次文献、二次文献、三次文献　　　D. 二次文献、三次文献、一次文献

4. 单选题："北京"与"中国首都"两个检索词之间属于（　　）关系。
   A. 等同词　　　B. 同类词　　　C. 上位词　　　D. 下位词

5. 单选题：属于中国 EAN-13 商品编码的是（　　）。
   A. 471　　　　B. 690　　　　C. 697　　　　D. 978

6. 单选题：根据国家相关标准，文献的定义是指"记录有（　　）的一切载体"。
   A. 情报　　　　B. 信息　　　　C. 知识　　　　D. 数据

7. 单选题：国内图书收藏量最大的机构是（　　）。
   A. CNKI　　　　B. NSTL　　　　C. CQVIP　　　　D. NLC

8. 单选题：根据文献的定义，构成文献要素有（　　）。
   A. 知识　　　　B. 载体　　　　C. 记录手段　　　D. 以上三种

9. 单选题：某学生想查找电子图书，可以到（　　）数据库查找。
   A. 新浪　　　　B. 中华英才　　　C. 中国知网　　　D. 读秀

10. 单选题：根据主题词的含义，在下面一组概念中，应将（　　）选作人工语言。
    A. 脚踏车　　　B. 自行车　　　C. 单车　　　　D. 坤车

11. 单选题：访问"新材料在线"（网址：http://www.xincailiao.com），判断其主办者属于（　　）。
    A. 信息服务商　　　　　　　B. 教育部门
    C. 商业机构（公司企业）　　　D. 行业协会

12. 单选题：布尔逻辑检索式优先执行顺序通常是（　　）。
    A. NOT　AND　OR　　　　B. NOT　OR　AND
    C. OR　NOT　AND　　　　D. OR　AND　NOT

13. 单选题：在百度搜索框中输入两个检索词，中间用空格连接，体现的是布尔逻辑（　　）关系。
    A. 或　　　　　B. 和　　　　　C. 非　　　　　D. 以上三个

14. 单选题：下列属于信息检索的是（　　）。
    A. 在班级中填写家庭情况登记表　　B. 用电子邮件预订宾馆
    C. 到携程网查询航班起飞时间　　　D. 用 Excel 处理成绩统计表

15. 单选题：在公开出版物中，（　　）反映的信息内容可能最新。
    A. 学位论文　　B. 标准文献　　C. 期刊论文　　D. 报纸文献

16. 单选题：属于三次文献的是（　　）。
    A. 百科全书　　B. 文献检索教材　　C. 期刊论文　　D. 实验室数据记录本

17. 单选题：中国图书馆分类法的分类号采用了（　　）体系。

A. 拼音字母+数字　　B. 英文字母+数字　　C. 全部拼音字母　　D. 全部数字

18. 单选题：分类途径是按照文献信息所属的学科门类，利用（　　）进行检索的途径。
    A. 学科名称　　　　　　　　　　B. 专业名称
    C. 分类号及其分类名　　　　　　D. A、B、C 均可

19. 单选题：按照上下位关系排序正确的是（　　）。
    A. 食物-食品-面食-馒头　　　　B. 食品-食物-面食-馒头
    C. 面食-食物-食品-馒头　　　　D. 馒头-食品-食物-面食

20. 多选题：关键词语言的特点可以表示为（　　）。
    A. 较快地反映科技的最新发展　　B. 检出的不切题文献的比例较大
    C. 容易造成漏检　　　　　　　　D. 编有固定的词表

21. 多选题：两个概念之间属于上下位关系的有（　　）。
    A. 家用电器与电视机　　　　　　B. 计算机与电脑
    C. 材料与无机材料　　　　　　　D. 硅酸盐与陶瓷

22. 多选题："欧洲"的下位词有（　　）。
    A. 英国　　　　B. 德国　　　　C. 比利时　　　　D. 巴西

23. 多选题：概念（　　）之间属于同类词关系。
    A. 搜狐与新浪　　B. 植物与蔬菜　　C. 中国与美国　　D. 花儿与 flower

24. 下面哪些资料属于三次文献？（　　）
①《2009 年山东省统计年鉴》；②美国《工程索引》；③《新华字典》；④《新华文摘》；⑤《机械工业出版社 2017 年图书征订目录》；⑥《计算机科学技术百科全书》；⑦《2016 年政府工作报告》；⑧《中国国家标准汇编》；⑨《NASA 报告》；⑩《博士论文：论网络时代的商务模式》。

25. 收到一本 2017 年第 04 期的《大学生就业与创业杂志》，发现其中国标准刊号为 CN 01-4028/T，其国际标准刊号为 ISSN 1009-0578，其 EAN-13 条码为 9781009057042，指出其中的错误。

（①中国标准刊号的省区代码 01 是错误的；②中国标准刊号表示的中图分类号是错误的，不应该是 T 工业技术类；③国际标准刊号的校验码应该是 6；④EAN-13 的前三位应该是 977，最后一个校验码是错误的。）

26. 下面分别属于何种文献检索语言？将序号分别标在相应的类别中。
①13.060.20（国际标准分类号：饮用水）；②C01B23/00（国际专利分类号：非金属元素）；③郑州工程技术学院；④钱学森（科学家）；⑤反应釜；⑥CS6140（车床机床设备型号：高速卧式落地车床）；⑦121021417（化工系某同学的学号）；⑧ISBN 978-7-122-25419-1（书号）；⑨GB 18350—2013（变性燃料乙醇标准号）；⑩TQ033（中图分类号-生物化学过程）。

分类语言：

主题语言：

代码语言：

27. 填空：中国图书馆分类法是把图书分为（　　）个大类。

28. 填空：布尔逻辑检索式中在有括号的情况下，应该先执行（　　）的逻辑运算。

29. 总结如何鉴别非法出版物类期刊。
（①名头大，"国"字头。②统一刊号有问题，如：省区 11-65；CN（HK）(NR)；0001-

0999报纸；1000-5999期刊；6000-8999网络连续出版物；9000-9999有形电子连续出版物（如光盘）。③无邮发代号。④注册地址与办公地址分离，找不到；或者用"信箱""某大厦"为地址。

实训练习题

1. 以实例说明科技文献在经济建设中的重要性，文献检索对自己生活和学习的帮助如何？

2. 文献的种类有哪些？其中最常用的有哪几种？你经常阅读的专业杂志有哪些？

3. 简述按照著录格式可以将文献检索工具划分为哪几种，到图书馆找出各种类型中的实例。

4. 利用《中国图书馆分类法》（第五版）确定名称为"食品安全与卫生"和"氯碱法生产纯碱"的中图分类号是什么。（TS201.6；TQ114016+1）

5. 文献检索语言中的"主题语言"，其中一个中心检索词"花"，请写出其相应的上位词、下位词、同类词和等同词分别是什么。（植物；桃花；草；flower）

6. 常见文献的检索途径有哪些？其中以内部特征为检索途径的是哪些？

7. 以小组为单位，对以下讨论题进行认真讨论，讨论结果制作成PPT，由小组代表发言，其他组根据该组发言（内容的科学性、多媒体制作水平等）和课堂表现给出成绩，各组汇总成绩即为该组这次讨论的最终成绩。

（1）文献检索语言的定义是什么？可以分为几类？举例说明。

（2）你在日常生活和工作中用到哪些检索语言？属于何种类型？

（3）什么是文献检索？网络文献检索可以分为几步？

（4）以自己查阅某一文献资料为例，谈对检索步骤的体会及检索中存在的问题是什么？

8. 对以下三题进行分析（需要的资料自己上网查询），做出实训报告上交。

（1）一本杂志名称为《中国教育发展研究》，期刊的国内标准连续出版物号为：ISSN 1001-3045/CN01-0777/T，根据以上描述找出4条理由判断其属于非法出版物。

（2）某男性犯罪嫌疑人被捕后，查验其身份证号码为321020188713420047，自称浙江人；警察发现其身份证有误，请指出有哪些可疑点。

（3）查阅《中国标准书号》（GB/T 5795—2002），该标准对于中国标准书号是如何规定的？如何确定校验码？以王箴主编的化学工业出版社出版的《化工辞典》为例说明这种确定方法与GB/T 5795—2006有什么不同？据此总结两个标准的异同之处。

9. 请在图书馆服务系统中操作"查询""续借"和"预约"等功能。

10. 小组讨论：说说你在学校图书馆的一次学习经历，谈谈你对利用图书馆资源促进学习的感想。

11. 同一个期刊不同年份但是同月份的条码是否相同？为什么？

12. 根据以下条件设计出一个科学的检索步骤。

文献名：玉米大米营养型复合膨化食品的研制

作者：廖威，杨如刚

作者单位：广西职业技术学院

发表期刊：广西轻工业

发表日期：2008年9月

分类号：TS213.4

关键词：玉米；大米；膨化食品

13. 确定几个你最感兴趣的关键词，进行网络检索，分析后会得到什么样的结果？

14. 通过什么样的方法可以最快检索出你所在院系老师的科研方向和相关资料？

15. （北京 or 上海）and 方言 nor 语言

根据布尔逻辑组配原则，说明北京、上海、方言和语言 4 个概念之间的关系。

16. 计算机辅助设计 * CAD

根据布尔逻辑组配原则，说明计算机辅助设计和 CAD 两个概念之间的关系。

17. 请为下列检索需求制定检索式：

①环保产业的国内外市场发展趋势。

②网络信息资源的检索与评价。

18. 从网络（自选）上检索本校本系某一位老师发表论文的情况，综合分析后用中国图书馆分类法中的标识确定其研究方向。

19. 从检索课题"利用基因工程手段提高植物中的淀粉含量"中确定其关键词是什么，编写出它的布尔逻辑检索式。

提示：课题名称中提取如下关键词：基因工程；淀粉；含量。

各关键词含义和重要性的排序：淀粉（研究对象）；基因工程（技术手段）；提高淀粉含量（研究目的）。

编写检索式：主题＝（淀粉 and 含量 and 基因工程）

20. 设计出最准确的方法，到学校图书馆查到以下 10 本有书名的图书，并填写好空格，查到的书要对其封面和版权页拍照并发到老师邮箱中，以便认证。同名书（同作者不同版本、不同作者、不同出版社）怎么办？

索书号	书名	编著者	出版社	出版年
	新驾考			
	雷杜德玫瑰全鉴			
	怎样让蚊子吃素			
	活性污泥法污水处理厂数字化与智能控制			
	小家电维修从入门到精通			
	全国计算机等级考试教程			
	自然科学基础			
	自然辩证法概论			
	Nikon D7100 完全摄影指南			
	骗局			

第二章

论文、书籍的网络检索

学习目标

1. 了解期刊基本常识，熟悉几种专业期刊，了解科技类专业文摘期刊的作用。
2. 熟悉中国知网等各类专业数据库的特点，能够准确提炼出检索条件，并熟练地进行论文和书籍的检索。
3. 熟悉会议文献、科技成果和学位论文专业数据库中文献的检索。

重点难点

本章重点是熟悉主要专业检索网站和数据库的构成要素，能够熟练地检索出所需资料；难点是正确选择检索项和专业数据库。

导读导学

◎ 常看期刊吗？都见过什么样的专业期刊？它们有什么特点？
◎ 见过专业检索类的期刊吗？这些期刊有什么特点？为什么纸质检索类期刊越来越少了？
◎ 如何用最快捷的科学方法查找到你所需要的论文和图书资料？
◎ 什么是核心期刊？期刊有级别的划分吗？你对期刊评级有什么看法？如何评价一个期刊的水平？
◎ 各类专业数据库能够替代检索类期刊的作用吗？阅览纸质资料与网络资料的感觉有何不同？能体会到纸质资料的优势吗？
◎ 对中国知网（CNKI）有什么样的认识？今后能与它成为朋友吗？

第一节　科技期刊基础知识

期刊是生活中不可或缺的精神食粮，可以从中学到许多人文社会科学和自然科学方面的知识。同时，需要查阅的文献资料大多数也是来自期刊和科技图书。

一、科技期刊的含义

科技期刊是经过有关出版管理机构审核后发给一个统一刊号，并颁发"期刊出版许可证"的连续出版物，它有固定的刊名和统一的出版形式。科技期刊是重要的科技信息来源，科技人员从期刊中获得的科技信息会占到整个信息来源的60%以上。

关于核心期刊、国家级期刊概念的辨析

20世纪30年代，英国化学家和文献计量学家布拉德福（B.C.Bradford）经过长期的统计分析后，提出了文献分布的规律。他认为在某一特定学科领域中，大部分高水平文献集中在较少量的期刊中，这一规律被称为"布拉德福定律"。根据这一定律，提出了"核心期刊"的概念，它是经过某些非官方专门机构研究认定的学术水平和影响力较高的期刊。因此应该说，它是在一段时间内某些选定考核数据统计的结果，多数论文代表了该学科领域较高的学术水平。但是我国新闻出版管理部门表示：中国的出版物，只有正式和非正式之分，没有所谓国家级、省级等的等级区分，更没有核心期刊的划分。

目前国内流行的核心期刊主要有以下几类：①中文核心期刊要目总览（北京大学图书馆）；②中国人文社会科学引文数据库（CSSCI）（南京大学期刊评价中心）；③中国科技论文与引文数据库（入选的期刊称为"中国科技论文统计源期刊"，又称"中国科技核心期刊"）（中国科学技术信息研究所）。

二、科技期刊的特点

（1）报道及时　与图书相比，出版周期短、速度快，刊载文章的数量多。

（2）内容广泛　可以有综合评述、试验研究、动态介绍、会议消息、新书预告及评论、产品广告、试验快报等类目。

（3）连续出版　有固定出版日期，数期成卷。每期有目录，一般卷末有多种索引，便于进行文献检索。

三、科技期刊的类型

科技期刊的类型可以有多种不同的划分方法。如可以按出版周期分、按发行方式分（公开发行、内部发行、限制发行）、按载体种类分、按内容性质（加工深度）分等。按内容性质可以把化学化工类原始期刊分为以下几类。

1. 综合性期刊

主要是指刊登化学化工领域诸多专业的综合性期刊，主管和主办单位多为中国科协或者

第二章 论文、书籍的网络检索

中国科学院等。期刊水平较高，发表论文多数能够代表中国专业领域前沿科学和技术。例如：《中国科学B辑：化学》（网址：http://chem.scichina.com；电子信箱：chemistry@scichina.org）；《化工学报》（网址：www.hgxb.com.cn；电子信箱：hgxb@cip.com.cn）；《化学通报》（网址：www.hxtb.org；电子信箱：hxtb@iccas.ac.cn）；《化工进展》（网址：www.hgjz.com.cn；电子信箱：hgjz@263.net）；《现代化工》（网址：www.xdhg.com.cn；电子信箱：mci@cheminfo.gov.cn）；《中国化工信息》（网址：www.chemnews.com.cn；电子信箱：macy@cheminfo.gov.cn）。

2. 专业性期刊

主要是指行业领导机构、行业协会或者大型国企等主管和主办的期刊，专业性很强，在本行业领域有一定的影响力。例如：《日用化学品科学》（网址：www.cicdci.net.cn；电子邮箱：ryhxpkx@126.com）；《精细化工》（网址：www.finechemicals.com.cn；电子信箱：finechem@mail.dlptt.ln.cn）；《化工环保》（网址：www.hghb.chinajournal.net.cn；电子信箱：hghb.bjhy@sinopcc.com）；《化工新型材料》（网址：www.hgxx.org；电子信箱：hgxx@cheminfo.gov.cn）；《电镀与环保》（网址：www.ddyhb-sh.com；电子信箱：ddyhb-mail@163.com）；《塑料》（网址：www.plasticsbj.com.cn；电子信箱：plasticsbj@yahoo.com.cn）；《化学试剂》（网址：www.chinareagent.com.cn；电子信箱：webmaster@chinareagent.com.cn）。

3. 地方性专业期刊

由地方化学化工管理机构主管和主办的地方性期刊有很多，多为综合性期刊，地方性特色明显。例如：《化学工程师》（网址：www.hljchem.cn；电子信箱：jiaoyu56@126.com）；《广东化工》（网址：www.gdchem.com/gdcic/index.asp；电子信箱：gdcic200@vip.163.com）；《浙江化工》（网址：www.zjchemag.com；电子信箱：cheminfo@free.zj.com）；《河南化工》（网址：www.hncic.com；电子信箱：bjb@hncic.com）；《四川化工》（网址：www.chuanyan.com.cn；电子信箱：schgbjb@sina.com）。

4. 各类高校学报

主要是指各级各类高等院校主办的期刊，有些化工类院校学报专业性很强，有些综合性院校化学化工只是学报栏目中的一项。例如：《北京大学学报》（自然科学版）（网址：www.xbna.pku.edu.cn；电子邮箱：xbna@pku.edu.cn）；《北京化工大学学报》（自然科学版）（网址：www.journal.buct.edu.cn；电子信箱：bhxbzr@126.com）；《中州大学学报》（网址：www.zhzhu.edu.cn；电子信箱：zzdxxbbjb@126.com）。

5. 与化学化工紧密相关的拓展性期刊

例如：《环境保护》（网址：www.china-hjbh.com；电子信箱：enprmag@126.com）；《石油化工》（网址：http://admin.chinajournal.net.cn；电子信箱：syhg.bjhy@sinopcc.com）；《水处理技术》（网址：www.chinawatertech.com/water；电子信箱：editor@china-watertech.com）；《食品与发酵工业》（网址：www.spfx.chinajournal.net.cn；电子信箱：ffeo@vip.sina.com）；《食品工业科技》（网址：www.spgykj.com；电子信箱：ffeo@vip.sina.com）；《食品科学》（网址：www.chnfood.cn；电子信箱：chnfood@chnfood.cn）；《涂料工业》（网址：www.cn-pci.com/cn/index.html；电子信箱：pci@coachina.com）。

四、期刊出版周期常用缩写注释

日刊（d, daily）；半周刊（sw, semiweekly）；周刊（w, weekly）；双周刊（bw, biweekly)；半月刊（sm，semimonthly）；月刊（m，monthly）；双月刊（bm，bimonthly）；季刊（q，quarterly）；半年刊（sa，semiannual）；年刊（a，annual）；卷（v，volume）；不定期刊（irr，irregular）。

第二节 中文检索类文献数据库

中国检索类期刊发展的几个阶段

（1）1981年前发展、破坏与停滞的复杂历程　中国检索工具体系的建立，经历了一个从无到有、从翻译到自编的起伏发展过程。中国从1956年开始出版检索期刊，1966年前已出版139种。1966～1976年检索类期刊几乎全部停刊。

（2）1981～2005年的复兴与变革的突变阶段　1981年开始重新恢复、新办各种检索类期刊，到1987年达到229种，报道147万条，出版质量和报道数量均达到历史最好水平(图2-1)。

1987年后，根据规划，许多检索类期刊在出版纸介质期刊的同时，逐步完成了数据库建设并实现了刊库结合，并且有些期刊还同时配有光盘，可以进行纸质期刊检索，可以光盘检索，还可以进行计算机网络检索，达到了使文献一次加工而获得多层次利用的目的。

（3）2005年以后网络检索兴盛时代　随着文献数据库的不断完善，纸介质的检索期刊逐渐被替代，数量逐年减少，光盘的出版也基本停止。以文献数据库建设为主要标志，中文检索工具全面向电子化、数字化、网络化方向发展，中文检索工具进入一个蓬勃发展的新阶段。

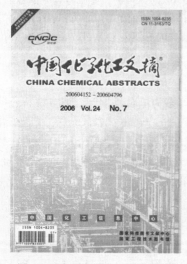

图2-1　中国化学化工文摘封面

在网络信息时代到来之前，纸质的文献检索类期刊在文献检索中发挥了巨大的作用。但是，随着信息化网络化的出现，这些期刊受到很大冲击。当前尚存在少量的检索类纸质期刊，它的功能与作用已经不仅仅是查阅文献，而演变成一种阅读型的杂志，如《读者文摘》。多数原有的影响较大的检索类期刊变成相应的数据库，同样发挥着重要的检索和阅读全文的作用。

一、全国报刊索引

《全国报刊索引》（*National Index to Chinese Newspapers & Periodicals*）是由上海图书馆上海科学技术情报研究所主管主办的（上海市淮海中路1555号，邮政编码200031），1955年3月创刊。网址：www.cnbksy.com［图2-2（a）］；电子信箱：service@cnbksy.com。读者可以免费注册，付费下载阅读。

该数据库分为全文库、索引库、专题库、特色库、报纸库和会议论文库等，近代期刊涵盖1833～1949年，现代期刊从1950年起至今。检索途径有普通检索、高级检索［高级检索界面见图 2-2（b）]、专业检索和文献导航等。分类标引采用"中国图书馆分类法"，严格按照国家有关标准，其检索项主要有作者，作者单位，文献来源，全字段，近代期刊的期次、分类号和摘要。

(a) 主界面　　　　　　　　　　　　　(b) 高级检索界面

图 2-2　全国报刊索引界面

二、中国人民大学书报资料中心

中国人民大学书报资料中心（http://www.zlzx.org，见图 2-3）成立于 1958 年，是中国最早从事人文社会科学文献搜集、整理、编辑、发布的信息资料提供机构，目前已经成为兼营期刊出版、网络电子出版、信息咨询、广告等业务的综合性、跨媒体的现代出版机构和学术信息服务机构。期刊出版是书报资料中心的核心业务，主要有《复印报刊资料》《文摘》《报刊资料索引》和原发期刊等系列，约有 100 多种。以全文数据库检索为例，说明检索步骤。

图 2-3　中国人大书报资料中心主界面

① 在主界面选择"数字出版"点击进入，在左侧的树状结构资源目录中选择需要查询的种类，分为政治学与社会学类、法律类、哲学类、经济学与经济管理类、文学与艺术类、教育类、历史类、文化信息传播类和其他类。

② 在顶部的检索框中，可以选择全文数据库、数字期刊库、报刊摘要库、报刊索引库、目录索引库、专题研究库和跨库检索等系列产品，可以选择不同的年份段（1995 年到当前年），可以选择不同的检索项（任意词、标题、副标题、作者、作者简介、作者单位、关键

词、正文、摘要、参考文献、原文出处、分类名称、分类号），并且在后边的空格中填入相应的检索词，点击检索后右侧就能显示出和检索词匹配的文章。如果同时输入不同的检索词，可以选用布尔逻辑算符来表示它们之间的逻辑关系。

③ 如果普通检索无法实现查询的需求，可以点击"高级查询"来检索所需要的资料，第一个下拉菜单是选择填写信息的逻辑关系，分别是"并且""或者"和"除了"。第二个下拉菜单是选择的关键词处于什么位置：是在标题中？正文中？还是……

④ 点击"查询"，即可出现满足需求的一批文献资料。根据需求，继续获取全文。

▶▶▶ 课堂互动 2-1

检索 2000~2002 年"中国人大书报资料中心"对高等职业教育进行思考的文献资料全文。

① 通过"中国人大书报资料中心"主界面选择教育类 [图 2-4（a）]，在检索框中填写时间段。

② 在"标题字段"中确定关键词为"高等职业教育"和"思考"，两者之间是"并且"关系，用"*"表示，点击"检索"。

③ 得到图 2-4（b）所示的界面，有 8 篇符合检索条件的文章。

(a) 选择全文数据库　　　　　　　　　　(b) 符合条件文献

图 2-4　中国人大书报资料中心全文数据库检索

④ 点击所需文章标题，可以得到该文章全文（图 2-5）。

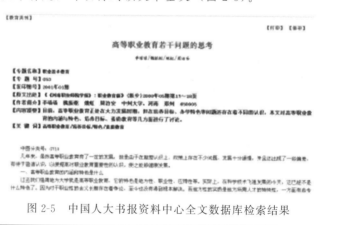

图 2-5　中国人大书报资料中心全文数据库检索结果

三、经济管理文摘

《经济管理文摘》是由国家发展和改革委员会主管、国家发展和改革委员会宏观经济研究院主办的（地址在北京市西城区木樨地北里甲 11 号国宏大厦，邮政编码 100038），半月刊。主要栏目有政策动态、财经报道、管理行知、经营之道、人力资源、企业文化、财务资本、市场营销、品味时代、商业时评、职场人生、政府治理、世经论坛、商界传奇和法规档案等，是指导经济工作的必备刊物，是从事经济工作的良师益友。网址：www.amr.gov.cn；电子信箱：web@amr.gov.cn。

在主界面（图2-6）上有"国宏动态""国宏概况""国宏学者""国宏学术"（内含调研报告、科研课题、学术专著和获奖成果等）、"国宏产品"（学术专著、期刊、研究报告等）和"国宏机构"等栏目。点击主界面"国宏学术期刊"，可以得到多种期刊（图2-7），选择"经济管理文摘"点击进入。检索项有标题、作者、原文等，填入相应检索词，点击"检索"即可，或者按照年份和期次进行检索。

图2-6　国家发改委宏观经济研究院主界面

图2-7　国宏学术期刊检索

课堂互动2-2

检索《经济管理文摘》2014年第24期"生物基材料的使用及发展"文章内容。

① 进入国家发改委宏观经济研究院网站，点击"国宏产品"。

② 点击"学术期刊"，选择进入"经济管理文摘"，选择2014年第24期，点击进入（图2-8）。

③ 点击该文章，得到图2-9所示的界面，以下还有推荐的相似文献以供参考。如果需要全文，可以付费下载。

图2-8　国宏学术期刊检索实例1

图2-9　国宏学术期刊检索实例2

思考练习 2-1

利用《经济管理文摘》检索土壤污染方面的论文。

四、中国生命科学文献数据库

1. 中国生命科学文献数据库简介

中国生命科学文献数据库（Chinese Biological Abstracts，CBA，http://www.cba.ac.cn）是由中国科学院上海生命科学信息中心研制、1985年立项、用于报道中国国内生命科学研究成果的文摘型数据库。CBA收录1950年以来的800余种国内生物科学及相关学科的科技期刊文献，以及学位论文、会议论文、专利、专著等文献。该库检索功能强大。数据库既能通过任意词等6个常见字段以及主题词表等辅助工具，满足生物学领域入门者快速获取文献信息需求，同时又以丰富的字段逻辑组合满足专家级的准确检索需求。对于分类号、作者、主题词、关键词、期刊等均具备无限链接功能。CBA与其他热门数据库链接，能够较快进入。CBA目前有网络版和光盘版，网络版数据库每两周更新一次，光盘版每季度更新一次。

2. CBA 主要检索方法

CBA主界面如图2-10所示，共有7个检索字段可供选择。主要有任意词、检索数据库的各个字段，包括中、英文两个语种的题名、作者、机构、刊名、摘要、主题词、关键词、基金项目等。其中主题词是指规范的关键词，包括了它的同义词，如"细胞死亡""凋亡""细胞程序性死亡"等关键词用主题词来表示时均为"细胞凋亡"。目的在于最大限度避免文献检索的遗漏与无效信息的出现。可以检索中文与拼音作者，如"张三丰"或"Zhang Sanfeng"。拼音格式为姓和名首字母大写，中间用空格分开。检索使用中英文期刊名称检索，如"科学通报"或"Chinese Science Bulletin"。

在检索过程中可以适当使用通配符。第一种通配符"％"代表多个字符。当没有确定的检索词时，可以使用"％"进行模糊检索。例如，在检索词"生物"后加"％"是指以"生物"两字开始的词，如"生物""生物学""生物物理学"等。如果将关键词表示为"％生物％"，则是指文中含有"生物"这两个字，如"神经生物学""神经生物物理学"等，用"％生物％"可查全。第二种通配符"？"代表一个字符。如查询"生物？"，就可以查出以"生物学"等有三个字组成的词。

课堂互动 2-3

利用《中国生命科学文献数据库》检索常见疾病高血压方面的资料。

① 登录CBA网站（图2-10），选择"信息资源"栏目，点击进入。

② 点击"中国生物医学文献数据库"进入，选择"常见疾病"，点击进入（图2-11），选择"心血管内科"，在屏幕右侧出现的界面中选择"高血压"，点击进入（图2-12）。

③ 出现图2-13界面，可以检索到概述、病因、症状、并发症、诊断、治疗、预防等相关知识。

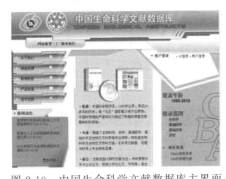

图 2-10　中国生命科学文献数据库主界面

图 2-11　中国生命科学文献数据库检索实例 1

图 2-12　中国生命科学文献数据库检索实例 2

图 2-13　中国生命科学文献数据库检索实例 3

思考练习 2-2

应用 CBA 数据库检索某一种疾病的症状、推荐治疗药物与防治措施。

第三节　中国知网文献数据库

一、中国知网简介

"中国知网"（http://www.cnki.net，http://www.edu.cnki.net，见图 2-14）的构架是由国家知识基础设施工程（China National Knowledge Infrastructure，CNKI）的主体部分《中国知识资源总库》（以下简称《总库》）组成，它是由海量的、动态的知识信息资源构成的学习、研究系统，同时也是强大的、规范的知识挖掘、管理系统。2017 年 10 月 27 日，CNKI 对其首页又一次进行更新，为了保持延续性，在新首页上设置有"旧版入口"，便于读者选择使用。目前，《总库》涵盖国内 1 万多种期刊（收录从 1915 年至今出版的期刊，部分期刊可回溯至创刊时间），1000 多种报纸，300 多所高校、科研院所的博士培养单位产生的博士学位论文，从近千所高校、科研院所遴选出的优秀硕士论文，全国 1100 余家学会/协会举办的学术会议所产生的重要会议论文，1000 余种年鉴，数百家出版社已出版的图书以及医院、企业专业知识仓库，中小学多媒体教学软件等知识资源，形成了 29 种全文数据库型电子期刊，并涵盖涉及标准、专利、科技成果、政府文件、互联网信息汇总等内容的国内外 1200 多个加盟数据库。《总库》目前已发展成为拥有自主知识产权，可持续支撑我国各行各业知识创新、技术创新和各级各类教育创新的极为重要的战略性信息资源库，《总库》的传播平台——中国知网已经成为全球最大的权威性的中文知识聚散和知识获取的门户网站。

(a) 旧版界面　　　　　　　　(b) 新版界面

图 2-14　CNKI 主界面

"中国知网"将产品分为 10 个专辑：基础科学、工程科技Ⅰ、工程科技Ⅱ、农业科技、医药卫生科技、哲学与人文科学、社会科学Ⅰ、社会科学Ⅱ、信息科技、经济与管理科学；以下分为 168 个专题。中国知网的各类数据库内有十多项检索元数据，如主题、篇名、关键词、摘要、作者、第一作者、单位、刊名、参考文献、中图分类号、基金等。检索方式有检索、高级检索、专业检索、作者发文检索、科研基金检索、句子检索和来源期刊检索。

二、基本检索功能

1. 单库检索

单库检索是根据其检索目的选择某一特定数据库进行的检索。其检索方法见图 2-15，具体实例见后边内容。

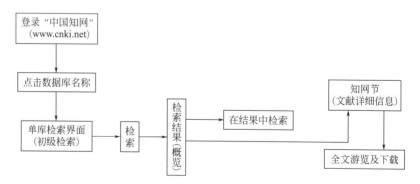

图 2-15　CNKI 单库检索示意图

2. 跨库检索

由于单库检索的范围只限于某一个特定的数据库，无法最大限度地充分利用总库的资源，给要求在多个数据库中尽可能获取完整的文献资料带来不便，中国知网为此设置了跨库检索功能。检索者可以一次在尽量多的数据库范围内进行检索，满足检索者不同的检索需求和检索习惯。例如对于某一检索课题如果采用跨库检索方法，可以同时得到相关的期刊论文、会议论文、博硕士论文，甚至可以得到有关著作、报纸等方面的资料。其检索方法见图 2-16。

第二章 论文、书籍的网络检索

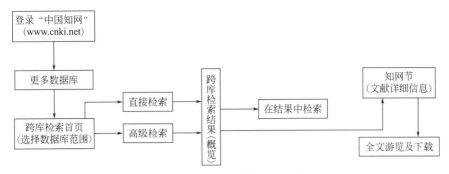

图 2-16　CNKI 跨库检索示意图

课堂互动 2-4

利用中国知网跨库检索功能，检索吴祖兴（食品专家）被收录的文献资料有哪些。

① 登录 CNKI，在主界面选择跨库检索（13 个数据库全选），在检索项中选择"作者"并在检索项框中填入"吴祖兴"（图 2-17），点击"检索"。

图 2-17　CNKI 跨库检索实例 1

② 得到图 2-18，共有 82 项文献资料。

图 2-18　CNKI 跨库检索实例 2

③ 点击浏览所需要的文献并下载。

需要注意的是下载资料中可能存在同名同姓不同人现象，他们的工作单位和研究领域可能不一样，需要进一步甄别。

思考练习 2-3

利用中国知网跨库检索功能，检索作者李靖靖全部科技成果统计情况。其中都有哪些成果类别？从中分析作者从事的工作领域是什么。

图 2-19　CNKI 期刊导航首页

3. 期刊导航

需要检索相关期刊时，在中国知网首页点击"出版物检索"，进入期刊导航首页（图 2-19）。

可以通过"来源名称"选择"主办单位""出版者""ISSN""CN"和"ISBN"等检索项检索到所需要的期刊，从中了解期刊的创刊时间、曾用名、主办机构、刊号、影响因子、获得荣誉，以及每年各期次论文目录，点击论文题目可以方便打开其中某一篇文章。

如果进入编辑部界面，可以进行网络投稿，可以与编辑部人员交流。

> **课堂互动 2-5**
>
> 利用中国知网期刊导航，检索目前有哪些"食品科技"方面的期刊。
> ① 登录 CNKI，在中国学术期刊网络出版总库界面上点击进入"期刊导航"。
> ② 在期刊导航的"检索项"选择"刊名（曾用刊名）"并输入"食品科技"，可以得到图 2-20，共有 6 种食品科技类期刊。
>
> | | 期刊名称 | 主办单位 | 复合影响因子 | 综合影响因子 | 被引次数 |
> |---|---|---|---|---|---|
> | □1 | 食品科技 | 北京市粮食科学研究所 | 0.726 | 0.502 | 77290 |
> | □2 | 粮油食品科技 | 粮食局科学研究所 | 0.569 | 0.420 | 15678 |
> | □3 | 现代食品科技 | 华南理工大学 | 0.996 | 0.743 | 41317 |
> | □4 | 食品工业 | 上海市食品工业研究所 | 0.582 | 0.423 | 25153 |
> | □5 | 食品与药品 | 山东省生物药物研究院 | 0.376 | 0.220 | 15035 |
> | □6 | 中国调味品 | 全国调味品科技情报中心站 | 0.692 | 0.484 | 29624 |
>
> 图 2-20　CNKI 期刊导航实例
>
> ③ 点击选中的期刊浏览并阅读。

三、检索途径

中国知网有多种检索途径，主要有高级检索、专业检索、作者发文检索、句子检索和一框式检索，图书馆专业人员主要使用"专业检索"。

1. 高级检索

高级检索（图 2-21）是一种最常用的基本检索，可以得到大量的文献量，也可能检索到相关的引文。具体检索步骤如下。

（1）主要检索途径

① 选择学科领域，确定检索范围。选项处于主界面的左边，一般情况下是自动默认全选。如果查询某一学科领域文献资料，可以在设有详细的子目录中进一步缩小选择，如生物学（生物技术）、地质学、资源科学在"基础科学"；化学化工、材料科学、轻工业、安全科学和环境科学在"工程科技Ⅰ辑"；新能源在"工程科技Ⅱ辑"；涉及农业和医学医药问题

图 2-21　CNKI"高级检索"界面

的,分别选择"农业科技"和"医药卫生科技"。

② 确定主题检索内容,主要有篇名、关键词、摘要、全文、参考文献和中图分类号等,各个主题之间可以利用布尔逻辑算符连接。布尔逻辑算符中的和、或、非是通过并含、或含、不含表示。同时还选择词频(该检索词出现的次数,2～9)。

模式选项分为两种:模糊匹配和精确匹配。当想检索出"作者"是"王明"的所有期刊论文时,可能更加希望精确匹配出"王明"的全部作品,而不是将"王*明""王明*"等模糊匹配的作品也包括其中。这就是二者的区别所在。值得注意的是,系统并非对所有检索项都提供模式选择。当在检索项中选择篇名、作者、关键词、摘要、全文、参考文献、中图分类号、来源期刊等选项时,"模式"会分别默认"模糊"或者"精确","模糊匹配"的结果范围通常情况下会比"精确匹配"的结果范围大些,因为模糊匹配是按字检索,精确匹配是按词语检索。如果检索的是一个生僻词,建议使用"模糊匹配"检索。

③ 确定作者及工作单位,作者可以有作者、第一作者之分,可以用中文名、英文名、拼音表示。作者单位可以用全称、简称、曾用名表示。

④ 发表时间默认为"不限"。可以通过下拉列表选取某一段时间年限(1915 年至当前),例如直接输入指定时间。同时还可以选择该数据库的更新时间范围,例如希望检索到最近一周的资料。

⑤ 确定文献来源,该检索条件有多种选项,如果检索期刊论文资源,可以输入期刊名称(ISSN、CN 号码均可);确定来源期刊类型(选项有 SCI 来源期刊、EI 来源期刊、核心期刊、CSSCI 等),默认全部期刊。

⑥ 输入"支持基金"名称,数据库有千种基金名称供选用。

阅读材料 2-3

CNKI 中的"仅限优先出版论文"是什么意思?

在期刊印刷版出版之前,已经录用定稿的稿件通过互联网、手机等数字出版媒体上传,让读者快速检索到。实行优先数字出版的期刊称为优先数字出版期刊,该种出版模式加快了科研成果的传播,保证了用户及时获取科研情报的新知识。CNKI 的优先数字出版期刊有一千多种。

在文献检索页面的检索结果的默认排序中,优先的文章显示在最前端。点击"仅限优先出版论文"链接,可查看优先出版的所有文章。

在确定前,还有"仅限优先出版论文"和"中英文扩展检索"两个选项,"仅限优先出版论文"是优先选择出版的论文,而"中英文扩展检索"可以扩展到英文期刊(默认项)。

（2）检索　根据上述选项填入必要的检索词，最后点击"检索"，即可获取所需的信息内容。完成检索工作，打印、复制或下载保存。

2. 专业检索

专业检索是使用逻辑运算符和关键词组合成检索式进行检索，用于图书情报专业人员查新、信息分析等工作。可检索字段：SU＝主题，TI＝题名，KY＝关键词，AB＝摘要，FT＝全文，AU＝作者，FⅠ＝第一责任人，AF＝机构，JN＝中文刊名&英文刊名，RF＝引文，YE＝年，FU＝基金，CLC＝中图分类号，SN＝ISSN，CN＝统一刊号，IB＝ISBN，CF＝被引频次。例如：

① TI＝中国 and KY＝生态文明 and（AU％胡＋李）　可以检索到"篇名"包括"中国"并且关键词包括"生态文明"并且作者为"李"姓和"胡"姓的所有文章。

② SU＝北京＊奥运 and AB＝环境保护　可以检索到主题包括"北京"以及"奥运"并且摘要中包括"环境保护"的信息。

3. 作者发文检索

通过作者姓名、单位等信息，查找作者发表的全部文献及被引、下载情况。

课堂互动 2-6

在 CNKI 中检索作者"魏振枢"发表论文的情况。

① 进入 CNKI "作者发文检索"，选择"作者"为"魏振枢"，点击"检索"，共得到 81 条文献记录 [图 2-22（a）]。

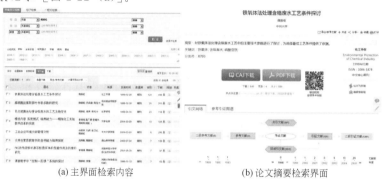

(a) 主界面检索内容　　(b) 论文摘要检索界面

图 2-22　CNKI "作者"检索实例

② 在该界面上对检索到的文献信息有不同的类目（序号、篇名、作者、刊名、年/期、被引、下载、热点关注度）；可以选择不同的论文排序原则（主题排序、发表时间、被引频次、下载频次）；可以选择是"摘要显示"还是"列表显示"；可以选择每页记录数目（10、20、50）等。该界面对文献可以按照学科类别、期刊名称、研究资助基金、研究层次、文献作者、作者单位、中文关键词和发表年度等分组进行浏览。

③ 如果对其中一篇文章（如"铁氧体法处理含铬废水工艺条件探讨"）需要进一步查询，可以点击该文章，内容有作者、机构、发表期刊编辑部名称、摘要、关键词、文献出处、分类号、被引频次、下载频次等。如果需要全文，安装下载 CAJ 或者 PDF 软件后，选择付费下载，见图 2-22（b）。

4. 句子检索

输入两个关键词,查找同时包含两个词的句子,实现对事实的检索。

5. 一框式检索

利用一个简单的对话框输入某个检索项(可以涉及各种文献类型),点击"检索"即可得到所需要的相关资料信息。

四、知网节

从【课堂互动2-6】发现,CNKI收录的每一个"节点文献"可以引出众多相关联的文献,从而组成了一个文献网络,这就是"知网节"(图2-23)。"知网节"的特点是犹如一个"知识芯","中国知网"上所有文献均能通过"知网节"关联为知识网络,具有支持知识获取、发现、增值和管理的强大功能。它不仅包含了单篇文献的详细信息,还是各种扩展信息的汇集点。这个文献网络由以下6项组成。从文献网络图可以看到该论文的地位和作用,点击对应内容下面的年份可以显示出该年份出现的文献量。

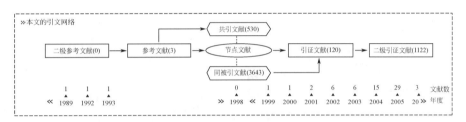

图2-23 CNKI"知网节"

① 二级参考文献 本文参考文献的参考文献,进一步反映本文研究工作的背景和依据。本例参考文献为书籍,书后没有引用参考文献。

② 参考文献 反映本文研究工作的背景和依据。分列出中国知网数据库中检出的参考文献,原论文有6篇参考文献,但在中国知网数据库中检出3个。

③ 共引文献 也称同引文献,与本文有相同参考文献的文献,与本文有共同研究背景或依据。本例共有561个。

④ 同被引文献 与本文同时被作为参考文献引用的文献,与本文共同作为进一步研究基础。本例共有3818个。

⑤ 引证文献 引用本文的文献,本文研究工作的继续、应用、发展或评价。本例共有124个。

⑥ 二级引证文献 本文引证文献的引证文献,更进一步反映本文研究工作的继续、发展或评价。本例共有1291个。

将图2-23界面下拉,可以出现与本文相关的其他信息资料,如参考文献(本例引用参考文献具体内容)、相似文献(与本文内容上较为接近的文献)、读者推荐(喜欢本文的读者同时还下载了这些文献)、主题指数〔从几个主要数据库(源数据库,包括期刊库、博士论文库、硕士论文库、报纸库、会议库)中检索出历年来对节点文献中主题(关键词)关注的频率〕和相关基金文献。

课堂互动 2-7

2008年5月12日，中国四川汶川发生特大地震灾害。在互联网上看到有关四川地震前的预测文章，据说收录在一本杂志上，请利用 CNKI 数据库求证此事。

对该课题的分析可知，由于不知道所要查找的具体信息，建议先从搜索引擎中找到有关报道的信息文章，再利用 CNKI 进一步搜索，从而查找到此文章。

① 确定关键词为：四川地震；论文；预测。在百度搜索中查到相关信息，得知陕西师范大学旅游与环境学院龙小霞等四人于 2006 年 9 月在《灾害学》上发表论文《基于可公度方法的川滇地区地震趋势研究》，预测 2008 年四川境内将发生 6.7 级以上地震，是科学？还是巧合？通过搜索获得的是题名信息"基于可公度方法的川滇地区地震趋势研究"论文。

② 在 CNKI 数据库中利用"篇名"[图 2-24（a）]查找到该篇文章摘要[图 2-24（b）]。

③ 同时又发现大地震过后，有人在"东南大学学报（自然科学版）"2008 年第四期发表对该论文有不同看法的文章[图 2-24（a）]。

(a) 篇名检索结果界面　　　　　　　　(b) 目标论文摘要界面

图 2-24　利用 CNKI 检索四川地震预测论文

思考练习 2-4

查找作者肖望东有关"阻燃 ABS 改性"课题的文献。

（提示：根据检索课题确定检索词为"阻燃 ABS"和作者"肖望东"。利用高级检索可以得到所需文献。）

课堂互动 2-8

利用 CNKI 数据库检索 2005～2011 年关于膜分离技术在中药生产中应用的论文。

① 选择 CNKI 的"中国学术期刊网络出版总库"，进入高级检索界面。

② 输入检索控制条件，起止年选择 2005 年和 2011 年。以膜分离＊（中药＋中草药）组配在检索框中形成检索式。

③ 点击"检索文献"，检索结果如图 2-25（a）所示，共有 4 条检索记录，点击篇名"膜分离技术及其在中药提取分离中的应用"，即可查看该文献的详细信息[图 2-25（b）]。

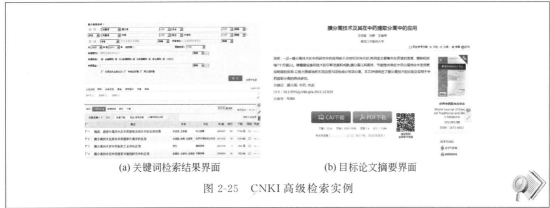

(a) 关键词检索结果界面   (b) 目标论文摘要界面

图 2-25　CNKI 高级检索实例

五、引文数据库

引文数据库收录了中国知网出版的所有源数据库产品的参考文献，该库通过揭示各种类型文献之间的相互引证关系，为各方面研究人员提供了引义检索平台和统计分析平台，从引文分析的角度为用户提供一个客观、规范、正确的综合评价分析工具，使用户能够全面、系统地了解分析对象，能够从定量的角度综合判断分析对象的学术综合实力，从而促进期刊文献质量和科研绩效管理水平的提高。可以发现，在引文数据库中检索到某一篇论文的被引次数和引用期刊的水平，就可以判断出该文被关注的程度和学术水平的高低。

引文数据库分为高级检索、专业检索和一框式检索三种。在高级检索[图 2-26（a）]中，检索项主要有被引关键词、被引文献摘要、被引文献分类号、被引作者或者被引第一作者、被引作者单位、发表时间范围、被引文献来源、被引文献基金等。

课堂互动 2-9

利用 CNKI 引文数据库检索郑州大学曹少魁老师文献被引的情况。

① 进入 CNKI，打开引文数据库，选择普通"检索"。在检索项选择"被引作者"，键入"曹少魁"，点击"检索"。

② 得到图 2-26（a），其中第一篇论文被下载 362 次，被引用 29 次。

③ 如果需要继续检索引用该论文的期刊和文章的具体情况，可以点击"29"处，得到图 2-26（b）。可以打开其中任何一篇引证文献。

(a) CNKI引文数据库高级检索应用   (b) 引证文献目录界面

图 2-26　CNKI 引文数据库检索实例

思考练习 2-5

从检索课题"纳米颗粒增强的金属基复合材料"中确定其关键词是什么，编写出它的布尔逻辑检索式。

（提示：课题名称中提取如下关键词：纳米；金属基；复合材料）

复合材料（composite meterial）是由两种或以上不同性质的材料通过物理或者化学方法组成的具有新性能的材料。金属基复合材料常用的基体材料有铝、镁、铜、钛及其合金；增强材料主要有碳化硅纤维、玻璃纤维、硼纤维、芳纶纤维、石棉纤维、硬质细粒等；制备方法多采用超声。可以提取铝、碳化硅和超声作为主关键词，同时除去泛词"复合材料"和"纳米"。

编写检索式：主题=（碳化硅 or SiC）and（镁基 or Mg 基 or 镁合金）and（复合材料）and（超声）

六、职业技能资源在线

CNKI 职业技能资源在线（http：//zyjy.cnki.net，见图 2-27）是国内首个以国家职业标准为中心的职业技能资源数字出版与增值应用平台，可以通过高职专业导航、中职专业导航和学科分类导航检索到多种职业技术教育方面的文献资料，主要有以下几种。

图 2-27　CNKI 职业技能资源在线主界面

1. 国家职业标准

国家职业标准是在职业分类的基础上，根据职业（工种）的活动内容，对从业人员工作能力和水平的规范性要求，其依据是由国家劳动和社会保障部组织制定并颁布的、中国人力资源和社会保障出版集团出版的《国家职业技能标准汇编》。

2. 培训计划、培训大纲

依据国家职业标准，结合职业培训特点，对职业培训目标、课时分配、教学内容作出的明确规定，其依据是中国人力资源和社会保障出版集团出版的《职业培训计划　培训大纲》系列图书。

3. 国家职业资格培训教程、教材

依据国家职业标准，针对职业活动的领域，按照模块化的方式，分职业等级进行编写，突出职业技能培训特色，满足职业技能培训与鉴定考核需要的图书出版物，可以参考中国人力资源和社会保障出版集团出版的《国家职业资格培训教程》系列图书。

4. 职业技能视频

根据国家职业标准中对职业（工种）技能要求，结合职业教育专业教学大纲的基本要求而组织拍摄的职业技能培训和教学视频，包括整片视频和技能点视频。技能点视

第二章　论文、书籍的网络检索

频是指将整片视频以"技能要求知识点"为单位进行碎片化加工后形成的视频素材，可以参考国内各出版社出版的职业技能培训音像出版物和全国高职高专院校优秀实训教学视频。

5. 试题和试卷

根据国家职业标准编制的职业技能鉴定试题和试卷，分为理论知识和技能操作两类，包括测试题、模拟试卷和国家题库，可以参考中国人力资源和社会保障出版集团出版的《国家职业技能鉴定考试指导手册》和《国家职业资格培训教程》图书。

6. 鉴定要素细目表

以国家职业标准为依据，对职业技能的可鉴定要素进行逐级逐层细分，形成具有可操作性和相关特征的结构化清单，鉴定要素细目表实际上就是通常所说的考试大纲。包括理论知识鉴定要素细目表和技能鉴定要素细目表，可以参考中国人力资源和社会保障出版集团出版的《国家职业技能鉴定考试指导手册》系列图书。

> **>>> 课堂互动 2-10**
>
> 通过 CNKI 检索"化学检验工"国家职业标准。
>
> ① 通过 CNKI"资源总库"找到"职业教育特色资源总库"，选择"国家职业标准"点击进入，再选择"生物与化工大类"点击进入（图 2-28）。
>
> ② 找到"化学检验工"，点击得到图 2-29，图 2-29（a）显示该标准印刷项，图 2-29（b）是对化学检验工基本要求内容，从中可以看出，该职业资格主要分为五级，即初级、中级、高级、技师和高级技师。

(a) 印刷项　　(b) 基本要求

图 2-28　CNKI 查询国家职业标准实例 1　　图 2-29　CNKI 查询国家职业标准实例 2

③ 可以进行"全文阅读"（付费阅读），清楚地了解该职业资格的不同层级中理论知识和技能操作的基本内容。

思考练习 2-6

通过 CNKI 检索“食品检验工”国家职业标准，其中对高级技师的技能比重要求是什么？

（提示：职业技能资源在线→高职专业导航→轻纺食品大类→食品类→食品检验工）

七、辅助功能

中国知网有很多辅助功能，例如在“学习研究”栏目中有学者成果库、学者圈、科研项目、学术趋势搜索、互联网学术资源、学术研究热点、科研助手等。在“知识元”栏目中有查工具书、规范术语、翻译助手、数字搜索、表格搜索、图形搜索、概念搜索、汉语大词典等栏目。下面列出四类常用辅助功能进行探讨。

1. 学术研究热点检索

所谓学术热点就是在一段时间内，某学术领域研究比较热门的项目或技术。通过该内容的检索，可以得到自己所关注领域的热点在何处。

课堂互动 2-11

在 CNKI 的学术热点中检索“热处理”领域的热点技术。

① 进入 CNKI 主界面找到“概念知识源数据库”，点击“学术研究热点”，得到图 2-30 界面。

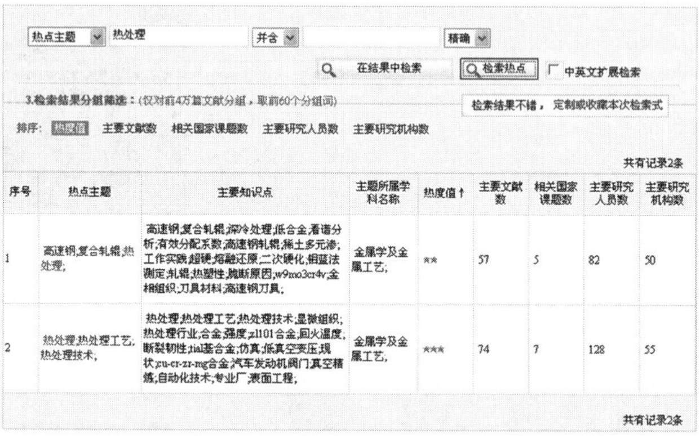

序号	热点主题	主要知识点	主题所属学科名称	热度值↑	主要文献数	相关国家课题数	主要研究人员数	主要研究机构数
1	高速钢;复合轧辊;热处理;	高速钢;复合轧辊;深冷处理;低合金;看谱分析;有效分配系数;高速钢轧辊;稀土多元渗;工作实践;超硬;熔融还原;二次硬化;钼蓝法测定;轧辊;热塑性;脆断原因;w9mo3cr4v;金相组织;刀具材料;高速钢刀具;	金属学及金属工艺;	**	57	5	82	50
2	热处理;热处理工艺;热处理技术;	热处理;热处理工艺;热处理技术;显微组织;热处理行业;合金;强度;zl101合金;回火温度;断裂韧性;tial基合金;仿真;低真空变压;现状;cu-cr-zr-mg合金;汽车发动机阀门;真空精炼;自动化技术;专业厂;表面工程;	金属学及金属工艺;	***	74	7	128	55

共有记录2条

图 2-30　CNKI 学术研究热点检索

② 有关热处理的热点主题有 2 条，一条是“高速钢；复合轧辊；热处理”，另一条是“热处理；热处理工艺；热处理技术”，以上两者均属于金属学及金属工艺。

③ 可以得到该学术热点相关国际课题数目、主要研究人数目和主要研究机构数目。

第二章　论文、书籍的网络检索

思考练习 2-7

在中国知网中检索有关"膜处理技术"领域的关注度如何。

（提示：在CNKI主界面"概念知识源数据库"找到"学术趋势搜索"，点击进入，以"膜处理技术"为主题词检索，得到图2-31，可以看到发文量渐增，逐年渐受关注）

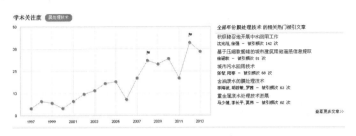

图2-31　CNKI学术趋势搜索实例

2. 规范术语检索

该数据库是中国知网和全国科学技术名词审定委员会的合作项目，根据名词委历年审定公布并出版的数据制作，供读者免费查询。该库旨在帮助专业工作者规范、正确地使用本领域的专业术语，提高专业水平。全国科学技术名词审定委员会于1985年经国务院批准成立，是经国务院授权，代表国家进行科技名词审定、公布的

图2-32　CNKI规范术语

权威性机构，其审定公布的名词具有权威性和约束力，全国各科研、教学、生产经营以及新闻出版等单位应遵照使用（图2-32）。

课堂互动 2-12

在CNKI中检索"配合物"的规范术语的相关内容。

① 进入CNKI找到"中国规范术语：全国科学技术名词审定委员会公布名词（免费）"点击进入，在相应检索框中输入"配合物"（图2-33），点击"术语查询"。

② 可以检索到24条解释，从中可以得到该名词所属学科、汉语推荐使用规范名词、英文等价术语、定义等信息资料。

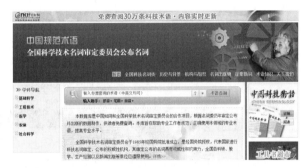

图2-33　CNKI术语检索实例

3. CNKI 的翻译助手

CNKI 翻译助手不同于一般的英汉互译工具,它是以 CNKI 总库所有文献数据为依据,不仅提供英汉词语、短语的翻译检索,还可以提供句子的翻译检索。不但对翻译需求中的每个词给出准确翻译和解释,还给出大量与翻译请求在结构上相似、内容上相关的例句,方便参考后得到最恰当的翻译结果。

CNKI 翻译助手汇集从 CNKI 系列数据库中挖掘整理出的 800 余万个常用词汇、专业术语、成语、俚语、固定用法、词组等中英文词条,以及 1500 余万个双语例句、500 余万个双语文摘,形成海量中英在线词典和双语平行语料库。数据实时更新,内容涵盖自然科学和社会科学的各个领域,见图 2-34(a)。

(a) 界面1　　　　　　　　　　　　(b) 界面2

图 2-34　CNKI 翻译助手检索实例

课堂互动 2-13

利用 CNKI 翻译助手检索出"碳化硅"的英文名称。

① 进入 CNKI 主界面,点击知识元中的"翻译助手",出现图 2-34(a)界面。

② 在检索框中输入"碳化硅",点击"搜索"即可得到图 2-34(b)中的答案。除了有碳化硅的译文,还提供很多双语例句作为参考。

思考练习 2-8

通过 CNKI 翻译助手检索:①exchanger、fluid bed 中文含义是什么?②缩略语 EDTA、S-GF 的含义是什么?有多少个?这个结果有何启示?

---

4. 学者圈检索

通过 CNKI"学习研究"中的"学者圈"可以了解某些学者的研究成果,以及他们的其他相关情况。可以关注主要同行学者的研究进程,跟踪学者动态,建立自己的学者圈。另外可以创建自己的成果库,传播学术影响力。

第二章 论文、书籍的网络检索

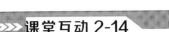

课堂互动 2-14

在CNKI"学者圈"中了解浙江工贸学院牛丽媛教授的研究成果。

① 在CNKI首页点击进入"学者圈",在"您关注哪位学者"相应检索框中输入"牛丽媛",点击"查找学者"(图2-35)。

图2-35　CNKI学者圈检索1

② 检索到10条解释(图2-36)。从中可以得到同名学者在不同领域的成果。

③ 认真检索确定需要了解的牛丽媛学者应该是哪一个。或者在知道其工作单位时,可以用工作单位进行二次检索。

图2-36　CNKI学者圈检索2

第四节　其他综合文献数据库

一、万方数据库

万方数据股份有限公司(http://www.wanfangdata.com.cn)是中国第一家以信息服务为核心的股份制高新技术企业,该公司已经通过ISO 9001质量管理体系认证,主界面见图2-37。

万方数据资源系统共分为三个子系统,面向不同用户群,为用户提供全面的信息服务。

① 科技信息子系统。分为6个栏目:科技文献、专家与机构、中外标准、科技动态、

图2-37　万方数据库主界面

政策法规和成果专利（台湾系列库）。

② 商务信息子系统。以十多年来在信息收集、加工和服务领域的强大优势，建立中国企业、公司及产品数据库，面向广大工商、企业用户提供全面的商务信息和解决方案。

③ 数字化期刊子系统。对所有期刊按照理、工、农、医、人文 5 大类划分，期刊全文内容采用 HTML 和 PDF 两种国际通用格式上网，方便读者随时阅读和引用。

>>> **课堂互动 2-15**

在万方数据库中检索温州嘉泰激光企业状况。

① 进入万方数据库主界面，点击"机构"进入。

② 由于已经知道所在地，所以选择"浙江"→"温州"，在检索框中输入"嘉泰激光"，点击"检索"，得到图 2-38。

图 2-38　万方数据库检索企业实例 1

③ 点击该企业，付费可以得到该企业的各种相关信息（图 2-39）。

图 2-39　万方数据库检索企业实例 2

万方数据的"学术论文"按照《中国图书馆分类法》进行分类。检索项主要有标题、作者、关键词、摘要、论文类型（全部论文、期刊论文、会议论文和学位论文）、年限区间选择等，由此可以检索到所需的信息资料。

万方数据的"中国企业、公司及产品数据库"收录 96 个行业的 20 多万家企业的详尽信息，是国内外工商界了解中国市场的一条捷径。该数据库被国际著名的美国 DIALOG 联机系统指定为中国首选的经济信息数据库，收进其系统向全球百万用户提供联机检索服务。主要划分为企业机构、教育机构、科研机构和信息机构四大类，然后分别按照地区、行业分类、产品分类和企业排名进一步查找。

思考练习 2-9

在万方数据库中检索 TCL 集团股份有限公司企业状况。

二、中文科技期刊数据库

重庆维普资讯有限公司（http://www.cqvip.com）是科技部西南信息中心下属的一家大型的专业化数据公司，是中文科技期刊数据库建设事业的奠基人。自1989年以来，一直致力于期刊等信息资源的深层次开发和推广应用，集数据采集、数据加工、光盘制作发行和网上信息服务于一体，收录有中文期刊8000多种，中文报纸近千种，外文期刊5000多种，已经标引加工的数据总量达到2000多万篇，拥有固定客户3000多家。

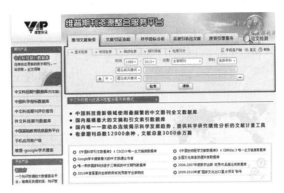

图2-40 维普数据库主界面

公司系列产品丰富多样，从中文期刊、外文期刊到中文报纸，按照《中国图书馆分类法》进行分类，所有文献被分为社会科学、自然科学、工程技术、农业科学、医药卫生、经济管理、教育科学和图书情报8个专辑，再细分为29个专题。从建立到目前的应用过程中，维普数据库已成为我国科技查新、高等教育、科学研究等必不可少的基本工具和资料来源。主界面见图2-40。

第五节 英文文献数据库

世界上各类专业检索类期刊有很多，其中有些是世界著名的权威情报检索期刊，不少机构把这些期刊上收录的文章看得很重，把它作为作者研究水平高低的一个指标。目前主要使用的英文网络数据库有以下几种。

一、工程索引文献数据库

《工程索引》（*The Engineering Index*，EI）由美国工程索引公司（The Engineering Index in Corporation，USA）编辑出版，创刊于1884年10月。是工程技术领域中的综合性检索工具。它收录了美国、英国、德国、日本、法国等50多个国家，15种文字，3500种科技期刊和世界范围的会议录、论文集、学术专题报告、科技图书、年鉴和标准等出版物，每年报道量约为10万篇，提供主题和作者两种索引。其报道内容范围包括食品、乳品、饮料、制糖、皮革、造纸、陶瓷、橡胶塑料、机械、仪表、电器、污水与工业废物处理、石油炼制和化工设备等。对纯基础理论和专利文献不报道。

EI有印刷版、网络版等，其中网络版（Ei compendex Web）包括光盘版（Ei Compendex）和Ei Page One两部分，各种版本收录范围不尽相同。检索EI网络版需要注意，由于各种作者形式不易写全，可以打开索引词典找，选择Authors，点击Lookup，输入可能的一种形式，再点击Lookup，用up、down上下翻找，选取后再Paste to search做检索就可以了。从检索结果中挑选，标记，下载，格式注意选Abstracts，可以区别出凡带SUBJECTS（主题词）的则是光盘版收录的内容，没有则是Page one收录的。因为EI中作者单位字段只著录第一作者单位，所以在检索EI收录时，用单位来限制检索不能查全。另外，

EI 中作者字段著录到前 16 个作者。

二、科学引文索引文献数据库

《科学引文索引》（Science Citation Index，SCI）由美国费城的美国科学信息研究所（Institute of Scientific Information，ISI）编辑出版，创刊于 1961 年。1961～1965 年为不定期出版，1966～1978 年改为季刊，1979 年起又改为双月刊，同时还出版年刊和五年累积本。至今仍然保持每年以双月刊、年刊和五年累积本形式出版。SCI 是当今世界上很有影响的一种大型综合性检索工具。引文索引法与传统检索系统不同，它是把每篇文献后所附的参考文献按照一定的格式编排起来的一种检索工具。因此，引文索引是名副其实的索引。这种索引的职能是回答某某作者写的某论文曾在哪一年被哪些人的哪些文章所引证，这些文章见于何种期刊何卷何期。例如，某文献 A 引用或参考了文献 B，则文献 B 是文献 A 的引文（citation）或参考文献（reference），而文献 A 是文献 B 的"来源文献"（source item 或 source document）。某作者在其文献中引用了其他作者的若干篇文献，这些作者又引用了另外若干作者的文献，这样就将作者和文献通过引用和被引用组织起来。在任何作者下，既列出了他所写的文章，又列出了他引用的文献及被引用文献的作者，据此可以了解文献与文献之间的引用和被引用关系，这就是引文索引。这种索引之所以有一定意义，就在于它揭示了科学技术之间引证与被引证的关系。从这个角度展示了科学技术文献内容主题之间的相互联系。例如可以利用它来查阅一篇论文发表后的被引用情况，了解某一科研工作者目前正在进行的研究方向，了解一个理论是否被证实，或一个方法是否被改进等，进一步揭示科研活动的发展过程。ISI 系列数据库采用特殊的作者著录形式，无论是外国人还是中国人一律是"姓（全）-名（简）"的形式，即姓用全部字母拼写，名仅取首字母。对于中国人的名字，有时 ISI 公司的著录人员难以区分出姓与名，或者各种期刊对作者形式的要求也不完全一致，所以检索时要注意使用各种可能出现的形式才会查全。显然，形式一样不意味着是同一作者，如张加刚、张季高、章菊歌等都是 zhang jg 的形式。所以检索时需要一一鉴别，最好用合作者、作者单位等已知字段来限制检索，提高查准率。

SCI 重点收录生命科学、物理、化学、生物、农业、医学等基础学科和交叉学科的文献，收选文献主要是期刊论文，也有少量的会议录、书评、专著等。SCI 报道的范围十分广泛，涉及 100 多个学科，收录期刊有 3200 多种，期刊来源国家有 40 多个，每年报道文献有 50 余万篇。

三、科学评论索引文献数据库

《科学评论索引》（Index to Scientific Reviews，ISR）由美国费城的美国科学信息研究所编辑出版，1974 年创刊，出版形式为半年刊和联机数据库。收录范围包括 3000 多种评述性刊物和其他科技刊物上的评述性论文，内容包括数学、物理、化学、生物学、农学、医学、环境科学、工程技术等 100 多个学科。

四、科技会议录索引

《科技会议录索引》（Index to Scientific and Technical Proceedings，ISTP）由美国费城的美国科学信息研究所编辑出版，1979 年创刊，是当代世界上较重要的检索科技会议录工具。收集的会议论文涉及工程、技术和应用科学、生命科学、临床医学、物理、化学、生物和环境科学等领域。

五、Elsevier 文献数据库

Elsevier（爱思唯尔）是一家世界领先的科学、技术和医学信息产品和服务提供商（图 2-41）。属于荷兰里德·爱思唯尔集团（http://www.reedelsevier.com）旗下，总部位于阿姆斯特丹，7000 多个员工分布在全球各地 70 多个分支机构。其前身可以追溯至 16 世纪，而现代公司则起于 1880 年，基于与全球科技和医学界的合

图 2-41　Elsevier 数据库主界面

作，公司每年出版超过 2000 种期刊，包括《柳叶刀》和《细胞》等世界著名期刊，还出版近 20000 种图书，包括 Mosby、Saunders 等著名出版品牌的参考工具书。

Elsevier 的在线解决方案包括 SciVerse ScienceDirect、SciVerse SCOPUS、Reaxys、MD Consult 和 Nursing Consult 等，推动了科学和医学界专业人员的研究效率；SciVal 套装和 MEDai's Pinpoint Review，帮助了学术与政府研究机构更有效地评估、制定和执行其研究战略，最大限度地提高投资的使用效益。

>>> **课堂互动 2-16**

在爱思唯尔数据库中检索浙江工贸学院牛丽媛教授发表期刊论文的情况。

① 登录爱思唯尔，可在网页上直接进行简单检索（在已知作者、刊物名等前提下），如以作者 Niu Liyuan 检索（图 2-41）。该检索为模糊检索，检索结果显示有 59 篇（图 2-42），需要从检索结果中挑选真正需要的文献。

图 2-42　Elsevier 检索界面 1

② 在图 2-42 对话框中输入 "Zhejiang Industry & Trade Vocational College"，点击 "" 得到图 2-43，有 2 篇符合要求的文章。

图 2-43　Elsevier 检索界面 2

③ 在检索结果中选择第 1 篇文章,点击"Abstract"可以在该文献题录下面看到摘要(图 2-44)。如果点击"Purchase PDF"即可付费购买全文。

图 2-44　Elsevier 检索界面 3

六、 EBSCOhost 文献数据库

EBSCO 是美国 EBSCO 公司(Elton B. Stephens Company)(http://www.esbcohost.com)为数据库检索设计的系统。EBSCO 公司创建于 1943 年,1963 年开设图书馆服务办公室,1986 年开始发展电子信息产品,1994 年开始在 Internet 上提供在线服务,是世界上最大的期刊和全文数据库生产、代理商之一,代理发行纸本期刊、全文期刊数据库、文摘型数据库、电子期刊等。该公司在提供传统期刊订购服务的同时,还提供 100 多种各类数据库。这些数据库包括 8000 多种著名期刊的摘要和 6000 余种期刊的全文,其中 1000 余种期刊可提供图片,内容涉及商业、管理、财经、医学、教育学、军事、农业、人文等各个方面。

图 2-45　EBSCOhost 数据库主界面

用户进入 EBSCOhost(图 2-45)系统平台后,先要选择检索平台,因为系统升级后,加强了对商业数据库检索功能,增加了商业检索平台(Business Searching Interface,BSI)。通过这个平台,用户可检索和浏览国家经济报告、公司概况、工业信息和市场研究报告,以及杂志、图书等文献信息。BSI 平台只适用于 BSP 数据库,而 EBSCOhost Web 检索平台下可以对所有数据库实施检索。

其他还有许多相关对应的外文专业数据库,可以针对具体检索要求上网检索。

第六节　科技图书文献数据库

科技图书是最常用的文献资料之一,其论述比较系统、全面而可靠,阅读很方便。可分为阅读型和参考型,如各种教材(textbook)、专著(monograph)、丛书(series of monographs)、手册(handbook)、全书(encyclopedia)等。对于某一项专题进行全面研究具有较高的参考价值。但是图书的出版周期较长,因而难以满足人们对最新信息的需求。参考工具书一般属于三次文献,有一些专著含有部分新观点、新方法、新技术、新材料等,具有一次文献的作用。随着信息处理的数字化、电子化、网络化的不断发展,图书的概念又有了一个质的变化,出现了电子图书(ebook)。

第二章 论文、书籍的网络检索

一、国家科技图书文献中心

国家科技图书文献中心（National Science and Technology Library，NSTL，http://www.nstl.gov.cn）是依据国务院批复于2000年6月12日组建的。中心是一个虚拟式的科技信息资源机构，由中国科学院图书馆、中国科学技术信息研究所、机械工业信息研究院、冶金工业信息标准研究院、中国化工信息中心、中国农业科学院图书馆、中国医学科学院图书馆和中国标准研究院8家基础较好、实力较强的在京信息机构组成。

中心藏有中外文期刊、图书、会议文献、科技报告、学位论文、专利文献和标准、计量规程等各种类型、各种载体的科技文献信息资源，其主要任务是面向全国提供馆藏文献的阅读、复印、查询、检索，网络文献全文提供和各项电子信息服务。国家科技图书文献中心网站主页界面见图2-46。检索方式有普通检索、高级检索、期刊检索和分类检索。以普通检索为例，检索流程主要有以下四步。

① 选择检索字段，输入检索词　各检索词之间可进行 and、or、not 运算，例如 (computer or PC) and design。

图2-46　国家科技图书文献中心主界面

② 选择文献数据库　选择相应的数据库，也可以跨库选择。

③ 查询条件设置　设置查询的限制条件，如馆藏范围、时间范围等，查询方式是模糊还是精确等，推荐使用默认条件。

④ 检索　点击检索按钮进行检索（可选择每页显示文献数量）。如果查询到的文献过多，可以在"文献查询结果"页面再加入某些限定词进行二次检索。

二、中国科学院国家科学图书馆

中国科学院国家科学图书馆（http://www.las.ac.cn）于2006年3月由中国科学院所属的文献情报中心、资源环境科学信息中心、成都文献情报中心和武汉文献情报中心四个机构整合而成，实行理事会领导下的馆长负责制，总馆设在北京，依托网络提供高速、便捷的科技信息服务。提供的资料主要有图书、文章、期刊、网络数据库、国防信息、学位论文、标准、专利、会议文献、科技报告、跨界信息、中科院院内档案、古籍、网络资源等。提供的服务主要有文献传递与馆际互借，论文收引检索及评价，定题检索，情报服务，院内档案查询，科技查新，古籍、特藏及社会科学文献服务，展览与讲座，培训服务，网络信息资源导航等，其主界面见图2-47。

联合目录集成服务系统中国科学院联机联合编目数据库（http://union.csdl.ac.cn）（图2-48）是中国科学院国家科学数字图书馆建设项目，于2002年正式启动，2004年5月全面开通提供服务。主要有全国期刊联合目录数据库、图书联合目录数据库、电子资源知识库和定制服务。它是一个多学科的大型数据库，学科范围覆盖数学、物理、化学、天文、地理、生命科学、农业、医药、信息科学、工业技术、社会科学等。

图 2-47　中国科学院国家科学图书馆主界面　　图 2-48　中科院国家科学图书馆"联合目录集成服务系统"界面 1

1. 快速检索

快速检索中使用的是各学科常用的几个默认的数据库，主要查找图书、论文、期刊、数据库、WEB 资源以及其他资源，检索途径如下。

① 查找图书：主要检索途径有图书名称、作者、主题词、ISBN、出版者、出版年。
② 查找文章：学科领域（共分为 24 个学科领域）。
③ 查找期刊：期刊名称、刊名首字母缩写、ISSN、eISSN、出版商。
④ 查找数据库：数据库名称、查全部字段、数据库类型、出版商。
⑤ 查找 WEB 资源：Google Scholar、SCIRUS、Google、百度。
⑥ 查找其他资源：国防科技信息、专利文献、标准文献、会议文献、学位论文、科技报告、古籍。

>>> **课堂互动 2-17**

利用国家科学图书馆快速检索《化工安全技术概论》出版情况。

① 进入国家科学图书馆网站，选择"图书名称"，输入检索词"化工安全技术概论"（图 2-48）。

② 点击"检索"，得到图 2-49，查到两条记录。其中显示有详细信息（摘要），可以请求目录信息（需要收费）。收藏单位是"中科院国家科技图书馆"，可以前去借阅。

图 2-49　中科院国家科学图书馆"联合目录集成服务系统"界面 2

③ 可以对检索结果进行"二次检索"。
④ 如果需要电子版，可以下载并安装 Apabi Reader 软件阅读（PDF 格式）（收费）。

2. 目录检索

目录检索的检索项主要有题名、ISBN/ISSN、出版年、出版者、分类号、主题词、著

第二章 论文、书籍的网络检索

者、副题名、首字母缩写、罗马字拼音、拉丁拼音等，匹配选项有向前匹配、精确匹配和模糊匹配，选择检索类型有所有类型、中文图书和期刊、西文图书和期刊、俄文图书和期刊、日文图书和期刊、开放获取电子期刊等。

从中可以检索到300多家图书情报机构的馆藏情况，可以浏览世界3000余种网上期刊书目信息，还能够显示该刊与其他刊之间的相互关系，如它的丛编、补编、前刊、后刊等，并可以通过点击链接查看相应的信息。

课堂互动 2-18

在国家科学图书馆检索"日用化学品"类期刊信息和馆藏情况。

① 按照网址 http://union.csdl.ac.cn，进入主界面，输入检索词"日用化学品"（图2-50），选择模糊匹配、中文期刊类型。

图2-50　中科院国家科学图书馆"联合目录集成服务系统"界面3

② 点击"检索"，可以显示如图2-51所示的界面，得到1条记录：日用化学品科学。

图2-51　中科院国家科学图书馆"联合目录集成服务系统"界面4

③ 点击选择的期刊名称，可以得到该出版物自然信息（图2-52）。

④ 点击"查看更多馆藏信息"，得到图2-53，根据需要进行文献传递。

图2-52　中科院国家科学图书馆"联合目录集成服务系统"界面5

图2-53　中科院国家科学图书馆"联合目录集成服务系统"界面6

思考练习 2-10

通过中国科学院联机联合编目数据库检索有关"环境保护"方面的期刊有多少种，你所需要的是哪一种？

（提示：可能检索到将近30种期刊，需要认真甄别）

三、联机计算机图书馆中心系统

联机计算机图书馆中心系统（Online Computer Library Centre，OCLC，http://www.oclc.org）（图2-54）是当今世界上最大的图书信息网络，向全世界76个国家和地区的3万多个图书馆提供信息服务。该系统有强大的信息资源支持，有80多个数据库，其中30多个可检索到全文。主要可以提供委托和技术服务、参考服务、资源共享等。

四、国家图书馆

国家图书馆（National Library of China，http://www.nlc.gov.cn）（图2-55）是国家总书库、国家书目中心、国家古籍保护中心，也叫中国国家数字图书馆（National Digital Library of China），馆藏文献达到2000多万册（件）。国家图书馆履行国内外图书文献收藏和保护的职责，指导协调全国的文献保护工作；为中央和国家领导机关、社会组织及社会公众提供文献信息及参考咨询服务；开展图书馆学理论与图书馆事业发展研究，指导全国图书馆业务工作；对外履行有关文化交流职能，参加国际图联及相关国际组织，开展与国内外图书馆的交流与合作。

图2-54　OCLC主界面

图2-55　国家图书馆主界面

国家图书馆设有专门的参考咨询服务机构，通过专题或定题检索、科技查新、文献查证、委托咨询、信息推送等形式开展全方位咨询服务；设有国家图书馆网上咨询台，并建有全国图书馆信息咨询协作网；积极开展对国内重点教学、科研单位和企业组织的创新服务。

用户可以通过"读者指南"对图书、期刊、报纸、古籍、音乐、影视、缩微制品等进行检索和浏览，主要检索途径有简单检索、高级检索（包括多库检索、组合检索等）。检索词主要有所有字段、正题名、其他题名、著者、主题词、中图分类号、论文专业、论文研究方向、论文学位授予单位、论文学位授予时间、出版地、出版者、丛编、索取号、ISSN、ISBN、ISRC、条码号、系统号等。可以进行二次检索，检索词间可以使用布尔逻辑运算方式。

> **课堂互动 2-19**
>
> 使用简单检索查阅国家图书馆收藏的"金属材料学"方面的书籍有多少。
> ① 进入国家图书馆主界面（见图2-55），在检索词框中输入"金属材料学"，点击"搜索"，得到近1000项有关著作（图2-56）。

②若需要进一步了解某本书的情况，可以点击序号，如点击标号"1"，可以得到该专著的详细信息和馆藏情况，见图2-57。

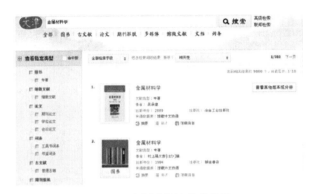

图2-56 国家图书馆检索界面1

图2-57 国家图书馆检索界面2

③另外还可以点击"文献传递"，索取该书。

思考练习2-11

通过中国国家图书馆检索有关"高等职业教育"方面的图书有多少种，为什么会有这么多？你所需要的是哪一种？如果需要检索高等职业教育中的各类数据，如何实现？

五、超星网

超星数字图书馆（http：//www.chaoxing.com）由北京超星公司建设，以"珍藏科学著作，传承科学精神"为理念，提供丰富的电子图书全文在线阅读，其中包括文学、经济、计算机等五十余大类，超星可以提供近百万种电子图书，数万集大学课程、讲座视频，并以每天数百种的速度增加，是目前国内最大的公益数字图书馆，其主页界面见图2-58。超星电子图书可以直接在线阅读，阅读方便，文字清晰。还提供下载（借阅）和打印，不受时间限制，24小时在线服务永不闭馆，超星数字图书馆的检索步骤如下：

①下载并安装超星浏览器SSReader。

②新用户免费注册成为成员并购买超星读书卡（并适时充值），或者注册后，阅读者可利用各种贡献获得星币，通过星币换取各种学习资源和资料，还可以和千万超星会员交流、分享各类知识和学习心得。

超星电子图书支持下载功能，但是下载的图书阅读时有两种验证模式，一种是绑定硬盘验证，即下载的图书只能在本机阅

图2-58 超星数字图书馆主界面

读；另一种是用户名密码验证，下载图书前需要注册用户名、密码（免费注册），阅览器用户登录后下载，复制到其他机器需要用户名、密码验证后阅读。

③ 文献资料分为三大类，即读书（图书）、大讲堂（视频）和文献。图书分为文学、经济管理、教育、医学、历史地理、计算机通信、工业技术、文学艺术、语言文字、哲学宗教、自然科学、建筑交通、综合性图书等大类，以下还有相应的子类。大讲堂分为大师风采、文学、经济管理、哲学、政治法律、艺术、工程技术、医学、治学方法、农学、教育社科和历史等类目。文献包括图书、期刊、报纸、学位论文、会议论文、标准和专利。可以根据需要分类查阅。

④ 图2-58简单检索的检索项有图书、视频和文献三类，图书检索范围有全部字段、书名、作者、全文等选项，视频检索范围有全部字段、标题、主讲人、字幕等选项，文献检索范围有全部字段、书名和作者等选项。在检索框内输入关键词，点击"搜索"，浏览全文，或者下载、复制、存盘。

> **课堂互动 2-20**
>
> 在超星图书馆中使用简单检索找出收藏的"文献检索"方面的书籍有多少。
> ① 在图2-58中选择"图书"，在检索框中输入关键词"文献检索"，点击"搜索"。
> ② 得到1380个检索结果（图2-59）。
>
>
>
> 图2-59　超星数字图书馆检索界面1
>
> ③ 如果需要阅读张白影主编的"科技文献检索与利用"，点击可得图2-60。可以对需要的图书在线阅读、阅读器阅读或者下载本书，或者选择收藏到"我的图书馆"中。
>
>
>
> 图2-60　超星数字图书馆检索界面2
>
>

与超星电子图书馆相似的还有中国数字图书馆（http://www.d-library.com.cn）、读秀图书（www.duxiu.com）、书生之家（www.21dmedia.com）等，操作方式相似。

第七节　会议文献数据库

有关学术会议文献的检索网站主要分布在各类重要网站的子系统中，需要分别检索才能得到。

第二章　论文、书籍的网络检索

一、中国知网中的中国学术会议数据库

中国学术会议网（http://www.conf.cnki.net）（图2-61）是在深刻理解国内外学术会议举办流程的基础上，专门为会议主办方、作者、参会者设计并开发的网络化学术会议服务平台。

中国学术会议网具有多种功能。给会议主办方提供的功能有：①个性化会议网站；②征稿、投稿、审稿集成一体化；③参会者轻松完成参会注册；④参会者的信息管理、查询、导出和下载；⑤会议信息统计分析；⑥会议信息自动退送给CNKI个人数字图书馆用户。给作者提供的功能有：①在线投稿；②在线注册参

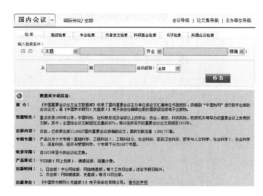

图2-61　CNKI学术会议主界面

会；③获得所关注会议发布的最新通知、公告信息以及审稿录用、注册情况。给参会者提供的功能有：①在线注册参会；②获得所关注会议发布的最新通知、公告信息以及审稿录用、注册情况。

"中国重要会议论文全文数据库"收录自1953年至今的会议论文集，通过该数据库可以查询各类会议导航（按照大学科分类）、论文集导航（按照大学科分类）、主办单位导航（按照社会团体、党政机关、高校及科研机构、企业、中国科协系统、国家重点实验室、国际重点研究基地及其他分类）和文献检索。

课堂互动 2-21

利用中国学术会议网查找1994年中国制冷学会主办的"全国速冻方便食品技术设备展示会"上有关速冻食品的技术规程标准的会议论文。

① 课题分析，限定条件为会议时间范围、主办单位和会议名称，确定关键词为"速冻食品"和"国家标准"。

② 利用标准检索（图2-62），输入会议时间"从1994-01-01到1994-12-31"，输入会议名称"全国速冻方便食品技术设备展示会"，输入关键词"速冻食品"并且还有"国家标准"，点击"检索文献"。

图2-62　CNKI学术会议检索界面1

③ 得到一篇"速冻食品技术规程——国家标准"论文（图 2-63）。

图 2-63　CNKI 学术会议检索界面 2

④ 点击文章题目，可以得到论文摘要（图 2-64）等有关信息，如需要，可以下载全文。

图 2-64　CNKI 学术会议检索界面 3

思考练习 2-12

利用中国学术会议网查找 2013 年中国金属学会冶金安全与健康年会的举办时间、地点和收录论文多少篇。

（提示：2013-10-18 在湖南长沙举办，收录论文 88 篇）

二、NSTL 会议文献数据库

NSTL（http://www.nstl.gov.cn）主界面有会议文献（包括外文会议和中文会议）选项，点击"会议文献"，进入检索界面，检索流程主要有以下四步。

① 选择检索字段，输入检索词，各检索词之间可以进行 and、or、not 运算，比如（computer or PC）and design。

② 选择相应的数据库，也可以跨库选择。

③ 设置查询的限制条件，比如馆藏范围（包括 NSTL 所属的各个国家级文献资料中心）、时间范围等，推荐使用默认条件。

④ 点击检索按钮进行检索。

三、万方数据中的会议文献数据库

万方数据中的会议论文数据库（http://c.wanfangdata.com.cn/Conference.aspx）可以按照会议的学科性质分类检索，或者按照会议主办单位检索。

第二章 论文、书籍的网络检索

>>> **课堂互动 2-22**

利用万方数据中的会议论文数据库查找北京师范大学吴国庆教授 2009 年在中国大学化学教学研讨会上的一篇文章，检索步骤如下。

① 进入万方数据中的会议论文数据库主界面，按照学科选择"数理科学和化学"，点击进入（图 2-65）。

图 2-65　万方数据的会议数据库检索界面 1

② 会议年份选择 2009 年，利用经典检索，输入检索词"吴国庆"（图 2-66），可以得到图 2-67，该文是在第十届全国大学化学教学研讨会上发表的文章。

图 2-66　万方数据的会议数据库检索界面 2　　图 2-67　万方数据的会议数据库检索界面 3

③ 可以选择"查看全文"或者"下载全文"，点击"查看全文"可以以 PDF 格式得到全文，见图 2-68。

图 2-68　万方数据的会议数据库检索界面 4

思考练习 2-13

利用万方数据中的会议论文数据库查找 2013 年全国科技情报工作研讨会主办单位、举办时间、地点和收录论文多少篇。

（提示：中国科学技术情报学会，2013-10-01，武汉，收录论文 32 篇）

第八节 科技成果文献数据库

科技成果包括技术报告和科技成果两个部分。

一、技术报告

1. 中华报告网

中华报告网（http://www.ccmnet.com）（图 2-69）是由北京数字年代信息技术有限责任公司独立运营的电子商务网站，提供医药、能源、冶金、金融、食品、运输、机电、通信、IT 业、化工、建材、林木、电子、家电、文体、纺织、汽车、地产、农业、生活消费及其他各类及时和可信的研究报告，同时为客户提供行业企业及行业数据、行业专项调查、供应商采购协助、贸易咨询及企业资信调查服务。

网站提供信息标题和关键字搜索，例如输入关键字"食品添加剂"，点击"搜索"，出现一系列有关食品添加剂方面的技术报告。选中点击"2010—2015 年中国食品及饲料添加剂行业运行及投资趋势调研报告"，可以得到该报告的摘要及目录（图 2-70），缴费下载即可。

图 2-69　中华报告网主界面　　　　　图 2-70　中华报告网检索主界面

2. 美国国家技术情报服务处网

美国国家技术情报服务处网（NTIS，http://www.ntis.gov）可以检索 PB 与 AD 报告。

课堂互动 2-23

利用美国国家技术情报服务处网检索 2009～2011 年关于碳纳米管（carbon nanotube）的科技报告。

① 登录 NTIS 网站（图 2-71），在搜索框中输入 "carbon nanotube"。

图 2-71　美国 NTIS 网检索主界面 1

② 选择 "Advanced Search"，检索项（Search All；Product No；Accession No；Keyword；Title；Abstract；Author）选择 "Search All"；出现条目选择 "10" 条；时间选择从 "2009" 年到 "2010" 年。点击 "Search"。

③ 得到图 2-72 所示的结果，如果需要进一步了解 "Optical Properties of Aligned Carbon Nanotube Mats for Photonic Applications"，点击 "more details"。

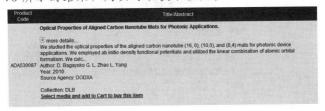

图 2-72　美国 NTIS 网检索主界面 2

④ 得到图 2-73 所示的结果，购买可以获取全文。

图 2-73　美国 NTIS 网检索主界面 3

思考练习 2-14

利用美国国家技术情报服务处（NTIS）网络检索 2010～2015 年关于金刚石薄膜电极在水处理中应用的科技报告。

（提示：diamond electrode and water）

二、科技成果

1. CNKI 国家科技成果数据库

主要收录 1978 年以来正式登记的中国科技成果，共有近 50 万项。按照行业、成果级别、学科领域分类收录。每条成果信息包括成果概况、立项、评价、知识产权状况及成果应用，成果完成单位和完成人等基本信息。

>>> **课堂互动 2-24**

利用 CNKI 国家科技成果数据库检索 2007～2010 年关于水性金属防腐涂料方面的科研成果。

① 选择确定关键词"水性金属防腐涂料"和"研究与应用"。

② 打开 CNKI 主页面点击进入"成果检索"（图 2-74），输入上面选择的关键词，时间选择从"2007"年到"2010"年，成果应用行业选择采矿业、建筑业和制造业。点击"检索"。

图 2-74　CNKI 科技成果检索实例 1

③ 可以得到 8 条记录，其中第 2 条符合要求，点击标题。

④ 得到图 2-75，从中可以了解到该成果比较详细的情况。

图 2-75　CNKI 科技成果检索实例 2

从以上检索到的资料中，可以得到对项目的评价，如评价形式为"鉴定"，成果水平为"国内领先"，如果需要可以全文下载。另外通过知网节，可以提供成果产出状态分析、本领域专利与标准、完成人发表文献、完成单位发表文献、本成果研制背景、本成果应用动态、所涉及核心技术研究动态以及知识链接等系列相应的知识。

2. 万方科技成果数据库

科技成果检索可从行业分类、学科分类和地区分类进行选择。检索方式分为三种：高级检索有成果名称、完成单位、关键词、成果简介、省市、成果类别（下拉菜单可以选择应用技术、计划项目、推广转化项目、可行性分析、基础理论、重大科技成果和软科学等选项）、成果水平、公布年份、鉴定年份等选项。经典检索主要选项有成果名称、关键词、简介、申报单位、鉴定单位、完成人和成果类别等选项。专业检索是输入 CQL（common query language 的缩写）检索语言组成的检索表达式进行检索。

3. 国家科技成果网

国家科技成果网（NAST，http://www.nast.org.cn）的主要栏目有成果信息服务（成果查询、成果推荐、特色信息专递）、完成单位信息（科研单位/科研网站查询）、互动信息平台（协作研发、需求园地、成果转让服务、成果推广服务）、新闻信息服务（科技动态、科技政策）、成果管理服务（成果公告、管理机构、年度统计）和网站辅助服务（在线调查、软件下载、联机帮助、网站导航）等（图 2-76）。

图 2-76 国家科技成果网主界面

第九节 学位论文数据库

学位论文收藏机构非常多，国内目前主要有：中国知网（CNKI）的《中国博士学位论文全文数据库》和《中国优秀硕士学位论文全文数据库》；万方数据库的《中国学位论文全文数据库》（图 2-77）；国家科技图书文献中心（NSTL）的学位论文数据库；中国高等教育数字图书馆（www.calis.edu.cn）的 CALIS 中外文学位论文数据库；国家图书馆的中外文学位论文数据库，并配有专门的学位论文阅览室。另外，各高校亦有本校的学位论文收藏库。PQDT（ProQuest Dissertations & Thesis）学位论文全文库是目前国内唯一提供国外高质量学位论文全文的数据库，主要收录了来自欧美 2000 余所知名大学的优秀博硕士论文，目前中国集团成员可以共享的论文已经达到 30 多万篇，涉及文、理、工、农、医等多个领域，是学术研究中十分重要的信息资源。

学位论文的检索途径主要有学科类别（工学、军事学、管理学、农学、历史学、理学、医学、哲学、经济学、法学、教育学、文学）、所在地、发表时间、学位授予单位、支持基金、作者姓名、导师姓名、题名、关键词等。

图 2-77　万方数据库学位论文检索界面 1

课堂互动 2-25

利用万方数据库检索"紫外光固化丙烯酸类化合物研究"博士论文作者及内容。

利用万方数据知识服务平台检索关于利用紫外光固化丙烯酸类化合物研究方面的博士论文。

① 课题分析，该课题可以选择"紫外光固化""丙烯酸酯类化合物"为关键词。

② 进入 wanfangdata "学位论文"（图 2-78），选择简单检索，输入所选择的关键词，确定学科分类为"理学"，点击"检索"。

图 2-78　万方数据库学位论文检索界面 2

③ 得到 4 篇相关论文（图 2-79），第一篇是 2004 年中国科学院化学研究所提供的博士论文，刘红波完成的"紫外光固化丙烯酸酯类化合物的合成与研究"，不提供摘要。

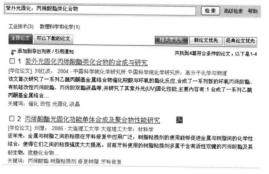

图 2-79　万方数据库学位论文检索界面 3

④ 如需摘要或者全文（图 2-80），可以使用 PDF 格式付费下载。

图 2-80　万方数据库学位论文检索界面 4

⑤ 转入中国科学院国家科学图书馆（http://www.las.ac.cn），选择学位论文检索，在快速检索中输入上述论文题目（图2-81），点击"查找"。

图 2-81　中科院国家科学图书馆检索界面 1

⑥ 得到图 2-82，博士论文共有 121 页。选项有"文摘""前 16 页"或"问图书馆员"。

图 2-82　中科院国家科学图书馆检索界面 2

⑦ 如果选择点击"文摘"，得到图 2-83 了解有关这篇论文的相关信息。

图 2-83　中科院国家科学图书馆检索界面 3

思考练习 2-15

利用 CNKI 博硕士论文数据库检索高尧（四川大学）博士论文题目、主要内容及完成时间。

自测练习题

1. 单选题：在《中国学术期刊全文数据库》免费提供的文献内容特征检索途径有（　　）。
   A. 机构　　　　　　　　　　　　B. 篇名/关键词/摘要
   C. 中文刊名　　　　　　　　　　D. 作者

2. 单选题：CNKI 中的模式选项有"模糊匹配"和"精确匹配"，两者之间的最主要差别是（　　）。
   A. 模糊匹配是比较模糊
   B. 精确匹配是比较精确
   C. 模糊匹配是按字检索，精确匹配是按词语检索
   D. 模糊匹配检索出的内容更全。

3. 单选题：A 文章被 B 文章作为参考文献引用，同时 A 文章也是 C 文章的参考文献，则 C 文章与 B 文章在 CNKI 知网节中称为（　　）。
   A. 相似文献　　　B. 参考文献　　　C. 共引文献　　　D. 同被引文献

4. 单选题：二次检索指的是（　　）。
   A. 第二次检索
   B. 检索了一次之后，结果不满意，再检索一次
   C. 在检索结果中运用"与、或、非"进行再限制检索
   D. 以上都不是

5. 单选题：《中国学术期刊全文数据库》期刊检索中未付费给出的最终的免费检索结果为（　　）。
   A. 仅题录　　　　　　　　　　　B. 仅文摘
   C. 仅全文　　　　　　　　　　　D. 题录、文摘和全文三种

6. 单选题：在 CNKI 的知网节中，CNKI 提供的与节点文献内容最接近的有（　　）。
   A. 同引文献　　　B. 引证文献　　　C. 相似文献　　　D. 参考文献

7. 单选题：B 文献引用 A 文献为其中一篇参考文献，B 文献还有另外一篇参考文献 C，则 C 文献与 A 文献之间的关系是（　　）。
   A. 共引文献　　　B. 引证文献　　　C. 同被引文献　　　D. 相似文献

8. 单选题：CNKI 中的"仅限优先出版论文"指的是（　　）。
   A. 仅仅刊登 CNKI 优先出版的期刊论文
   B. 在期刊出版后快速上传网络论文
   C. 在期刊论文出版前快速上传已经录用的论文
   D. 优先出版核心期刊论文

9. 单选题：在中国知网检索中，同一课题提取三个关键词 A、B、C，以不同组配形式进行检索，何者检中的文献量最多？（　　）
   A. ABC　　　　B. AB and C　　　C. A and BC　　　D. A or B or C

10. 单选题：节点文献确定后，CNKI 在知网节中还提供了具有参考价值的相似文献和读者推荐文献共约（　　）篇。
    A. 10　　　　　B. 20　　　　　C. 30　　　　　D. 40

11. 单选题：国内图书收藏量最大的机构是（　　）。
    A. CNKI　　　　B. NSTL　　　　C. CQVIP　　　　D. NLC

12. 单选题：若想在《中国学术期刊全文数据库》中提高结果的查准率，可以使用（　　）。
　　A. 在结果中检索　　B. 优先算符　　C. 或者　　D. 位置检索

13. 单选题：查找《钱伟长论教育》一文的他人引用情况，应选择（　　）可以得到相关的结果。
　　A. 中国知网中的中国引文数据库　　B. 万方数据库
　　C. 超星图书馆　　D. 维普期刊网

14. 单选题：下列选项中哪一项属于"国内统一连续出版物号"？（　　）
　　A. ISBN 7-04-014623-1　　B. ISSN 0254-4164
　　C. CN 11-2127/TP　　D. 0254-4164/TP

15. 单选题：cajviewer是下面哪种数据库全文的阅读软件？（　　）
　　A. 超星数字图书馆　　B. 中国学位论文库
　　C. 中国知网CNKI平台　　D. 中国科技期刊库

16. 单选题：美国四大技术报告中的AD报告内容主要侧重于哪个方面？（　　）
　　A. 民用工程　　B. 航空航天技术
　　C. 军事工程技术方面　　D. 能源及其应用

17. 多选题：某学生想查找电子图书，可以到（　　）数据库查找。
　　A. 新浪　　B. 中华英才　　C. 超星　　D. 读秀

实训练习题

1. 利用计算机上网找到http://www.cajcd.edu.cn站点，输入关键词"纳米材料"，查找1994～2001年的有关资料，再从查出的资料中分别输入第二次关键词"制备""性能""结构"，查找该课题的有关资料。

2. 利用CNKI跨库检索2010～2011年有关印染废水处理方法的有关文献。

3. 利用CNKI高级检索方法检索郑州工程技术学院周晓莉发表论文的篇数，归纳出属于什么学科范围，中图分类号是什么？从中可以看到周晓莉主要从事的专业是什么？

4. 通过CNKI网络查询从2007年以来，郑州工程技术学院卢奎名下发表几篇学术论文（不限名次）。其中被引用最多的是发表在何时何种期刊上的哪一篇论文（论文题目）？最新引文发表在何年何期的哪个期刊？论文题目是什么？如果把卢奎的工作单位界定在郑州工程技术学院，发表论文的篇数有何变化？这说明什么情况？

5. 通过CNKI检索2000～2012年有关超声波在污水处理中应用方面的文献。
（提示：可以利用检索词"超声波""污水"以及"废水"，字段可以限定为"篇名"）

6. 从CNKI翻译助手中翻译下列单词的英文意思，并举出相应的应用例句。
高职；激光频率；复合材料；创新；饮食文化；硬度
（参考答案：vocational；laser frequency；composite；innovation；dietetic culture；hardness）

7. 检索CNKI职业技能资源在线（http://zyjy.cnki.net）化学检验工中高级技师国际职业标准"比重表"中理论知识的"基本要求"所占比例是多少。（25%）
（提示：进入zyjy.cnki.net→职业标准→生化与药品大类→点击"化学检验工国家职业标准"→分栏分别有"职业概况""基本要求""工作要求""比重表"→点击"比重表"下的"理论知识"即可。）

8. 检索CNKI"学术研究热点"，以"热点主题"检索"转基因食品"，查看其中有多少主要的知识点,从这些相关知识点中选择你感兴趣的几个,检索出其中的文献。

9. 通过CNKI检索"化工环保"期刊主办单位是谁,出版周期,创刊时间,该刊被哪些数据库收录,期刊荣誉有哪些。

10. 通过CNKI跨库检索浙江工贸职业技术学院李勇老师的科研成果有多少。(提示:如何科学筛选出需要检索出的李勇老师)

11. 通过CNKI跨库检索王宇飞(郑州工程技术学院)取得的成果中有多少个种类,这些成果都是一个专家完成的吗?

12. 以2004年发表的一篇文章为节点文献(见图2-84),在CNKI中形成关联文献知识网络,如果所涉及的文献时间跨度为1994～2006年,分析得到什么样的启示?

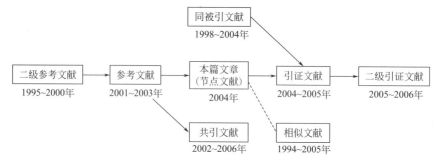

图 2-84　CNKI 知网节例证示意图

(提示:可以全面反映该课题十几年来学术研究渊源脉络,这是"知网节"网络信息新模式的最大特点和优势。)

13. 通过中国科学院"联合目录集成服务系统"检索有关"材料保护"期刊资料,反映出的该类期刊有几种?目前还在发行中的有哪些?为什么?确认"中国科学院文献情报中心"对"材料保护"期刊的馆藏期次有哪些。

[参考答案:1972,no.1(18)-1986,no.6(107)v.20,no.1(108)-v.40,no.12(347)1987-2007]

14. 利用爱思唯尔(Elsevier)数据库的高级检索(Advanced Search)检索深圳职业技术学院刘红波教授关于紫外光固化丙烯酸酯类化合物方面的论文。

15. 通过"超星图书馆"检索有关"金属热加工"方面的图书有多少种。

16. 学者郑怀礼在2014年的中国环境科学学会学术年会上发表有一篇关于无机高分子混凝剂方面的论文,请通过CNKI会议网查询此事。

(郑怀礼、薛文文、陈伟、尚娟芳、杨蕾、谭洋、徐志楠、王亮等,我国无机高分子混凝剂的研究状况与发展,2014中国环境科学学会学术年会,2014-08-22)

17. 利用万方数据库检索有关美国教育券方面的学位论文。

(分析课题,这属于教育学的范畴,关键词为"美国教育券")

第三章

美国《化学文摘》的网络检索

 学习目标

1. 了解美国《化学文摘》的沿革过程，从中了解检索文献存在形式的变迁。
2. 了解并熟悉纸质《化学文摘》编排的基本结构。
3. 掌握英文化学化工常用词汇的构词法，常见英文前缀、后缀的构词规律以及常见基本化合物的构词规则。
4. 掌握几种主要文献在《化学文摘》中的著录格式、《化学文摘》的期索引和卷索引的构成。

 重点难点

本章重点是能够根据研究课题，利用各种不同检索途径进行《化学文摘》文献的检索，并由此掌握利用各类外文检索工具进行检索。

导读导学

◎ 常看外文期刊吗？都见过哪些专业期刊？它们各有什么特点？

◎ 见过纸质的《化学文摘》吗？见过纸质的《化学文摘》的索引期刊吗？看过以后有何体会？

◎ 对化合物的英文构词法能够掌握吗？一个化合物的英文表达式可能很长，如EDTA（ethylenediaminetetraacetic acid）是何种化合物？分解其构词规律。

◎ 通过本章的学习能否对本专业的专有词汇有一定幅度的提高？对于各类构词法掌握了吗？悟出其中的真谛了吗？

◎《化学文摘》的纸质版与网络版有什么不同？你更习惯于什么材质资料的检索？

◎ 在使用《化学文摘》检索的过程中，能否感觉到这个检索期刊功能的强大？有什么不方便的地方吗？

◎ 美国《化学文摘》的 SciFinder 检索和中国 CNKI 的检索各有什么特点？你认为哪个检索平台更科学、更人性化？

◎ 在《化学文摘》的 SciFinder 检索中，"主题检索"途径方便吗？

◎ 在《化学文摘》的 SciFinder 检索中，二次检索提供多少种可以使用的途径？

◎ 自己写作论文时，如何提取最适合的关键词在《化学文摘》的 SciFinder 中进行检索？

第一节 《化学文摘》概况

一、《化学文摘》简介

美国《化学文摘》（Chemical Abstracts，CA）是世界著名检索数据库之一，创刊于 1907 年，总部设在美国俄亥俄州的哥伦布市。其前身为 1895~1906 年由美国化学会编辑出版的《美国化学研究评论》（Review of American Chemical Research）和 1897~1906 年出版的《美国化学会会志》（Journal of the American Chemical Society）中的"文摘"部分，1956 年由美国化学会化学文摘社（Chemical Abstracts Service of American Chemical Society）编辑出版。特别是 1969 年《化学文摘》兼并了具有 140 年历史的著名的德国《化学文摘》（1830 年创刊，简称 CE），因而进一步提高了其国际地位，在世界各国具有较大影响，被称为打开"世界化学化工文献宝库的钥匙"。

《化学文摘》报道的内容有：纯化学领域科研成果和工艺成就；应用化学领域科研成果和工艺成就；生物、医学领域科研成果和工艺成就；轻工、冶金、物理领域科研成果和工艺成就。

《化学文摘》不报道的内容有：化工经济、市场，化工产品目录，广告，化工新闻消息。

二、《化学文摘》特点

1. 收录范围广

（1）出版物种类不断增加　1907 年时收录有 396 种期刊，1972 年达到 12000 种期刊，目前已经增加到 18000 多种世界各国高水平各类出版物。

（2）相关学科陆续扩大　涉及农业、生物化学、医学、药学、冶金、矿物、地质、原子能、轻工、建材、环境科学等领域。

（3）涉及国家和地区广泛　涉及 150 多个国家和地区，50 多种文字，文摘社工作人员 1400 多人，还有分布在 70 多个国家中的 3200 多个特约文摘员。

（4）收录文献数量迅速增长　1907 年创刊时收录有 11847 篇，1972 年达到 34 万篇，目前基本上保持在每年 70 多万篇。有人称，《化学文摘》已经收录到世界化学化工类文献总量的 98%。

2. 检索途径多

按照名称上分类，先后出现过 10 多种索引，经常使用的有 7 种。例如普通主题索引（general subject index）、化学物质索引（chemical substance index）、作者索引（author index）、化学式索引（formula index）、专利索引（patent index）、环系索引（index of ring systems）和索引指南（index guide）。

按照出版时间可以划分为期索引、卷索引、累积索引（1907～1956 年为 10 年累积索引，1957 年至今为每 5 年累积索引）。通过索引将《化学文摘》中数千万篇文章联结成一个有机整体，通过各种检索途径可找到任何一篇需要的文章。

3. 报道迅速

报道时差短，原始纸质文章发表后，《化学文摘》三个月内即有报道。美国国内最快一周即可报道。为了时效更快，在周刊之前还先发《化学题录》（*Chemical Titles*）及磁带（CA Search），它们都收录了索引和题录，但没有文摘。

从 1975 年 83 卷起，《化学文摘》的全部文摘和索引都采用电子计算机进行编排，大大加快了《化学文摘》出版速度，一般期刊数据库文献出版后传到编辑部即可编辑进入《化学文摘》数据库。

4. 文摘内容客观公正

《化学文摘》除标题可能有变外，所摘内容均为原文缩略（忠于原文），也不另作评价，即使原文作者对化合物命名等有不妥之处，文摘中也仅以符号表示。

5. 刊型多样

《化学文摘》创刊以来除保持文摘和索引的正常出版外，1971 年增编《化学工业札记》（*Chemical Industry Notes*，CIN），收摘世界上数百种化工经济刊物，弥补其不足。

1976 年起根据读者需要，《化学文摘》按专题出版化学文摘选辑（CA Selects），如"大气污染""太阳能""光化学"等 6 个专题。1986 年发展到 164 个专题文摘。

随着计算机技术的发展，《化学文摘》有 CD 光盘数据库（CA on CD），有桌面检索工具 SciFinder，有 STNInternational 联机文献检索系统，有基于 Web 的文献检索系统 STN on the Web，有具有简单的 Web 界面的检索系统 STNEasy，有文献全文链接与搜索服务的程序 ChemPort，有 Chemical Patent Plus 专利数据库，可以方便地进行查询。《化学文摘》三种主要出版物的特点比较见表 3-1。

表 3-1 《化学文摘》印刷版、光盘版与网络版的特点比较

项目	CA 印刷版	CA on CD	SciFinder
文摘起始日期	1907 年	1977 年	1907 年（上百万条记录回溯到 1900 年以前）
最新信息的延迟	几个月	一个多月	一天
记录查询媒介	纸本、书籍	光盘数据库	网上在线数据库
可以查询地点	图书馆	图书馆	IP 范围内的所有地址
可以查询时间	图书馆开门时间	图书馆开门时间	全天 24 小时
储存答案方式	复印	磁盘	电子文档
主题检索	可以	可以	可以

续表

项目	CA 印刷版	CA on CD	SciFinder
普通物质名称检索	否	否	可以
分子式检索	可以	可以	可以
结构式检索	否	否	可以
反应式检索	否	否	可以
对结果二次检索	否	否	可以
检索效率	低	不高	高效
检索速度	慢	尚可	快捷

第二节 《化学文摘》期刊的组织与编排

美国化学文摘社（http://www.cas.org）成立 100 多年以来，出版大量纸质出版物，特别是大量的大专院校、科研单位当时都订购有该期刊，纸质资料的检索还是其中一个重要的检索手段，因此了解纸质的《化学文摘》还是很有必要的。以下内容主要就是针对原有的纸质出版物进行分析和讲解。

一、出版周期和内容类别的变化

1. 出版周期

从 1907 年至今出版周期的大致变化见表 3-2。

表 3-2 《化学文摘》出版周期及类别变化情况表

年 份	卷 号	出版周期	每年卷数	每卷期数	分 类
1907～1944	V.1～V.38	半月刊	1	24	30
1945～1960	V.39～V.54	半月刊	1	24	31
1961	V.55	双周刊	1	26	31
1962	V.56～V.57	双周刊	2	13	73
1963～1966	V.58～V.65	双周刊	2	13	74
1967～1981	V.66～V.95	周刊	2	26	旧 80
1982 年至今	V.96～V.	周刊	2	26	新 80

2. 类别变化

1997 年以前对收录的内容基本上分为五大部 80 大类，按照单双号分别出版。单号期有生物化学部（Biochemistry Sections，20 类）、有机化学部（Organic Chemistry Sections，14 类）；双号期有大分子化学部（Macromolecular Chemistry Sections，12 类），应用化学和化学工程部（Applied Chemistry and Chemical Engineering Sections，18 类），物理、无机和分析化学部（Physical，Inorganic，and Analytical Chemistry Sections；16 类）。从 1997 年

第 126 卷开始，为了方便读者的查阅，每期均包含 80 个大类的全部内容。

二、每期的编排结构

1997 年以前，每卷首期首页是 CAS 各派出机构人员名单，接着是导言（Introduction）。导言中介绍的六点内容是资料来源索引（Source Index，CASSI）内容的缩影，便于使用者查找原始文献。

1. 前言

单号期包括本期类目（1～34 类的名称）、《化学文摘》引用的缩略语含义。

双号期包括本期类目（35～80 类的名称）。

2. 文摘

按类别（Abstract sections）顺序排列。

每类所含内容的说明。

文摘部分按序号顺序排列，文摘内容分为四个部分。

① 期刊论义、会议录、学位论文、技术报告；

② 新书及视听资料；

③ 专利文献；

④ 相关内容见其他部分（For papers of related interest see also section）。

3. 期索引（Issue Indexes）

期索引主要有关键词索引（keyword index）、专利索引和作者索引三种。

4. 附记

《化学文摘》所收录文摘的出版物增加和变化的情况（CA Abstracted Publication，Additions and Changes）。

三、计算机核对字母的确定方法

从 1967 年第 66 卷开始，每个文摘号后有一个英文字母，供计算机核对文摘之用。因为一条文摘可有许多条索引，若错一个数字，即很难找到原文摘。有了核对字母便可防止排错号码，因为核对字母是由卷号和文摘号按公式计算出来的，核对字母只与前面的文摘号有关，与文摘内容无关。

1. 计算公式

$$\frac{31V_1+29V_2+19V_3+17N_1+13N_2+11N_3+7N_4+3N_5+1N_6}{23}=Q\cdots R$$

式中，$V_1\sim V_3$ 为卷号的三位数，不足三位时，前边加"0"补够三位；$N_1\sim N_6$ 为文摘号的六位数，不足六位时，前面加"0"补够六位；文摘号的第一位数为 N_1（或 V_1），最后一位数是 N_6（或 V_3）；Q 代表计算结果商的整数部分，舍去不计；R 代表计算结果商的余数部分，为核对字母的编号。

2. 核对字母顺序编号

核对字母顺序编号见表 3-3。

表 3-3　《化学文摘》文摘号中计算机核对字母的确定

余　　数	1	2	3	4	5	6	7	8	9	10	11
核对字母	a	b	c	d	e	f	g	h	j	k	m
余　　数	13	14	15	16	17	18	19	20	21	22	0
核对字母	p	q	r	s	t	u	v	w	x	y	z

注：为避免与阿拉伯数字 1、0 混淆，字母中的 i、l、o 不用。当余数 R 为 0 时，核对字母为 z。

3. 计算示例

> **课堂互动 3-1**
>
> 求 109 卷 38259 号文摘的核对字母是什么。
>
> $$\frac{31\times1+29\times0+19\times9+17\times0+13\times3+11\times8+7\times2+3\times5+1\times9}{23}=\frac{367}{23}=15\cdots22$$
>
> $$Q=15;\quad R=22$$
>
> 所以，核对字母应为 y。

第三节　化学化工科技文献中常见英文构词法

为了不造成书写的繁冗，可以通过某些母体词派生出更多的不同词性的新单词，由此可以出现许多貌似熟悉的单词。在进行科技翻译时，还会经常遇到几个熟悉的词经过一定的加工组合又形成了一个新的单词的情况。如果能够比较熟练地掌握这些构词规律，就会在原有词汇量基础上再大大地提高一步，对于翻译阅读英文科技文献会带来极大的方便。

一、目的

① 简化书写；
② 排印方便；
③ 节省篇幅；
④ 快速出版。

二、构成

（一）转化法（conversion）

由一种词性转化成另一种词类。例如：
water（n，水）→water（v，浇水）
charge（n，电荷）→charge（v，充电）
yield（n，产率）→yield（v，生成）
dry（a，干的）→dry（v，烘干）

（二）派生法（derivation）

通过加上前缀和后缀构成一个新词，在化学化工中为最常见的一种。例如：

-ane（烷）；　　-ene 烯；　　-yne（炔）；　　-ol（醇）；　　-al（醛）；　　-yl（基）

（三）合成法（composition）

由两个或更多个单词合成一个新单词，有时需要加上连字符"-"，例如：

(1) 副词＋过去分词　well-known 著名的。
(2) 名词＋名词　carbon steel 碳钢；rust-resistance 防锈；teaspoon 茶匙。
(3) 名词＋过去分词　computer-oriented 研制计算机的。
(4) 介词＋名词　by-product 副产物。
(5) 动词＋副词　makeup 化妆品；checkup 检查。
(6) 形容词＋名词　atomic weight 原子量；periodic table 周期表。
(7) 动词＋代词＋副词　pick-me-up 兴奋剂。
(8) 副词＋介词＋名词　out-of-door 户外。

（四）压缩法（shortening）

所谓压缩法就是经常见到的缩略语，根据不同的组合形式，可以分为以下几种。

1. 缩写词（Abbreviation）

一个词或一个词组的缩写，通常是省掉其中一部分字母而形成，后边加"."。例如：

abbreviation	abbr.（缩写）	company	co.（公司）
analysis	anal.（分析）	mixture	mixt.（混合物）
Chinese	Ch.（中文）	respective (ly)	resp.（分别地）
equilibrium	equil.（平衡）	crystalline	cryst.（晶体）

2. 简写词（contraction）

是将一个词或一个词组去掉其中某个或某些音节而保留最前或最后一个字母或音节，形成容易辨认的简写形式。例如：

doctor	Dr（医生，博士）	reduction	redn（还原）
report	rept（报告）	separated	sepd（分离）
addition	addn（附加，加成）	precipitate	ppt（沉淀）
saturation	satn（饱和）	compound	compd（化合物）

3. 略语词（acronyms）

一个词组中每个字第一个字母或音节组成略语词，同时又形成一个单词，不加圆点，该类实例不多。例如：

laser（激光）←light（光）amplification（放大）by stimulated（激发）emission（发射）of radiation（射线）

radar（雷达）←radio（无线电）detecting（测定）and ranging（瞄准）

basic（basic 语言）←Beginner's（初学者）All-purpose（通用）Symbolic（符号）Instruction（指令）Code（编码）

OPEC（石油输出国组织）←Organization of Petroleum Exporting Countries

4. 首母词（initiation）

一个复合名词的第一个字母或几个字母组成的缩写形式，多用于表示组织机构、书刊名称，字母间可用可不用圆点，它只作符号，不作单词。例如：

CA（化学文摘）←Chemical Abstracts

ISO（国际标准化组织）←International Standardization Organization
COD（化学需氧量）←chemical oxygen demand
CAD（计算机辅助设计）←computer aided design
P（停车场）←parking
WTO（世界旅游组织）←World Tourism Organization
　　　（世界贸易组织）←World Trading Organization
BBS（电子布告栏系统）←Bulletin Board System

（五）混成法（blending）

把两个词的一头一尾连在一起，构成一个新单词。例如：

smog＝smoke＋fog　烟＋雾→烟雾
motel＝motor＋hotel　发动机＋旅馆→有汽车停车场的旅馆
positron＝positive＋electron　正的＋电子→正电子
medicare＝medical＋care　医学的＋照管→医疗保障（保险）
sultaine＝sulfo＋betaine　磺基＋甜菜碱→磺基甜菜碱
modem＝modulator＋demodulator　调制器＋解调器→调制解调器
aldehyde＝alcohol＋dehydrogenation　醇＋脱氢→醛（醛是由醇脱氢制得而得名）

（六）符号法（signs）

&：and，和。
/：and 或 or，"和"或"或"。例如 M/N：M 和 N，或 M 或 N，两者并取或取一。
♯：number，号码，♯9＝No.9＝number 9。
￥：yuan，元（人民币）。
$：dollar，元（美、加等国货币单位）。

（七）字母象形法（letter symbolizing）

构词模式为"大写字母＋连字符＋名词"，用以表示事物的外形，产品的型号、牌号等。英译汉时，主要采用形译法，亦可根据具体情况翻译。例如：

U-pipe　　　U 形管
X-ray　　　 X 射线
V-shaped　　V 形（结构）

思考练习 3-1

查阅相关资料，确定以下缩略语代表什么意思：ac.；adj.；c.w.；e；exch；FD；std.；T.W.。

（八）前缀后缀构词法

an-没有；在……不足：anisotropic　各向异性的，非均质的；anhydrous 无水的。
auto-自己；自：autoxidation 自动氧化；autocatalysis 自动催化。
de-除去：deoxidation（n）脱氧；decrease（n，v）减少；depress 减压；decompose 分解。
super-超：supersaturate（v）过饱和；superphosphate（n）过磷酸盐。

-ed 名词词尾：coloured 着色。
-less 形容词词尾：colourless 无色的；useless 无用的；stainless 不锈的。
-proof 形容词词尾：water-proof 防水的；light-proof 不透光的。

> **课堂互动 3-2**
>
> 分析以下化合物英文单词的构成，给出其可能的含义。
> biosurfactant：bio+surfactant；生物+表面活性剂，生物表面活性剂。
> （biochemical 生物化学的；bioconversion 生物转化）
> deoxidation：de+oxidation；除去+氧化，脱氧。
> [decrease（n，v）减少；depress 减压；decompose 分解]
> hyperpressure：hyper+pressure；超越、过+压力，超压。
> （hyperoxide 过氧化物；hyperfiltration 超滤）
> harden：hard+en（-en 为动词词尾），硬化。
> （soften 软化）
> chemist：chem+ist（-ist 名词词尾）；化学家。
> （physicist 物理学家）

三、化学化工科技文献中常见英文缩略语类型

（一）较复杂化合物名称的缩写

ABS［acrylonitrile（丙烯腈，耐腐蚀）-butadiene（丁二烯，弹性耐冲击）-styrene（苯乙烯，塑性）］工程塑料
PVC（polyvinyl chloride）聚氯乙烯
TBP（tributyl phosphate）磷酸三丁酯
PAC（poly-aluminium chloride）聚合氯化铝
MDEA（N-methyl diethanolamine）N-甲基二乙醇胺

（二）分析测试方法简称

NMR（Nuclear Magnetic Resonance）核磁共振
CT（Computed Tomography）计算机横断扫描成像

（三）仪器设备或装置的简称或状况

I/O　in put/out put　输入/输出
SW；S/W　short wave 短波；switch 开关
NTP　number of theoretical plate 理论塔板数

（四）物理量及单位名称简写

M.P.（m.p.）　melting point　熔点
ppb　parts per billion　十亿分之一

思考练习 3-2

查阅相关资料，确定以下缩略语代表什么意思。
化合物：AAS；GLy；MIBC；PAC；ZP；STPP。
分析测试方法：GLC-MS；TGA。

（五）国别地名简称

根据《世界各国和地区名称代码》（GB/T 2659—2000）和《国家和地区名称代码》（ISO 3166：1993）标准，为了便于国内外情报交流，我国各部门对世界各个国家和地区的名称有一种统一的代码，主要有拉丁字符两字符代码、拉丁字符三字符代码和阿拉伯数字三位数字代码。见表 3-4。

表 3-4　某些国家简称及其他的代码标识

中文和英文简称	两字符拉丁字母代码	三字符拉丁字母代码	阿拉伯数字代码	中文和英文全称
澳大利亚 AUSTRALIA	AU	AUS	036	澳大利亚联邦 Commonwealth of Australia
中国 CHINA	CN	CHN	156	中华人民共和国 People's Republic of China
法国 FRANCE	FR	FRA	250	法兰西共和国 French Republic
日本 JAPAN	JP	JPN	392	日本国 Japan
韩国 KOREA, REPUBLIC OF	KR	KOR	410	大韩民国 Republic of Korea
英国 UNITED KINGDOM	GB	GBR	826	大不列颠及北爱尔兰联合王国 United Kingdom of Great Britain and Northern Ireland
美国 UNITED STATES	US	USA	840	美利坚合众国 United States of America
加拿大 CANADA	CA	CAN	124	加拿大 Canada
德国 GERMANY	DE	DEU	276	德意志联邦共和国 Federal Republic of Germany

注：引自中国国家标准 GB/T 2659—2000。

思考练习 3-3

台湾是中国一个省，查阅国家标准 GB/T 2659—2000，了解是如何确定的。
（提示：TW，TWN，158，中国台湾，Taiwan, Province of China）

阅读材料 3-1

美国的州名可以用缩写字母表示,见表3-5。

表 3-5 CASSI 使用的美国各州名中译名-全称-缩写对照表

美国州名中译名	美国州名全称	美国州名缩写	美国州名中译名	美国州名全称	美国州名缩写
阿拉巴马	Alabama	Al(Ala.)	阿拉斯加	Alaska	AK
阿肯色	Arkansas	AR(Ark.)	亚利桑那	Arizona	Ariz.(AZ)
加利福尼亚	California	CA	科罗拉多	Colorado	CO
康乃狄克	Connecticut	Conn.(CT)	哥伦比亚特区	District of Columbia	D.C. or DC
德拉瓦	Delaware	DE(Del)	佛罗里达	Florida	FL(Fla)
乔治亚	Georgia	Ga. or GA	夏威夷	Hawaii	HI
衣阿华	Iowa	IA	爱达荷	Idaho	ID
伊里诺斯	Illinois	IL(Ill)	印第安纳	Indiana	IN
堪萨斯	Kansas	Kans.(KS)	肯塔基	Kentucky	Ky. or KY
路易斯安那	Louisiana	La. or LA	马萨诸塞	Massachusetts	MA(Mass)
马里兰	Maryland	Md. or MD	缅因	Maine	ME
密西根	Michigan	MI(Mich)	明尼苏达	Minnesota	Minn(MN)
密苏里	Missouri	Mo. or MO	密西西比	Mississippi	Miss(MS)
蒙大拿	Montana	Mont.(MT)	北卡罗来纳	North Carolina	N.C. or NC
北达科他	North Dakota	ND(N.Dak.)	内布拉斯加	Nebraska	NE(Nebr.)
新罕布夏	New Hampshire	N.H. or NH	新泽西	New Jersey	N.J. or NJ
新墨西哥	New Mexico	NM(N.Mex)	内华达	Nevada	Nev(NV)
纽约	New York	N.Y. or NY	俄亥俄	Ohio	OH
奥克拉荷马	Oklahoma	OK(Okla.)	俄勒冈	Oregon	OR(Oreg)
宾夕法尼亚	Pennsylvania	PA. or Pa	罗得岛	Rhode Island	R.I. or RI
南卡罗莱纳	South Carolina	S.C. or SC	南达科他	South Dakota	S.Dak(SD)
田纳西	Tennessee	Tenn.(TN)	得克萨斯	Texas	Tex.(TX)
犹他	Utah	UT	弗吉尼亚	Virginia	Va. or VA
佛蒙特	Vermont	Vt. or VT	华盛顿	Washington	WA(Wash)
威斯康星	Wisconsin	WI(Wis.)	西弗吉尼亚	West Virginia	WV(W.Va.)
怀俄明	Wyoming	W(Wyo.)			

(六) 机构、团体名词的缩写

WIPO　World Intellectual Property Organization　世界知识产权组织
APEC　Asia-Pacific Economic Cooperation　亚太经济合作组织
COT　City Ticket Office　市内售票处(指在机场之外的售票处)
IBM　International Business Machine Corporation　美国国际商用电子计算机公司

（七）科技文献本身的术语简写

1. 文献类别

R（review）述评，综述　　　　　　Acta（acta journal）学报
P（patent）专利　　　　　　　　　Bull（bulletin）通报
B（book）图书　　　　　　　　　　Proc（proceeding）会刊　院报
J（journal）杂志、期刊　　　　　　Progr（progress）进展
N（note）札记　　　　　　　　　　Symp（symposia）论文集
Ann（annual）年鉴　　　　　　　　Lett（letters）快报，通信
Acc（accounts）报告　　　　　　　T. M.（technical memorandum）技术备忘录

2. 期刊名称

JACS（Journal of the American Chemical Society）美国化学会会志
J. Food Sci.（Journal of Food Science）食品科学杂志
J. Chem. Educ.（Journal of Chemical Education）化学教育杂志

3. 文献文种识别符号

常见文种缩写词见表 3-6。

表 3-6　常见文种缩写词

文种缩写	文种名称	文种缩写	文种名称	文种缩写	文种名称
Belg	比利时文	Ger	德文	Port	葡萄牙文
Bulg	保加利亚文	Hung	匈牙利文	Rom	罗马尼亚文
Ch	汉文	Ital	意大利文	Russ	俄文
Croat	克罗地亚文	Japan	日文	Slo	斯洛伐克文
Dan	丹麦文	Neth	荷兰文	Span	西班牙文
Eng	英文	Norweg	挪威文	Swed	瑞典文
Fr	法文	Pol	波兰文	Ukrain	乌克兰文

4. 文献出版周期缩写

见第二章第一节。

四、缩略语的查找

（一）查找专业性科技词汇字典

《英汉技术词典》　清华大学编写组，国防工业出版社。
《科技英语缩略语词典》　西北工业大学外语室编，商务印书馆。
《英汉科技文献缩略语词典》　王津生、王知津编，科学技术出版社。
《新英汉缩略语词典》　史群编，商务印书馆。
《英汉化学化工词汇》　科学出版社。
《英汉化学化工略语词典》　朱洪法、李绍雄编，化学工业出版社。

（二）《化学文摘》单号期前附录及数据库

纸质的《化学文摘》单号期给出常用的缩写和符号，《化学文摘》数据库中也可以查询。

(三)美国化学文摘社资料来源索引(chemical abstract service source index,CASSI)

(四)查询缩略语注意事项

1. 一词多义

CA ⎧ Chemical Abstract　化学文摘
　　⎨ centre of area　　　面积中心
　　⎨ complexing agents　络合剂
　　⎩ cold air　　　　　　冷空气

2. 书写方式(如大、小写及是否有圆点等)

C. A.　　Central America　　中美洲
C/A　　　counter attack　　　反冲击

Ca ⎧ calcium　钙
　　⎨ cathode　阴极
　　⎩ cancer　　癌

ca.　　cable　电缆

第四节　常见化合物的命名

化合物的命名是非常复杂的,由于命名方法不同,同一物质在不同的国家或地区的名称不同。即使在同一个国家,不同时期的名称也是相异的。例如,甘氨酸的外文名称有glycine、glycocoll及amino acetic acid。有些名称是从古代沿用下来的,虽然叫法不够科学,但仍在使用中。

国际上曾经召开过多次会议专门讨论化合物命名问题,并作出规定使化合物的命名趋于系统化。但是,由于许多化合物(特别是有机化合物)的系统名称(systematic name)很长,既不便于书写,又不便于记忆,因此,许多简单的俗名(trivial name)仍被大家所采用,例如,利血平的英文系统名称为methyl-11,17-dimethoxy-18-[(3,4,5-trimethoxybenzoyl)oxy]-yohimban-16-carboxylate,其俗名为reserpine,两者相比,后者简单多了。尽管如此,系统命名有一定的规律性,能反映出化合物本身的结构,又比较容易掌握,因此系统命名将会逐步取代俗名。本书仅介绍最基本的无机物和有机物的命名原则。

一、无机化合物的命名

无机化合物的命名(nomenclature of inorganic compound)相对比较简单,类别也比较少。

(一)元素(element)命名和符号

1. 元素的命名

不同语种均有自己的写法。例如铁:英文iron;德文eisen;拉丁文ferrum。

2. 符号

多数是从这些单词(可能英文,也可能拉丁文)中取其字首或另加后边某一字母组成。

（二）简单二元化合物（binary compound）

1. 写法

（正离子）＋（负离子）

2. 非金属二元化合物

按电负性递升顺序原则排列，常见非金属元素电负性大小顺序为：Rn、Xe、Kr、B、Si、C、Sb、As、P、N、H、Te、Se、S、At、I、Br、Cl、O、F。

3. 读法

一般读作"某化某"，电负性强的元素作为负离子，其元素名称加以改动后加"-ide"。以下为常见非金属元素（包括作为负离子时的变动形式）和金属元素的英文名称。

fluorine—fluoride；chlorine—chloride；bromine—bromide；iodine—iodide；oxygen—oxide；sulfur—sulfide；nitrogen—nitride；hydrogen—hydride；phosphorus—phosphide；carbon—carbide；silicon—silicide。

Na sodium；K potassium；Ca calcium；Mg magnesium；Fe iron（ferr…）；Zn zinc；Cu copper；Hg mercury；Ag silver；Al aluminium。

4. 说明

① 表示原子个数的数字用希腊文数目词头表示。

mono-	di-	tri-	tetra-	penta-	hexa-	hepta-	octa-	nona-	deca-
一	二	三	四	五	六	七	八	九	十

例如：

N_2O_4 dinitrogen tetroxide；CO carbon monoxide；CO_2 carbon dioxide；CCl_4 carbon tetrachloride；CS_2 carbon disulfide。

② 对于某些两种价态的阳离子，用修改构成阳离子元素后缀的方法表示。低价亚态：-ous；正价态：-ic。例如：

$HgBr_2$ mercuric bromide；Hg_2Br_2 mercurous bromide

PCl_5 phosphorus pentachloride（phosphoric chloride）

PCl_3 phosphorus trichloride（phosphorous chloride）

Fe_2O_3 ferric oxide；FeO ferrous oxide

③ 对于三种以上元素，可以顺序书写。例如：

$POCl_3$　　　phosphorus oxychloride

④ 常见氧化物类型有：

M_2O　　　oxide，氧化物（Na_2O 氧化钠）

M_2O_2　　　peroxide，过氧化物（H_2O_2 过氧化氢，双氧水）

MO_2　　　superoxide，超氧化物

MO_3　　　ozonide，臭氧化物

（三）酸（acid）

1. 简单二元酸

在成酸元素名称前加"hydro-"＋成酸元素名称之后改为"-ic"＋acid。例如：

HCl：hydrochloric acid；HI：hydroiodic acid；H_2S：hydrosulfuric acid。

2. 含氧酸

在成酸元素名称词尾加 "-ic（正价）" ＋acid。例如：

H_2SO_4　sulfuric acid；H_2CO_3　carbonic acid；HNO_3　nitric acid。

3. 变价中心成酸元素含氧酸

次	hypo-	$HClO$	次氯酸	hypochloric acid（hypochlorous acid）
亚	-ous	$HClO_2$	亚氯酸	chlorous acid
正	-ic	$HClO_3$	氯酸	chloric acid
高	per-	$HClO_4$	高氯酸	perchloric acid
过	peroxy-	H_2SO_5	过一硫酸	peroxy(mono)sulfuric acid

4. 酸失水后的命名

ortho-	原酸在中文命名时常省去"原"字	H_4SiO_4	orthosilicic acid 原硅酸
meta-	原酸失水为"偏"	H_2SiO_3	metasilicic acid 偏硅酸
pyro-	两个酸分子失水为"焦"	$H_2S_2O_7$	pyrosulfuric acid 焦硫酸
anhydride	原酸全部失水为"酐"	SO_2	sulfurous acid anhydride（sulfur dioxide）亚硫酸酐（二氧化硫）

（四）碱（base）

在金属名称后加上 "hydroxide" 即可（注意变价金属），例如：

$NaOH$　　sodium hydroxide　　氢氧化钠
$Ca(OH)_2$　calcium hydroxide　　氢氧化钙
$Fe(OH)_3$　ferric hydroxide　　氢氧化铁
$Fe(OH)_2$　ferrous hydroxide　　氢氧化亚铁

（五）盐类（salt）

1. 简单含氧酸盐类

成酸元素负离子名称后略加改动，以区别酸根价态的变化：-ite 亚；-ate 正。例如：

$ZnSO_4$　　zinc sulfate　　硫酸锌　　$ZnSO_3$　zinc sulfite　　亚硫酸锌
$NaNO_3$　sodium nitrate　硝酸钠　　$NaNO_2$　sodium nitrite　亚硝酸钠

2. 酸式盐（acid salt）

在酸根前加 "hydrogen"。普通命名法则是在酸前加 "bi-"，表示含有氢元素。例如：

NaH_2PO_4　　　sodium dihydrogen phosphate＝sodium biphosphate
$NaHSO_3$　　　sodium hydrogen sulfite＝sodium bisulfite

3. 碱式盐（basic salt）

可看作是含有 O^{2-} 或 OH^- 的二重盐，命名时先列出正离子名称，再将所有的负离子按字顺排列于后。例如：

$MgCl(OH)$　　　　magnesium chloride hydroxide　　氢氧化氯化镁
$BiClO$　　　　　bismuth chloride oxide　　　　氧化氯化铋
$CuCl_2 \cdot 3Cu(OH)_2$　dicopper trihydroxide chloride　氯化三氢氧化二铜

4. 加成化合物（addition compound）

常见的如含有结晶水的化合物。加成化合物命名时，可将个别化合物依次列出，中间用一短线划分开，它们的分子数比可用斜线分开的阿拉伯数字表示，放在名称后的括弧内。例如：

$ZrCl_2O \cdot 8H_2O$　　　　　　　　　zirconium dichloride oxide octahydrate （8-water）
$Na_2CO_3 \cdot 10H_2O$　　　　　　　　sodium carbonate-water （1/10）
$Al_2(SO_4)_3 \cdot K_2SO_4 \cdot 24H_2O$　　　aluminium sulfate-potassium sulfate-water （1/1/24）
$AlCl_3 \cdot 4C_2H_5OH$　　　　　　　　aluminium (tri)chloride-ethanol （1/4）
$C_6H_6 \cdot NH_3 \cdot Ni(CN)_2$　　　　　ammonia-benzene-nickel (II) cyanide （1/1/1）

二、有机化合物的命名

有机化合物数量多，结构复杂，命名麻烦。俗名（trivial name）无规律，不规范；系统命名（systematic name）是标准化的。《化学文摘》从 1972 年 76 卷以后，绝大多数用系统命名，例如乙醇 ethyl alcohol 改为 ethanol，苯胺由 aniline 改为 benzeneamine。

有机化合物常见词头有：

meth-	eth-	prop-	but-	penta-	hexa-	hepta-	octa-	nona-	deca-
甲	乙	丙	丁	戊	己	庚	辛	壬	癸
normal	iso-	cyclo-	poly-	cis-	trans-	ortho-	meta-	para-	
正	异，等，同	环	聚	顺	反	邻	间	对	

（一）烷烃 C_nH_{2n+2}

其字尾均有 -ane（来自 alkane 烷烃）。例如：

CH_4　　methane（marsh gas，沼气）　　甲烷　　C_2H_6　　ethane　　乙烷
C_3H_8　　propane　　　　　　　　　　丙烷　　C_4H_{10}　　butane　　丁烷
C_5H_{12}　　pentane　　　　　　　　　　戊烷　　C_6H_{14}　　hexane　　己烷（正己烷，n-hexane）

支链烷烃，例如：

$$CH_3-\underset{\underset{CH_3}{|}}{CH}-CH_3 \quad \text{iso-butane} \quad 异丁烷$$

（二）烯烃 C_nH_{2n}

将相应烷烃字尾 -ane 改为 -ene（来自 alkene 烯烃），并标出双键的位置。例如：

	系统名	普通名
$CH_2=CH_2$	ethene	ethylene
$CH_3CH=CH_2$	propene	propylene
$CH_2=C=CH_2$	propadiene	allene

（三）炔烃 C_nH_{2n-2}

将相应的烷烃词尾 -ane 改为 -yne（来自 alkyne 炔烃）并标出三键的位置。普通命名法则是作为乙炔的衍生物命名的。例如：

$CH\equiv CH$　　　　　　　acetylene（电石气）　　　ethyne
$CH_3C\equiv C-CH_3$　　　 2-butyne　　　　　　　　2-丁炔

（四）环烷（烯）烃

将相应的烷（烯）烃名称前加 cyclo-。注释如下。

① 烃与烃基（radical）：

烃类	正常后缀	烃基	例证
烷	-ane	-ane → -yl	C_2H_5- → ethyl
烯	-ene	-ene → -enyl	C_2H_3- → ethenyl(vinyl)
炔	-yne	-yne → -ynyl	C_2H- → ethynyl

② 若分子内同时含有双键和三键时，则词尾改用-enyne、-adienyne、-atrienyne 或 enediyne 等来区分双键和三键的数目，并选取含不饱和键的最长链为主链，编号时使不饱和键具有尽可能小的定位号。总之，首先找出主链（含不饱和键，取代基位置数目最小）；其次命名，标出取代基的代号，标出双键和三键的个数。例如：

$CH_3-CH=CH-CH_2-CH_2-CH=CH_2$ 1,5-heptadiene   1,5-庚二烯

$CH_2=CH-CH=CH-CH=CH_2$ 1,3,5-hexatriene   1,3,5-己三烯

$CH_3-CH_2-CH_2-CH_2-CH(CH_3)-CH(CH_2-CH_2-CH_3)-CH_2-CH_3$
　　　　　　　　　　5-methyl-4-propyl-nonane   5-甲基-4-丙基壬烷

$CH_2=CH-CH(C≡CH)-CH=CH-CH=CH_2$ 5-ethynyl-1,3,6-heptatriene   5-乙炔基-1,3,6-庚三烯

（五）芳香族碳氢化合物（aromatic compound）

C_6H_6 benzene；phene

C_6H_5- phenyl

（六）醇（R—OH，alcohol）

比较复杂，常见的命名法有以下三种。

1. 衍生物命名法

所有醇都作为甲醇（CH_3OH，carbinol）的衍生物。这种命名法已被废弃。例如：

$C_2H_5OH→CH_3-CH_2OH$ methyl carbinol

$(C_6H_5)_3-C-OH$ triphenyl carbinol

2. 普通命名法

由相应的烃基与 alcohol 组成，常用于 $C_1\sim C_5$ 醇。例如：

C_2H_5OH ethyl alcohol

3. 系统命名法

将相应的烃词尾的-e 改为-ol。例如：

C_2H_5OH ethane → ethanol

C_3H_7OH propane → propanol

注释如下。

① 多元醇，在-ol 前加数目表示。例如：

$\begin{matrix}CH_2-CH_2\\|\quad\ \ |\\OH\ \ OH\end{matrix}$ ethandiol $\begin{matrix}CH_2-CH_2-CH_2\\|\quad\ \ |\quad\ \ |\\OH\ \ OH\ \ OH\end{matrix}$ propantriol（甘油）

② 酚类（phenol）同上。

（七）羧酸（—COOH, carboxylic acid）

1. 普通命名法

普通命名即俗名，无规律。《化学文摘》仅保留甲酸（formic）、乙酸（acetic acid）、苯甲酸（benzoic acid）。

2. 系统命名法

（1）日内瓦命名法　即在同数碳原子的烃名后，将词尾"-e"换成"-oic acid"；编号从—COOH的碳原子开始；用于链状一元或二元酸。

（2）以"carboxylic（羧基）acid"系统命名　即在—COOH以外的碳原子所在烃名后加上 carboxylic acid；编号从与—COOH 相邻的碳原子开始；多用于链状多元酸或—COOH 连在环上的酸。例如：

	普通命名法	系统命名法
HCOOH	formic acid	formic acid
CH_3COOH	acetic acid	acetic acid
C_6H_5—COOH	benzoic acid	benzoic acid
CH_3CH_2COOH	propionic acid	propanoic acid
CH_2—CH_2—CH_2 |　　|　　| COOH COOH COOH		propanetricarboxylic acid
CH_3—CH=CH—CH_2—COOH		3-pentenoic acid

（八）醛

把同样碳链的相应烃名词尾"-e"改为"-al"，或者可看作羧酸衍生物，将"-ic"后加上"aldehyde"。例如：

CH_3CHO　　　acetic acid → acetic aldehyde　乙醛

CH_3—CH—CHO　　2-methyl-propanal　2-甲基丙醛
　　　\|
　　　CH_3　　　（isobutyaldehyde　异丁醛）

（九）酯

1. 普通命名法

将相应羧酸词尾"-ic acid"或"-oic acid"改为"-ate"，前面加上取代羧基上氢的烷基名称。例如：

$CH_3COOC_2H_5$　　acetic acid → ethyl acetate

$C_6H_5COOC_3H_7$　　benzoic acid → propyl benzoate

2. 系统命名法

在相应羧酸名称后加上相应烃基名称及"ester"。例如：

$CH_3COOC_2H_5$ acetic acid ethyl ester

（十）酮 (R—CO—R, ketone)

将相应烃名词尾去掉"-e"，加词尾"-one"并加上定位号。例如：

$CH_2-CO-C_2H_5$ 普通名：ethyl methyl ketone
系统名：2-butanone 2-丁酮

（十一）醚（R—O—R, ether）

写出 R 基团名称后加上"ether"。例如：

$C_2H_5-O-C_2H_5$ diethyl ether   乙醚

$CH_3-O-C_2H_5$ methyl ethyl ether   甲乙醚

常见简单有机化合物命名规律总结见表 3-7 所示。

表 3-7 常见简单有机化合物命名规律总结

数字	拉丁或希腊前缀	烷烃 alkane	烷基 alkyl	烯烃 alkene	醇 alcohol	醛 aldehyde
one	mono-	methane	methyl	—	methanol	methyl aldehyde
two	di- bi-	ethane	ethyl	ethene ethylene	ethanol	ethyl aldebyde ethanal
three	tri-	propane	propyl	propene	propanol	propyl aldehyde propanal
four	tetra- quadri-	butane	butyl	butene	butanol	butyl aldehyde butanal
five	pent(a)-	pentane	pentyl	pentene	pentanol	pentanal
six	hex(a)-	hexane	hexyl	hexene	hexanol	hexanal
seven	hept(a)-	heptane	heptyl	heptene	heptanol	heptyl aldehyde heptanal
eighy	oct(a)-	octane	octyl	octene	octanol	octyl aldehyde
nine	non(a)-	nonane	nonyl	nonene	nonanol	nonyl aldehyde
ten	dec(a)-	decane	decyl	decene	decanol	decyl aldehyde decanal

（十二）各类常见有机基团（radical）(function group, 官能团)名称

—CO—   carbonyl group，羰基   —COOH   carboxyl group，羧基
—NO$_2$ nitro group，硝基   —NH$_2$ amino group，氨基
—C≡N   cyano group，氰基   RCO—   acyl group，酰基
—CHO   aldehyde group，醛基   —C$_6$H$_5$ phenyl，苯基
—OH   hydroxyl group，羟基   CH$_3$CO—   acetyl group，乙酰基

第五节 《化学文摘》文摘的著录格式

《化学文摘》中的每条文摘都有一定的著录格式,熟悉文摘的著录内容,有助于对文献的取舍和原文的查找。经常查阅的《化学文摘》中的文献种类主要有期刊论文、专利资料和会议录等。

《化学文摘》文摘的著录一般由以下几部分组成:标题(篇名)、作者、作者单位、文献来源、各类编号、文种、文摘正文。但文献类型不同,著录的形式也略有区别。

《化学文摘》文摘内容为原始论文基本思想的缩影,既反映原文的基本观点,又不能代替原文。

《化学文摘》文摘内容一律用英文表示。

一、期刊论文的文摘标题

1. 特定标志

主要有刊名(斜体字)和期刊的卷(期)号码。

2. 著录格式

① **129:346820h** ② **Processing and stability of the treatment of leading-containing wastewater by liquid surfactant membranes.** ③ Wei, Zhenshu; Yuan, Ping; Jiang, Yuanli (④ Dept. of Chem. Eng., Zhongzhou Univ., Zhengzhou, Peop. Rep. China 450052) ⑤ *Huaxue Yanjiu* ⑥ **1998**, 9 (2), ⑦ 45-49 ⑧ (Ch), ⑨ Huaxue Yanjiu Bianjibu. ⑩ In this paper, the removal of Pb from the wastewater by liq. membrane method was carried out. The effects on the extn. of Pb^{2+} by the compn. of the membrane phase, the concn. of the carrier, and that of the surfactant, and the compn. of the inner phase were studied resp. Then was obtained an optimum operation condition under which the concn. of Pb^{2+} in the outer phase can be lowered by 99%. In the meantime, the effects on the stability of the liq. surfactant membranes were in consideration. The breakage of the membranes was therefore decreased to the lowest extent.

3. 注释

① 卷号+本卷文摘号(黑体字)+计算机核对字母(黑体字)。每卷连续编号,每卷从1号开始。末尾字母为计算机核对字母(check letter),自 V.66 开始采用。

② 论文题目(黑体字),各文种均意译为英文。本例论文题目为"乳化液膜法处理含铅废水的工艺及稳定性研究"。

③ 作者姓名。中文作者应用汉语拼音,海外侨胞等用威氏拼音法;姓前名后,欧美等国家常用名前姓后,在《化学文摘》中均应交换过来;社会团体等集团型单位若为个人姓名,也应改为姓前名后,例如 John W Williams Co. 改为 Williams, John W Co.;多名作者之间用";"隔开,顺序与原文排列相同;作者不能超过 10 人,若超过,第九人后用 et. al 表示。

④ 作者工作单位及地址(置于圆括弧内)。常用到大量缩略语。可利用有关的检索工具查找,其中《美国化学会资料来源索引》(CASSI)中含有各国著名研究院所、大专院校、

第三章 美国《化学文摘》的网络检索

省州市街名称。

⑤ 刊物名称（斜体字）。可查阅外文书店每年订单目录、《美国化学会资料来源索引》、世界期刊目录缩写表（List of Serial Title World Abbreviations）及其补充本。

⑥ 出版年份（黑体字），卷（期）。

⑦ 页码。

⑧ 原文文种（置于圆括号中）。常用文种缩写见表3-6。

⑨ 期刊编辑出版单位。

⑩ 英文文摘。

二、会议录和资料汇编的文摘标题

1. 特定标志

主要有：Proc. 会刊（proceeding）；Inst. 学会、研究会（institute）；Symp. 论文集，论丛（symposium）；Conf. 会议（Conference）。

2. 著录格式

①127：**148555w** ②**Application of fermented flour to optimize production of premium crackers and bread.** ③ Moonen, Hans（④Food Science and Technology Centre, Quest International, 1400 CA Bussum, Neth.）⑤*Cereals：Novel Uses Processes*,［*Proc. Int. Conf.*］⑥1996 (Pub. **1997**), ⑦247-250 ⑧(Eng). ⑨Edited by Campbell, Grant M.；Webb, Colin；M cKee, Stephen L. Plenum；⑩New York, N. Y. ⑪A novel ingredient, Hy-Bake PCM, was developed to facilitate the baking of crackers and other bakery products. Hy-Bake PCM contains acid and flavor precursors of the type produced during sponge fermn. Hy-Bake PCM is produced by fermn. of wheat fractions by using lactobacilli and yeast. Processing time for cracker prodn. can thus be greatly reduced.

3. 注释

① 与前同。

② 论文题目（黑体字），本例论文题目为"优质点心和面包优化生产中发酵面粉的应用"。

③ 作者姓名。

④ 作者工作单位及地址（置于圆括弧内），《化学文摘》（加拿大）。

⑤ 会议名称（斜体字）。*proceeding*（会议）；*Int.* 即 *international*（国际）；*Conference*（讨论会）。本例会议名称为"谷物的新用途加工（国际学术讨论会）"。

⑥ 会议时间，后面括号中为实际出版时间（黑体字）。如与会议时间相同，出版时间略去。

⑦ 起止页码。

⑧ 文种（英文）。

⑨ 汇编者姓名。一般仅列主编，如有多名，最多列3人；合卷著作中，分卷汇编者姓名如原文有登录，也可列出。

⑩ 出版者及其所在地的市、州及国名。如多名出版者时仅列主要者，其他出版者名称在资料来源索引题录中注明。常见出版者的全称及地址在该索引的"Directory of Publishers and Sales Agencies"（出版社和书店指南）中列出。本例为纽约。

⑪ 文摘内容。

三、技术报告的文摘标题

技术报告是科研工作的正式成果报告或某项课题研究进展情况的实际记录。

技术报告一般以单行本形式出版，一个报告自成一册。其内容比期刊论文更为详细专深，代表一个国家的科技水平，对科研、生产有更直接的借鉴作用。

技术报告有公开发行和不公开发行两大部分，后者在数量上要比前者多。大部分保密的科技报告属于军事或国防工业、尖端技术，或者有重大政治和经济利益的最新设备和最新方法等。许多最新科研成果资料，包括一部分不成熟的记录，往往首先通过科技报告反映出来。属于密级的报告在认为没有必要继续保密时，便解密而成为公开的文献。它的报道速度比期刊论文要快一年左右。

世界上很多国家都很注意利用科技报告，认为科技报告是传递新信息的一种主要形式。美、英的一些科技人员甚至认为，在一些最新的科技问题上，科技报告是唯一的信息来源。美、英、法、联邦德国和苏联等主要国家每年都产生许多科技报告。其中较著名的是美国的 PB、AD、NASA 和 DOE 报告。它们所报道的文献量大，面广，涉及数、理、化、天文、生物、医学、交通、运输、宇航、军工、能源以及有关社会科学等各个领域。四大报告的报道内容各有侧重，但也有不少重复。每套报告都有相应的检索工具供用户查找。

（1）PB 报告　PB 是美国商业部出版局（Office of the Publication Board, U. S. Department of Commerce）的缩写。第二次世界大战期间，美国从战败国掠得一批战时机密科技资料，美国政府为了利用这批资料，于 1945 年成立了美国商业部出版局，由该局负责整理和出版战利品。PB 报告在 10 万号之前基本上是德、意、日三国的资料，内容包括科技报告、专利、标准、技术刊物、图纸等，10 万号之后主要是美国国内各科研机构的科技文献。20 世纪 60 年代后期，PB 报告的数量显著下降，内容也逐渐由军事技术转为民用工程技术。从 1980 年起，PB 报告使用新的编号系统，即 PB＋年代＋报告顺序号，例如 PB84-125665。

（2）AD 报告　AD 报告是美国"武装部队技术情报局"（Armed Services Technical Information Agency, ASTIA）收集整理的侧重于军事工程技术方面的文献，简称为 ASTIA Document，即 AD 报告。1963 年美国"武装部队技术情报局"改为美国"国防科技文献中心"（Defense Documentation Center, DDC），1979 年又改名为"国防技术情报中心"（Defense Technical Information Center, DTIC）。自 1970 年起，AD 报告和 PB 报告均由美国国家技术情报服务处（National Technical Information Service, NTIS）出版发行。AD 报告从 1975 年开始，报告编号采用 AD-A（Unclassified，公开）、AD-B（restricted 或 limited，内部控制发行）、AD-C（secret，机密；confidential，秘密）等，例如 AD-B445678。编号中附加的-A、-B、-C 等字母代表报告的不同密级和文献类型。AD 报告中，公开发行的每年约 2 万篇，我国基本都已引进，存于中国科技情报所、中国科学院图书馆。

（3）NASA 报告　NASA 报告是美国国家航空和宇航局（National Aeronautics and Space Administration, NASA）负责出版的一种科技报告。该局成立于 1958 年 10 月。

NASA报告的内容主要是空气动力学、发动机及飞行器的结构材料、试验设备、飞行器的制导及测量仪器等,是宇航与空间技术领域方面的重要参考文献。同时也涉及机械、化工、冶金、电子、气象、天体物理、生物与医学等领域,其他还收集会议录、专题论文等文献。

(4) DOE报告 DOE(Department of Energy,美国能源部)报告的名称经历了若干次变动,最早是称AEC报告。它是1946年成立的美国原子能委员会(Atomic Energy Commission,AEC)出版的技术报告。1974年10月原子能委员会改组为"能源研究和发展管理署"(Energy Research and Development Administration),因此,AEC报告改为ERDA报告。1977年10月,ERDA报告又改为DOE报告。其内容主要是能源及其应用,除原子能及其应用外,也报道其他与能源有关的科技报告,如化学化工、材料、物理、工程、生物及环境科学、健康与安全、地球科学等。

《化学文摘》中技术报告的著录格式简介如下。

1. 特定标志

主要有 *Report*(斜体字)和报告号。

2. 著录格式

①107:16427h ②**Study of materials having significance for high energy magnet production and for hydrogen storage.** ③Wallace, W. E. ④(Dep. Chem., Univ. Pittsburgh, PA USA). ⑤*Report* ⑥**1983**, ⑦ARO-17165.42-MS;Order No. AD-A130900. ⑧14pp. ⑨(Eng). ⑩Avail. NTIS. ⑪From Gov. Rep. Announce. Index(U. S.)⑫**1983**,83(23),5638⑬……

3. 注释

① 与前同。

② 文摘标题。如系已制定系列内容的一部分,题目用缩略的斜体字印刷;如不属部分内容,用斜体"*Report*"印刷。本例题目为"用于制造高能磁性产品和储氢材料的研究"。

③ 作者姓名。

④ 作者工作单位及地址〔匹兹堡,宾夕法尼亚州(Pennsylvania),美国〕。

⑤ 技术报告丛书标记。

⑥ 发表年份(黑体字)。

⑦ 技术报告编号,AD-A为第一类密级(公开)。

⑧ 总页码,接于科技报告号后。

⑨ 原文文种。

⑩ 原始报告来源的供应代号标志(即报告收藏单位),有使用代号的原始报告可在"Availability codes used in CA"中找报告来源。无代号的可查资料来源索引或其补充本中的"Technical Report Series Title Entry"。

ARO:Air Traffic Services Reporting office(空中交通服务报告室)

NTIS:National Technical Information Service(美国国家技术情报服务处)

⑪ 原始报告二次来源。本文摘转摘自美国《政府报告通报与索引》(Government Reports Announcements and Index,GRA&I),由美国NTIS编辑出版,其报告内容包罗万象。

⑫ 报告年份(黑体字),卷(期)和页码。

⑬ 文摘部分(省略)。

四、学位论文的文摘标题

1. 特定标志

主要有 *Diss*（斜体字）。

2. 著录格式

①**127：155848x** ② **Iron and copper complexes of a binucleating pyrazole ligand：biologically relevant models for the diiron centers in metallopropeins.** ③ Hahn，Carl William ④（Princeton Univ.，Princeton，NJ USA）．⑤**1997**．⑥244pp．⑦（Eng）．⑧ Avail. UMI，Order No. DA9721541．⑨From *Diss. Abstr. Int.*，B ⑩**1997**，58（2），692．

3. 注释

① 与前同。

② 学位论文题目（黑体字），本例题目为"一种具有生物危害性的吡唑为配体的铁和铜的配位化合物：金属蛋白质中以二铁为中心的生物学相关性模型"。

③ 作者姓名，应仅有一人。

④ 作者工作单位及地址（NJ，New Jersey，美国新泽西州）。

⑤ 发表年份（黑体字）。

⑥ 页码。

⑦ 论文文种。

⑧ 学位论文来源及顺序号。如欲索取原文，请参考每卷第一期卷首的获取原始文献影印件指南（Suggestions for Procurement of Copies of Original Document Abstracted in Chemical Abstracts）。University Microfilms，International：国际大学缩微制品（胶片）公司，简称 UMI。Order No. …：学位论文缩微胶卷订购号。

⑨ 资料来源。Dissertation Abstracts，International（国际学位论文文摘）：由美国的国际大学缩微胶片公司编辑出版，收录美国、加拿大、法国、英国、比利时和澳大利亚等国220余所大专院校的学位论文，其内容属于科技方面的约占60%，是查找各国有关学位论文的一种重要检索工具。《国际学位论文文摘》目前分三辑出版。

A 辑：《人文与社会科学》（*Humanities and Social Sciences*），1983 年创刊，为月刊。

B 辑：《科学与工程》（*Science and Engineering*），1938 年创刊，为月刊。

C 辑：《欧洲学位论文》（*European Dissertation*），1976 年创刊，为季刊。

⑩ 资料来源刊物出版年份（黑体字），卷号、期号和页码。

五、新书和视听资料的文摘标题

1. 特定标志

主要有 pp（页数）、货币代号及价格（所在国）。

2. 著录格式

①**129：332550h** ② **Texture and Anisotropy Preferred Orientations in Polycrystals and Their Effect on Materials Properties.** ③ Kocks，U. F.；Tome，C. N.；Wenk，H. R. ④（Cambridge Univ. Press：Cambridge，UK）．⑤**1998**．⑥700pp．⑦（Eng）

３．注释

① 与前同。

② 书名（黑体字）。本例题目为"多晶的织态和各向异性取向及其对材料性质的影响"。

③ 作者或编（译）者姓名。

④ 出版社缩写及所在地（城市和国家），出版社全名见 CASSI 中的出版社和书店指南（Directory of publishers and Sales Agencies）。

⑤ 出版年份（黑体字）。

⑥ 页码。

⑦ 著作文种。

六、专利的文摘标题

1. 特定标志

主要有 CI 分类（international classification）和 Appl.（申请，application）。

2. 著录格式

①130：**4916d** ② **Production of carbon black with fine and uniform particle size.** ③ Susuki, Hiroaki；Takizawa, Yasuhiro；Misono, Shinji ④（Tokai Carbon Co., Ltd., Japan）. Jpn Kakai Tokkyo Koho ⑤ **JP10 292, 126 [98 292, 126]** ⑥（CI. C09C1/48），⑦ 4 Nov 1998，⑧ Appl. 97/114, 428, ⑨ 16, Apr 1997, ⑩ 7pp. ⑪（Japan）⑫ The title process consists of heating liq. or solid hydrocarbon (e.g., benzene, naphthalene, anthracene) to gas, introducing to a thermal decompn. Furnace together with carrier gas (e.g., N, H, inert gases) at 0.01-2.0Vol.％, and thermal decompg. at 1600-1800.

3．注释

① 与前同。

② 专利题目（黑体字）。本例题目为"精细、均匀尺寸炭黑颗粒的制取"。

③ 专利发明人（个人或团体）的姓名或名称。

④ 专利发明人所在单位和专利权人（个人或团体）的姓名或名称。即按法律程序被指定为受让人的单位或个人名称，放在括号内。

⑤ 专利号（黑体字，包括国别代码和顺序号两部分）。ISO 规定的专利国代号、各国的专利类别和代码，见每卷第一期的导言（Introduction）。

⑥ 专利分类号（IPC）。位于专利号后的括号内，以 CI 为标志，美国专利在本国分类号后还列出国际专利分类号，此两项用分号分开；其他国家只列国际专利分类号。

⑦ 专利出版日期。位于分类号项下。

⑧ 专利申请号。前面有"Appl"标志。

⑨ 专利申请日期。位于专利申请号后，有优先权的他国，其申请日期也列入。

⑩ 专利文献总页数。包括没有页号的标题页（扉页）。图片和插图包括在内。

⑪ 专利文种（日文）。

⑫ 专利摘要［将加热的液体或者固体烃类（例如苯、萘、蒽）加入气体中进行加工热分解，在炉子中与载气（例如氮气、氢气、惰性气体）一起加热，惰性气体约占体积的 0.01％～2.0％，在 1600～1800℃条件下热分解］。

七、交叉参考（又名相互参照）

1. 特定标志

当一篇文献内容同时属于几种类目时，可以将其放在主要类目中，而在另外相关类目中写出该文的文摘号和题目，便于扩检用。

《化学文摘》中每一大类最后均有标题：See also。

76 卷以后改为：相关内容见其他部分（For papers of related interest see also section）。

2. 分类

（1）永久性参照 整个类目属另一类目的永久性参照，无具体文摘号。

（2）针对性参照 只针对本类目有参考价值的其他文摘，有具体的文摘号。

3. 注释

① 参照类号：由小到大顺序排列。

② 同类中：按文摘号由小到大顺序排列。

阅读材料 3-2

Vol. 127 No. 11 的第 49 类"工业无机化学品"（Industrial Inorganic Chemicals）后所附的参照为：

——

For papers of related interest see also section

①29 ②Organometallic and Organometalloida Compounds.

③43 150323n ④Toushan Stone powder as a new type of paper filler.

⋮

57 151888n Technical possibilities of processing and recycling of solar modules based on crystalline and amorphous silicon.

151901m Self-propagating high temperature synthesis（SHS）of titanium carbon.

⋮

78 155767v Mechanochemical synthesis of phosphates and apatites——new way of preparation of complex materials.

For patents of related interest see also Section：

19 148720w Manufacture of phosphste fertilizers fixed in carbonized hull.

⋮

72 153916u Device for electrolytic generation of high-purity hydrogen and oxygen and its operation.

153917v Electrolytic hydrogen-oxygen generating device.

⋮

注释：①类目号码；②类目名称；③文摘号；④论文文摘题目。

第三章 美国《化学文摘》的网络检索

思考练习 3-4

Vol. 127 No. 11 的第 78 类 "无机化学品和反应"（Inorganic Chemicals and Reactions）后所附的参照为：

For papers of related interest see also section

①6　②146301m　③The catalytic role of carbon dioxide in the decomposition of peroxynitrite.

22　148789a Tautomerism of azomethine systems.

⋮

①29　④Organometallic and Organometalloida Compounds.

⋮

49　Industrial Inorganic Chemicals.

⋮

67　153446r Design of ligands for the complexation of Fe（Ⅱ）/Fe（Ⅲ）in the catalytic oxidation of H_2S to sulfur.

153447s Novel rhodium complexes with N-pyrrolylphosphines：attractive precursors of hydroformylation catalysts.

⋮

74　224142k Photochemical reactions of transition metal complexes.

75　Crystallography and Liquid Crystals.

79　Inorganic Analytical Chemistry.

注释：①类目号码；②文摘号；③论文文摘题目；④类目名称。

第六节　《化学文摘》的索引

如前所述，美国《化学文摘》的检索系统相当完备，对于一个欲检索的主题可以通过很多检索途径查阅到所需的文献资料。从时间上说，其中最重要的是卷索引；从检索途径上说，最重要的是普通主题索引和化学物质索引。《化学文摘》索引的变化情况见表 3-8。

表 3-8　《化学文摘》各种索引出版变化情况

索引名称	卷索引		累积索引			备注
	起始年份	起始卷号	起始年份	起始卷号	覆盖次数①	
作者索引	1907	1	1907	1	1—	
主题索引	1907	1	1907	1	1—8	1972 年起分为两部分
化学物质索引	1972	76	1972	76	9—	
普通主题索引	1972	76	1972	76	9—	

续表

索引名称	卷索引		累积索引			备注
	起始年份	起始卷号	起始年份	起始卷号	覆盖次数①	
化学式索引	1920	14	1947	41	5—	增补累积的27年(1920~1946年)化学式索引
专利号索引	1935	29	1937	31	5—9	1980年后停出
专利对照索引	1963	58	1967	66	8—9	1980年后停出
专利索引	1981	94	1977	86	10—	取代前两种索引
环系索引	1916	10	1957	51	6—	1967年66卷前附在主题索引前,66卷起附在分子式索引后
杂原子索引	1967	66	1967	66	8	1971年75卷后停出
索引指南	1968	69	1968	69	8—	
登记号索引	1969	71			8—	1971年后改为《登记号手册》
资料来源索引	1920	14	1970		现出7版	1907~1969年;1907~1974年;1907~1979年;1907~1984年;1907~1989年;1907~1994年;1907~1999年

① 覆盖次数是说明某一种索引名称在累积索引中出现的次数。如果是两个数字之间就说明该索引已经停止使用。

一、《化学文摘》的期索引

《化学文摘》的期索引是用来查阅当期文摘的辅助工具。它是附在每期的文摘后面,随文摘一起出版,包括三种索引。

（一）关键词索引

关键词索引是采用电子计算机编制的,出版较快,是为了在主题索引出版以前查阅美国《化学文摘》用的。它是将关键词短语的第一个词按字顺排列的。关键词短语是从文摘的题目或文摘中挑选出来的,编排时不考虑文法结构,仅将几个关键词按一定顺序组合起来。该索引与主题索引相比要粗糙得多,但它的优点是快捷,而且突出了原文章的内容,主题索引一般要等半年以上才能编印出来,在这种情况下,关键词索引不失为一种重要的检索工具。当主题索引出版后,这种索引即失去作用,因此没有必要编印累积本。

1. 说明

① 只用于期索引中。

② 《化学文摘》从89卷起由主关键词-其他关键词（说明语）组成。词-词之间无语法关系,不成句子,忽视虚词。

③ 查找该索引的关键是关键词的选择。

④ 关键词与主题词之间的关系：关键词粗糙而不规范,优点是快速,可随每期出版；而主题词索引是在每卷完成后才出版,索引明确规范；关键词可用主题词取代。

2. 著录格式

① Food
    ② Additive polyglycerin   ③ P 157038y

⋮

Hydrogen
  Sepn porous inorg membrane 8428m

① Membrane
  Porous inorg hydrogen sepn 8428m
  ② Sepn gas review   8121f

Sepn
  Membrane gas review   ③ 8121f

⋮

注释：

① 第一关键词。一个关键词往往既作为第一关键词又作为其他关键词的说明语出现在该期关键词索引中。

② 其他关键词。关键词短语之间无语法关系。元素符号可作为其他关键词，但不能作为第一关键词。关键词索引中常出现许多缩略词，并省去缩略号，如上例中的"sepn"（分离）。

③ 文摘号。文摘号前往往加"P"（patent）、"B"（book）、"R"（review），分别表示文献的类别为专利、图书和述评。

3. 注意事项

① 关键词按首字母顺序排列在期文摘后面。

② 元素符号及分子式不能作为关键词，但在关键词短语中可以出现。例如：

⋮

allum
alloy Cu metal P74086c

⋮

③ 化合物的定位号、顺反异构体及指示氢位置的号码等均不列入字顺排列。例如：
cis-polyisoprene（顺-聚异戊间二烯）（＝2-methyl-butadiene-1，3）可直接查 p 部；
2-butanol（2-丁醇）可以直接查 b 部（butanol）；
cis-2-butene（顺 2-丁烯）可以直接查 b 部（butene）。

④ 化合物全部用单数名词表示。

⑤ 复杂化合物名词的排列有时以母体结构作关键词，其余部分列入关键词短语中。但母体结构在末位时不拆开排。例如：
Adipic acid 将 Adipic 作关键词；
Phenol 表示苯酚或含酚类物质；
Isopropylphenanthrene（异丙基菲）不能单独分别作关键词，只能为一个整体。

⑥ 复杂化合物常用商品或习惯名称作为关键词。例如：
ABS（丙烯腈-丁二烯-苯乙烯）（工程塑料）可以直接查 a 部；
Vitaminic C（维生素 C）可以直接查 Vc；
PVC（polyvinyl chloride）（聚氯乙烯）可以直接查 p 部。

⑦ 较为熟悉的联合词汇整个可作关键词，例如：
催化裂化石油（catalyst cracking petroleum）

⑧ 选择关键词时可从相关内容的词考虑。例如：heat 与 enthalpy（焓）可通用，而 enthalpy 更接近实质。查血压（blood pressure），可以考虑到低血压（hypotension）和高血压（hypertension）的区别而分别查检。

⑨ 同义词在一般情况下不常采用。例如检索 ethylene oxide 时采用氧化乙烯，它在《化学文摘》中登记号为［75-21-8］，而不采用 oxirane（环氧乙烷）。检索固溶体（采用 solid solution），而不选用混晶（mixed crystal）。

⑩ 80 大类的各类名称尽量不作关键词，非用不可时，在最后一条词汇中予以说明"Also scan"。例如：

第 67 大类为 "Catalysis, Reaction Kinetics, and Inorganic Reaction Mechanisms"，采用 catalysis 作关键词时，最后一条关键词短语为 "Also scan Section 67"。

（二）专利索引

从 1981 年 94 卷起，专利号索引（Numerical Patent Index）和专利对照索引（Patent Concordance Index）停刊，开始编排专利索引。这三种索引均按国名的字顺排列，同一国名按专利号大小的顺序排列。期索引、卷索引和累积索引中均有，编排方式相同。

1. 专利号索引

始于 1935 年第 29 卷。起初它只摘录了英国、美国、德国、法国、加拿大五国专利，后来逐渐增加，到 1973 年的第 78 卷，共收集了 26 个主要专利国的专利资料。专利号索引的作用是由专利号来查找该专利在《化学文摘》中的文摘号。

2. 专利对照索引

专利申请者往往把一件比较重要的发明，在一国内取得专利权后，又向其他几国申请专利。不管他取得了几个国家的专利权，美国《化学文摘》只登载首次公布的专利说明书的文摘，而将其他几国的专利号反映在专利对照索引中。这样可以大大方便读者，因为各国专利的语种非常多，一个人要能阅读这样多种文字是很困难的，他可以利用专利对照索引，来阅读他所熟悉文种的某一专利说明书；或者在本索引中查出美国《化学文摘》所登载的该专利的文摘，了解它的大概内容。专利对照索引是从 1963 年第 58 卷起由专利号索引分出来的，以前是采用 See 来注明的。专利对照索引的实用价值在于读者可选择熟悉文种和来源易得的专利。

3. 专利索引

美国化学文摘社从 1981 年第 94 卷开始，用专利索引代替了专利号索引和专利对照索引。专利索引的特点是增加了同族专利（Patent family）报道的内容，包括相同专利（Equivalent patent）和相关专利（Related patent）等，下面分别介绍常见的几个概念。

① 同族专利（patent family）：是某一特定发明的基本专利、相同专利和相关专利构成的该项发明的专利族，其成员都为同族专利。同族专利的相关文献用分案（division）、部分接续（continuation-in-part）、增添（addition）、接续（continuation）等术语表示。

② 专利族族员（family member）：同族专利文献中的各个专利称为专利族族员。

③ 基本专利（basic patent）：在若干个国家申请的内容相同的专利中，CAS 最先得到并最先在《化学文摘》上报道的专利。

④ 相同专利（equivalent patent）：与基本专利的内容一样，只是在不同国家或地区内提出申请而得到批准的专利称为相同专利。

⑤ 相关专利（related patent）：与《化学文摘》首次摘录的专利文献在技术内容上有一

定改进但又有关系的专利文献称为相关专利。索引中对这种专利在专利号后以"Related"字样标明。

⑥ 专利优先权（priority）：指巴黎公约缔约国中的任一缔约国的申请人，向一个缔约国提出专利申请后，在一定的期限内（发明和实用新型专利为 12 个月，外观设计为 6 个月），若再向其他缔约国就同一发明提出专利申请，可以享受优惠权利，即将第一次提出申请的日期视为后来在其他缔约国提出申请的日期。一般说来，一项发明的第一次申请日期为申请日，也可以称为优先申请日或优先权日。

(1) 著录格式

① **JP （Japan）**

② 54/012643 A$_2$ ③ (56/007346B$_4$)

④ [79 12643]   ⑤ **92：180658g**

⑥ 54/012643 B$_4$ See US 3986977A   （通过 See 引见到基本专利）

54/012653 A$_2$ [79 12653]，⑦ 90：11514h

AT 337140 ⑧B（Related）

FR 2270206 ⑨A$_1$（B$_1$）

JP 54/072654 A$_2$（Related）

[79 72654]，92：115115i

JP 54/072655 A$_2$（Related）

[79 72655]，92：180658g

⑩ **NL 75/05204 A（Nonpriority）**

US 4173268 A（Related）

92：27346w

US 4173972A ⑪（Continuation-in-part；Related）

92：108691y

⑫ WO 79/002741 A$_1$（Designated states：BR，SE；

Designated Regional states：EP（DE，GB）；

Elected states：BR；

Elected Regional states：EP（DE），Related）

(2) 注释

① 《化学文摘》采用的专利国代码，JP 为日本国。以下专利号按大小顺序排列。

② 专利文献号和专利文献类型代码，由年份、流水号加文献类型代码组成。日本昭和 54 年的公开特许公报（A$_2$）。A$_2$ 为专利文献类型代码［采用"国际专利文献工作中心"(International Patent Documentation Center，INPADOC) 的规定符号］。

日本批准的专利层次有"特许"（相当于中国的"发明专利"，指大发明）、"实用新案"（相当于中国的"实用新型专利"，指小发明）、"意匠"（相当于中国的"外观设计专利"和美国的 Design Patent）和"商标"。鉴于后两种不属于科技文献范畴，所以一般不作介绍。"公开特许公报"刊登等待审查的水平较高的专利说明书。

③ 日本特许公报（B$_4$）公告号（与②的内容相同），如公开号和公告号相同，括号中只写 B$_4$。这是同一件专利的两个不同的公布阶段，前者为未经审查而早期公开的专利，后者为经过审查并即将批准的专利。"特许公报"是指技术水平较高的新技术发明报道。

④ 用公元年表示年代的专利号（日本明治年代从 1867 年算起，昭和年代从 1925 年算

起,平成年代从1988年算起。登基起始年加年号即成公元年)。

⑤ 黑体文摘号示为《化学文摘》中首次出现的卷次和文摘号。

⑥ 与美国专利为相同专利,以美国专利为主(因为是《化学文摘》最先收到,并最先报道的专利,即用See引见到基本专利),在本期中能查到(与54/012643A_2不同的专利)。

⑦ 54/012653A_2(公开专利)为一件被参见的基本专利。早被《化学文摘》第90卷收录,文摘号为11514h。其他相同专利和相关专利紧跟在基本专利后缩进编排。

⑧ 此奥地利专利与日本专利有相关内容(即相关专利,用Related表示)。

⑨ 此法国专利是在法国批准,与日本专利有相同关系。B_1表示该专利文献是在版相同专利文献中最后收到的专利文献。

⑩ 此荷兰专利为相同专利。括号中注明非优先权国家,表示这一发明在日本申请专利后的一年以后才向荷兰申请专利,超过了规定期限,因此不享有优先权,称为"非优先权"(Nonpriority)。黑体意义与⑤相同。

⑪ 此美国专利与日本专利有接续相关内容。

⑫ 此世界知识产权组织(WO)专利与日本专利有相关内容。注明WO中登记国有巴西、瑞典(SE)及欧洲专利组织国中的德国(DE)、英国(GB)。指定国家有巴西(BR)、瑞典(SE);指定区域内的国家有欧洲专利组织中的德国(DE)、英国(GB);选定国家有巴西(BR);选定区域内的国家有欧洲专利组织中的德国(DE)。

国际和国际区域性的专利文献可以适用的那些国家,用下列术语区分:选定国家(Elected States)、选定区域内的国家(Elected Regional States)、指定国家(Designated States)、指定区域内的国家(Designated Regional States)。

(三)作者索引

从《化学文摘》创刊就有作者索引,包括某文献所有作者的姓名(含合作者)、专利申请人的姓名、专利权人的姓名。在第一作者名下列出所有合作者的姓名。用相互参照可以从合作者查到第一作者。作者索引中作者姓名的拼写按照他们在文章中发表时的拼写。

期索引中的作者索引无说明语,仅有作者姓名和文摘号,编制简单。

1. 著录格式

①Lou Z　　　②66652e　　66665m
Loudon P T　66193f
⋮
③Louisiana State University and Agricultural and Mechanical College　P 68373p
⋮

2. 注释

① 作者姓名。姓前名后,无标点符号,按字母顺序排列。姓同按名排;首母同写出全名以示区别;多名作者分别编目。例如:

Davis Douald Henry

Davis Douald Holm

Nair P Adhavon

Nair P Madhusud

② 文摘号。若第一作者有多篇文章,按文摘号由小到大排列。区别文献类型代号为B

（书）、P（专利）、R（述评）。

③ 社会团体名称（包括工业公司、专业学会、政府部门、大专院校、研究机构等）。

二、《化学文摘》的卷索引

卷索引（Volume Index）是《化学文摘》中最重要的索引，也是文献检索者使用最多的检索内容之一。卷索引是用来检索当卷各期中全部文摘的一种索引，分为卷文摘索引和卷辅助索引两大部分。

卷文摘索引的每一条索引款目中都有文摘号，用这种索引检索时可以查到当卷《化学文摘》中的有关文摘。目前出版的卷文摘索引包括化学物质索引、普通主题索引、化学式索引、作者索引和专利索引5种。最重要的卷索引应该是普通主题索引和化学物质索引。

卷辅助索引主要对卷文摘索引的使用起到辅助作用，它不直接提供文摘号，而只提供查阅卷文摘索引的有关线索，帮助读者迅速简洁地进行卷文摘索引的检索。内容包括了环系索引和杂原子索引。由于杂原子索引在实际使用中的作用不大，从75卷已经停刊。

（一）主题索引

《化学文摘》的主题索引（Subject Index）是从1907年第1卷创刊时就已经有的一种重要索引。该索引是把某一个时期内分散于《化学文摘》各期和各类目中所有出现的有关同一主题的文献，按照主题词之间的关系组成索引标题，再按照英文字母顺序编排而成的较为详细的主题索引。

凡是新化合物或旧化合物的新发展（如制备、来源、性能、用途等）都可以作为主题。它可能不是原始论文题目中的词语，而是编者把原文中某些化合物或词选出若干重要主体作为索引标题（Index heading）。当然，一篇论文的题目中可能包含主题词，甚至一篇论文题目就是主题词的罗列。例如《双酚 A 的钠盐与 4,4-二氯二苯砜缩聚反应制备聚砜》，这些就是主题。什么样的词组可以作为主题词？从化学化工专业的角度来说，可以有以下几种。

① 主题词可以是化合物。如上例中的双酚 A、4,4-二氯二苯砜、聚砜，《化学文摘》中有70%以上主题词选为化合物。

② 主题词可以是主题概念。例如"凝胶透过色谱测聚苯乙烯分子量分布"中的色谱、聚苯乙烯、分子量等。

主题词的选择原则和范围可以有以下几个方面。

① 若由 A 制备 B 时，文章重点在于研究反应，主题词往往选择反应物；若合成的是新化合物，主题词往往选择产物。

② 涉及综论，或原始论文中联系到一系列化合物（非某一特定化合物），往往不以某一具体化合物为主题词，而以所研究的这一类化合物名称为主题词。例如 CH_3COOCH_3、$CH_3COOC_2H_5$、$CH_3COOC_3H_7$ 等，可以查酯类（ester）。

③ 研究新的测定方法时涉及一些化合物，除非测得新的物质，一般不以化合物为主题词，而以新方法为主题词。

> **课堂互动 3-3**
>
> 查 C_2H_6 的氯化问题的主题词是什么？
> 主题词为 C_2H_6。因为．①氯化反应不是新反应类型；②不会产生新化合物。

思考练习 3-5

某些烷烃 CH_4、C_2H_6……的氯化反应，该课题主题词是什么？
（提示：主题词为烷烃）

课堂互动 3-4

研究聚苯乙烯的黏度的主题词可能是什么？
若为新方法，新理论　　　主题词为黏度（viscosity）
若非新方法，新理论　　　主题词为聚苯乙烯（polystyrene）
若情况不明　　　　　　　主题词为黏度或聚苯乙烯均可

主题词的选择范围主要包括以下几个方面。

① 元素和化合物名称（包括成分尚未弄清的化学物质）　例如银（silver）、苯胺（aniline）、乙烯（ethene）等。

② 反应名称　例如脱水反应（dehydration）、卤化反应（halogenation）、聚合反应（polymerization）等。

③ 物理性能　例如易燃性（inflammability）、导电性（conductivity）、延展性（ductility）、塑弹性（plastoelasticity）等。

④ 化工过程　例如洗涤（washing）、蒸馏（distillation）、加热（heating）等。

⑤ 特殊用途名称　例如润湿剂（wetting agent）、催化剂（catalyst）、表面活性剂（surfactant）等。

⑥ 仪器、设备和分析方法　例如反应器（reactor）、极谱（polarography）等。

⑦ 重要概念和理论　例如酸碱（acid-bases）、共振理论（resonance theory）、量子力学（quantum mechanics）等。

此外还包括一些生物学或矿物方面的内容。

从1972年76卷起，随着化学及化工的发展，新的化合物每年快速递增，造成了主题索引内容庞大，给检索带来困难，因而将其一分为三，变成化学物质索引和普通主题索引，另外还有"索引指南"。凡经"国际纯粹与应用化学联合会"（IUPAC）确定名称的元素、化合物及其衍生物都纳入"化学物质索引"，凡是不涉及具体化学物质的主题都编入"普通主题索引"，编入化学物质索引的具体化学物质由化学文摘社（CAS）的登录系统予以登记编号。

（二）普通主题索引

普通主题索引（GSI）包括化学物质的类别、定义不明确的材料、岩石（与特定的矿物有区别）、物理化学现象和概念、反应、化学工程和工业装置及过程、生物化学和生物学主题（特定的生化制品除外），以及动物、植物的俗名和学名等。

可以将普通主题索引分为两个类别。属于化学物质的类属（classes of chemical substances）的主题有：①空气、大气和水；②合金和水泥；③生物化学物质；④名称未定的化学元素及化合物;⑤塑料、弹性体和聚合物;⑥矿物;⑦核子和粒子物质等。属于概念性的主题(conceptual subject)有:①分析方法;②生物化学和生物学俗名;③化学和物理性能;④化学史、教育和文献工作;⑤工业化学、化学工程和设备、反应;⑥化学反应等。

普通主题索引副标题一般为不具备独立检索意义的词,也是经词表规范的词,用于对主标题进行限定、修饰、说明等。有以下几个副标题:①analysis(分析);②biological studies(生物学研究);③occurrence(存在);④preparation(制备);⑤properties(性质);⑥reaction(反应);⑦uses and miscellaneous(应用及其他)。

普通主题索引以主题编排,不是按词编排。就像原始文献中的各个化学物质的名称和结构在化学物质索引中按照精确的规则转换成唯一的索引名称一样,分散的概念、化合物类型的名称和有机物的名称尽量避免出现在普通主题索引。美国化学文摘社采用一个索引标题的词汇表,虽然不计其数,但是它们都有严格的限制。在每一种情况下,同义(或近似同义)的术语之间,只选择一个索引标题。这个索引标题表通常附在收录期限内的每一卷的卷索引中。在新的一版普通主题索引表里增加的新概念,其政策与新的化学物质索引相同,但是增加这些新的标题都是经过了仔细考虑的。

出现在普通主题索引中的标题可以是单数,也可以是复数。只要合理,在相关的领域,尽量保持一致。一般原则如下。

(1) 单数索引标题

① 没有明确定义使其看作有唯一组成的化学物质的特定材料(如 air、granite、peanut oil、petroleum、steam)。

② 动物、植物及其一部分。如 animal、bird (aves)、heart、oak、root。

③ 无形的概念、力、性质、过程等。如 density、Diels-Alder reaction、energy level、magnetic field、melting point、oxidation、separation、X-ray。

④ 某些集合术语,一般用单数,因为在复数中的意思改变了。如 coal、wood。

(2) 复数索引标题

① 化学物质的种类。如 alcohols、charge transfer complexes、copper ores、oxides (inorganic)、polyesters、peptides、psychotomimetics、pyroxene group minerals、steroids。

② 有形物质的集合,包括以用途为目的的分类,但是,动物、植物以及它们的部分除外。如 bricks、coating materials、detergents、oxidation catalysts、polyester fibers、reactors、spectrometers、textiles。

③ 在拉丁语中以复数形式出现的术语。如 atomic nuclei、bacteria (eubacteria)、spectra。

普通主题索引的著录格式为:

[1]**Amines**,[2]**analysis**
    [4]planar chromatog. for anal. of,R 47900h
    sepn. and detn. of amines by revers-phase HPLC 19169h

Amines,**biological** [2]**studies**
    antifungal compns. contg. hydrogen peroxide and amines. P 295233b

Amines,[2]**uses**
    [4.1]hardeners
        in epoxy resin compns. for transparent tough optical materials.
        [5]P 302813w

for phosphorus-modified epoxy resins for fire-resistant circuit boards. 12460n

Bitumens

[6]Bitumens of technological origin are indexed here, natural bitumens are indexed at *Native bitumens*

urethane-modified bitumen sheet material and method for protective moisture barrier, 187140f

Calcium deficiency [7] (**animal**)

see *Calcium* [7440-70-2], deficiency

Concentration [3] (**condition**)

concn. measurement app. for liqs., P 126741p

Concentration [3] (**process**)

processing and concg. fruit and vegetable juices using membrane techniques, 53630u

[7]**Cosmos**

See *Universe*

注释：

[1] 索引主标题（index heading）。用粗体字。主标题都是规范化的术语，称主题词，它可能包括带括号的术语或副标题。

[2] 索引副标题（heading subdivision）。是限定词，用逗号跟在主标题后面。

[3] 附加说明语（parenthetical term）。用粗体字放在括号中表示，跟在某些主题词后面，以区别同义或类似的主题词（例如 homonyms），或者阐明可能误解的主题词的范围。

[4] 索引修正补充（index modification）。小写字母表示，主要是进一步增加关于这篇文献主题容量的信息。

[4.1] 为了防止第一个词或词组重复，在相同的词（如 hardeners）下的内容缩进一些。

[5] 文摘号。数字部分是《化学文摘》文摘的连续编号，最后一个字母是计算机核对字母，大写字母是用于确认的文献类型，B 表示文献为书籍（包括教科书、手册和百科全书）和视听资料；P 表示专利文献；R 表示述评。

[6] 索引注释。解释使用众多标题时所采用的原则（方针）。在许多索引标题中，包括上述的 Bitumens（沥青），注解精确定义了哪些已经被收录了，哪些放在有关的标题下。具体可以参考 1999 年的索引指南（Index Guide）。

[7] 普通主题索引中的交叉参考（Cross-references）。是从 1999 年的索引指南中选出的，用来指导读者从同义词（或近似同义词）或以前用的主题标题中寻找现在有效的主题词。交叉参考的名称有时是化学物质索引的索引名称，用中括号将 CAS 注册的这些名称的序号括起来。

（三）化学物质索引

化学物质索引收录了所有特殊化合物的主题词，它们是由化学文摘社的登记系统（Registry System）予以登记的。

化学物质索引标题中包括下列内容：所有明确的元素和化合物（包括它们确定的和不确定的衍生物）；具体金属的合金；具体的矿物（不是岩石）；具体化合物的混合物和聚合物；

第三章 美国《化学文摘》的网络检索

具体的抗生素、酶、激素、蛋白质和多糖；大多数基本粒子；具有字母、数字和商品俗称的物质（而不是通常看作商品总称的少数商品）。

对于每一种具体化学物质，美国化学文摘社都给予一个特定的登记号，称为化学物质登记号（registry number）。

在普通主题索引中，所有的标题不指定具体的化学物质，包括物质的分类、没有完全定义的材料和岩石（不是具体的矿物）、应用、物理化学概念和现象、反应、工程和工业装备及工艺、生物化学和生物学主题（不是具体的生物化学品）以及动植物的俗名和学名。

在查阅本索引之前，向读者极力推荐参考 1999 年版的索引指南，以便于证实欲检索的主题词清单的有效性和完整性。索引的主体是对有效的普通主题索引的主标题按照字母顺序排列的清单（拉丁字母、生物种类和物种名称除外），对于化学物质索引和普通主题索引中标题的交叉参考、索引注释，以及对于环系的、无环系的立体母核和某些无环母体的例证性的结构示意图。化学物质索引中有两个指南附录对读者非常重要。其中附录Ⅱ讨论了该索引与《化学文摘》其他索引之间的组织关系，介绍了含有大量条款的副标题，提供了完整的副标题清单，说明了标题的排序和索引的修改情况，以及按照原始文献中的信息制定《化学文摘》索引的原则；附录Ⅳ则提供了当前 CAS 对化学物质（包括合金和混合物）提供唯一名称的全面性说明。

从第 127 卷（1997 年 7~12 月）开始，CAS 采用了 IUPAC 推荐、美国化学会命名委员会认可的 104~109 号过渡元素的名称和元素符号：104（Rutherfordium），Rf；105（Dubnium），Db；106（Seaborgium），Sg；107（Bohrium），Bh；108（Hassium），Hs；109（Meitnerium），Mt。

立体化学的描述符号从 129 卷开始被简单化了，取消了描述一个分子总的立体化学结构的单一词语。现在，立体化学术语与这部分的化学名称写在一起，这些术语通常指的是位次前简单的字母 R、S、E 和 Z。

第 129 卷显著的特点是肽的命名被修改为如下规则：

① 在缩酚酞名称术语中，非末端羟基、硫基、氢（氧）硒基、氧碲基酸残余基的氧族元素不再需要用 α 指向羰基，任何位置都符合要求。

② 现在，在 Ψ 术语中（第 126 卷中被用于某些假肽），如果提供的另一个 Ψ 残基是一个标准的手性氨基酸，甘氨酸可以被当作其中一个 Ψ 残余基之一，在 Ψ 残基术语的前面或者后面标明该氨基酸。另外，假如 CO 不被取代，Ψ 基可以成为 N—终端。或者分子中的 NH 不被取代，也可以是 C—终端。

第 129 卷的另一显著特点是，某些在先前具有配位作用或无机盐名称的化学物质，现在增加了环系化合物的名称，没有配位键和外形具有标准环状的杂原子环参见索引指南附录Ⅳ的 B 部分。

普通主题索引、化学物质索引和化学式索引的内容不仅仅由《化学文摘》文摘内容所决定。例如，一篇文摘可能通过概括或者说明性的例子，叙述一种步骤的方法、范围以及其结论，而不是对所有实验细节进行充分的讨论。这样的文摘对于评价所报道的研究是令人满意的，但是，在编制《化学文摘》卷索引时要参考原始的文章。如果报道的是化学结构或新的合成方法，或者讨论了生物行为与分子结构的关系，索引编制者要查阅这些原始文献。因此，《化学文摘》索引比《化学文摘》文摘本身要广泛得多。专利在编制索引时只要有用，均采用了其全部说明书中的内容。

《化学文摘》在索引编制中，选择了许多不同的检索途径，每一种检索途径都可以在相应的索引中找到。例如，一篇有关锗的导电性的研究报告既在"锗[7440-56-4]，性质"（Germanium [7440-5604]，properties）（化学物质索引）中报道，又编入"导电性"（Electric conductivity）（普通主题索引）索引中。新的肝脏肿瘤抑制剂不仅以独自的化合物名称出现在化学物质索引中，而且以抗癌剂和肝脏肿瘤编入普通主题索引中。

下面是化学物质索引著录格式。

[1]**Benzoic acid** [6][65-85-0]，**analysis**
  chromatog. of benzoic acid，75444t
  detn. of org. acids in food，41804d

Benzoic acid [65-85-0]，[8.1]**biological studies**
  [11]catalase inhibition by org. acids of soils，129546y
  formation of benzoic acid from toluene by Micrococcus
    rhodochrous，[12]*pr* 87310j

Benzoic acid [65-85-0]，**preparation**
  [11]prepn. of benzoic acid from fluorene by oxidn.
   [12.2]*pr* 3174g
  sepn. of benzoic acid from manufg. wastes. *pr* P 4776s

Benzoic acid [65-85-0]，**processes**
  adsorption of benzoic acid by carbon black，36100m
   38276k
  adsorption of benzoic acid by mercury，22350c
  ionization of benzoic acid in org. solvents，[12]8698r

Benzoic acid [65-85-0]，**properties**
  ion（1-）[766-76-7]，electron configuation of benzoate
  anion，16213u

Benzoic acid [65-85-0]，**reactions**
  catalysis for oxidn. of carboxylic acids，[12.3]*rct* P 120806a
  kinetics of benzoic acid reaction with hydrogen
   atoms. *rct* 2784u，3276n
  ion（1-）[766-76-7]，iron corrosion by benzoate
   anion，*rct* 106498v

Benzoic acid [65-85-0]，**uses**
  gasoline antiknock additives contg. benzoic acid.
  P 79613v

Benzoic acid [65-85-0]，**compounds**
  copper complexes；ESR of benzoic acid-copper complexes.
   42508p
aluminum salt [555-32-8]，aluminum benzoate as
  catalyst for polyester manuf.，[12.1]*cat* 116449u
compd. with cyclohexanamine（1∶1）[6.1][3129-92-8]. *pr* 44947e
  **compd. with sodium 4-methylbenzenesulfonate（1∶3），
   trihydrate** [28573-31-1]. *pr* 67167g

Benzoic acid [65-85-0], **derivatives** [8.2] (general)
  [4.2] alkyl derivs. ; redn. of alkylbenzoates, P 727k, 110864m
  chloro derivs.
    detn. of chlorobenzoates in waste gas. 55798h
    genetic control of degrdn. of chlorinated benzoic
      acids by bacteria 68236e
  derivs.：detn. of benzoic acid derivs., 137203z

Benzoic acid [65-85-0], **esters**
  esters：benzoyl esters in food packaging. R 30956v
  [4.1] **butyl ester** [136-60-7], plasticizers for vinyl
  chloride polymers. P 80259r

methyl ester [93-58-3]
  dichloism of Me benzoate. 54551k
  hydrolysis of aryl esters. rct 133359g

Benzoic acid
[1.1] —, 4-acetyl-[586-89-0], *pr* 56669d
—, 4- [(1, 5-dimethylhexyl)oxy][3]-
[5] (+)- [32619-44-6], *pr* 110964m

Chromium chloride[2] (CrCl$_2$) [10049-05-5]
  detn. of environmental pollution by chromium chloride.
84250j

Citric acid
  [14] See *1, 2, 3-Propanetricarboxylic acid, 2-hydroxy-*
  [77-92-9]

Copper
—, bis (dimethylcarbamodithioato-κS, κS′) -
(SP-4-1) - [137-29-1]
  thermal properties of complexes of copper (II) with
    dithiocarbamic acid derivs., 161022v

Copper alloy,[8.3] base
  Cu 90, Al 10 [11145-99-6]
    Copper alloys as bell components, 243981v

Kaurane ((2R, 4aR, 4bR, 8aR, 10aR, 12S) -*dodecahydro-*
  4b, 8, 8, 12-tetramethyl-1H-2, 10a-[10]
  ethanophenanthrene) [1573-40-6]

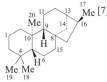

Lewisite [9] (**mineral**) [1306-02-1]
  fluorescent indicators for detection of, 3352h

Naphthalene [91-20-3]

 [7]

1-Naphthalenol[10] (*1-naphthol*) [90-15-3]

Penicillin [1406-05-9]

 Only studies of penicillins as a class are indexed at this heading. Penicillin G (benzylpenicillin) [13.1] [61-33-6] has been assumed unless otherwise specified or implied in the original document. Entries are made at the index name for that derivative.

2-Propenoic acid [79-10-7]

 Derivatives of 2-propenoic acid (acrylic acid) in which the 3-position is directly attached to a [13.2] ring (except benzene) were indexed prior to Volume 76 at conjunctive names based on the name of the ring, e.g., *2-Naphthaleneacrylic acid*. This compound is now indexed as *2-Propenoic acid, 3-(2-naphthalenyl)-*. Similarly, the compound formerly named as *2H-Pyran-3-acrylic acid, β-methyl-* is indexed at the largest acyclic acid name as *2-Butenoic acid, 3-(2H-pyran-3-yl)-*

Threonine [80-68-2]

 The L-isomer has been assumed unless otherwise specified or implied in the original document and is indexed at L-*Threonine* [72-19-5]. When synthetic threonine has been [13.3] clearly indicated in the original document, the racemate has been assumed and is indexed at this heading. These assumptions have also been made for their N- and O-substituted derivatives and for their unsubtituted, and N- and O-substituted acid derivatives (e.g., esters, hydrazides)

注释：

[1] 物质索引标题（index heading）。包括：a. 分子骨架名称，如丁烷，后面加有主要官能团（如果有的话），如—磺酸（见1999年索引指南附录Ⅳ，1 104）。b. 不表示骨架结构的官能团母体化合物，如碳酸。c. 以俗名命名的母体，如苯甲酸、苯酚、尿素，如出现有取代基时（见下文第三条），主题母体先单独印刷，取代基的名称出现在下一行的一长破折号（[1.1]）后面。

[2] 圆括号内的粗体字表示的是线型化学式。它可以区分不同的化学计量化合物对应的同一主题索引物质。

[3] 取代基以粗体字印刷（见1999年索引指南附录Ⅳ，1 104）。取代基前加一长破折号和一个逗号来代替母体化合物名称。但是，对于再分类的副标题则整个索引主题需要在每个副标题前重写一遍。

[4] 名称修饰部分提供了与主题索引有关的内容。它由此开始（或者说总体组成）：一个概括化合物名称的术语，如丁酯、离子（1—）、与乙酰胺（1∶1）组成的化合物。这些专业术语用粗体字印刷（4.1），每个术语后都有一个确切的CAS登记号。修饰化学名称的术语有一个通用形式，如"烷基衍生物"（衍生物类中的分支），或"烷基酯"，或"氯代衍生物"。没有再分类的主题用细体字印刷，并且没有登记号（4.2）。

[5] 立体化学物质通常出现在名称修饰部分里。在所有其他化学内容之后，但在细体文字修饰部分之前。

但是，对于氨基酸和糖类等主题索引，它出现在前面，如L-亮氨酸、D-葡萄糖。在副标题中，它出现在全部名称之后，如2-丁烯二酸（2Z）-［110-16-7］分析（见1999年索引指南附录Ⅳ，1 203）。

立体化学术语也出现在化学名称里面，并规定分子中的立体化学部分须在立体术语后立即接上这部分的化学名称。

[6] CAS所授予的化学物质登记号（见1999年的索引指南附录Ⅱ）出现在化学物质全称的后面。以斜体字放入方括号内，或者在索引标题或化学物质名称修饰部分后面（6.1）。CAS登记号总的用途可以参考1999年的索引指南附录Ⅱ，1 13—CAS登记号手册—号码列表（登记号顺序），从1965年开始采用的所有化学物质、它们的分子式以及《化学文摘》索引的名称均有报道。例如本例苯甲酸的登记号为：65-85-0。

[7] 在化学物质索引中，用结构图表示环系化合物，或者立体母体的分子骨架，便于说明化学物质索引中与此有关的条目。简图用取代基和立体化学展示了位置排列体系。备有结构简图给读者带来很多便利，见1999年索引指南附录Ⅱ，1 10D（出版的CAS环系手册中收录了全部的环状和笼状母体的结构简图，所有已知的环状和非环状的立体化学母体也包括在1999年索引指南中）。

[8] 化学物质索引副标题（heading subdivision）。用粗体字表示，位于标题后，用逗号分开。它主要用来使索引主题标题与所属的相关研究或官能团衍生物成为一个整体。修饰词（8.1）（见索引指南附录Ⅱ，1　10B）在化学官能团副标题或种类的前面（8.2），在金属的合金主题中，合金类有碱或非碱（8.3）。

[9] 有关母体的术语在一些主题后用粗体字印刷。这些术语用来区分有同一来源的或非常相近的主题（如同名异构），或者对那些不清楚的主题索引划定范围。

[10] 同义词在圆括号内用粗体字印刷。它为化学物质索引主题提供了常用的另外名称。

[11] 索引修饰部分或文体修饰部分。以细体字印刷，它提供了与索引主题有关的参考文献。

[12] 参考文献是一系列数字化的《化学文摘》文摘。它的特点是文献的数字部分是一个能被计算机认可的供核对的字母，有时，在参考文献前有下列标记：

B—书（包括教科书、手册和百科全书）和视听资料。

P—专利。

R—述评。

cat—标明源文献（12.1）的索引主题有催化方面的内容。

pr—标明源文献的索引主题有制备方面的内容。

rct—为反应（reaction）方面的信息。

[13] 化学物质索引中的索引注释是用来提醒使用者注意索引主题选辑中的规定。这些规定如主题内容（13.1）、命名原则（13.2）、索引设想（13.3），都予以解释。若需要这些注释中更详尽的内容，参见 1999 年索引指南简介 16。

[14] 化学物质索引中交叉的出处参见 1999 年索引指南，并规定有以下情况：

a. 系统命名法的名称与立体化学的交叉（参见 1999 年索引指南附录Ⅳ，1 202）。

如 2H-10,4a-(亚氨基桥亚乙基) 菲，1,3,4,9,10,10a-六氢化-(4aR,10R,10aR)—

见吗啡喃 [468-10-0]

b. 第 8 卷索引（1967～1971）中使用的常用俗名主题与目前使用的系统命名法名称的交叉。

如马来酸

见 2-丁烯二酸（2Z）-[110-16-7]

c. 副主题的交叉，这些主题包含的术语在索引修饰部分，但没有按照正常的顺序。

如硫酸，化合物

二钾化合物　盐

见副主题　硫酸

二钾盐 [7778-80-5]

可在硫酸的主题下面找到。

（四）作者索引

1. 概述

基本情况在期作者索引中已有说明。卷作者索引中不但有作者姓名和文摘号，还有题目。题目仅在第一作者名下，其余作者后为"See 第一作者姓名"。累积索引同卷索引。

2. 著录格式

①**Smith. Abraham**

②Determination of purity by thermal analysis, ③7950t

Smith. Arthur B

④—; Thomas. F. ; Nimitz. W. A.

Binding energies and the bach. 82415a

Beta emission and the bach. 92029s

Smithies. A. C. ⑤See Shimmins. J.

⑥Smith Kline and French Laboratories

Hypotensive composition. P 17985x

Smithson. J. R.

Removal of thiophere from benzens. 30135f

⋮

注释：

① 作者姓名（author name）。姓前名后，姓名之间用逗号隔开，黑体字表示。按字母顺序排列（姓同按名排；首母同写出全名以示区别；多名作者分别编目）。例如：

Davis Douald Henry

Davis Douald Holm

Nair P Adhavon
Nair P Madhusud

② 原始文献（论文和专利）的题目（titles of the original papers and patents）。紧跟在第一作者名字下面。每篇文献占一行，顺序与本卷《化学文摘》中出现的顺序同。

③ 文摘号。若第一作者有多篇文章，按文摘号由小到大排列。区别文献类型代号为 B（书）、P（专利）、R（述评）。

④ 长破折号（the long dash）代替第一作者的姓名（当一篇文献摘要列出有多名作者），以下分别为其他作者姓名。

⑤ 交叉参照项，该作者为合著者（coauthor），后面引见第一作者姓名。

⑥ 社会团体名称（Corporate author names）。包括工业公司、专业学会、政府部门、大专院校、研究机构、专利受让人等。

团体名称前的第一个"The"在作者索引中不用。例如，"The Regents of the University of California"出现在作者索引的字母序中时为"Regents of the University of California"。

（五）化学式索引

化学式是化学物质不变的一种表达方法，提供了一个迅速找到有关化合物的文献的方法，其主要特点是以化学物质的希尔系统（Hill System）化学式作为检索标识。化学式索引有以下几点规律。

① 化合物按照结构式先列出各种元素的原子数目，再查化学式索引。

② 无机物化学式按照字母顺序排列。如 H_2SO_4 排成 H_2O_4S，Na_2CO_3 排成 CNa_2O_3。

③ 有机物化学式排列顺序先为 C 和 H，按照原子数目编排，其他元素按照字母顺序及原子数目编排。如 CH_2O、CH_2O_2、CH_2O_2S、CH_2O_3。

④ 一个化学式代表多种化合物时，各同分异构体的名称按照名称母体的字母顺序编排，取代基后面加一横线，排在母体之后。

⑤ 化合物名称后有说明语时，应合并确定化学式。

⑥ 结晶水不列入化学式索引中计算，只在名称中提及。

⑦ 化学式索引中的化学式有时代表化合物组成元素的总和，有时仅代表化合物的母体或其组成部分，通常在化学式下面用"与……成盐"（salt with）或"与……成化合物"（compd. with）进一步说明。一般规则是：以共价键结合的衍生物组分的原子计入总分子式；酸、醇、胺的金属盐中的金属原子、碱基母体盐中的酸不计入总化学式；共聚化合物或分子加合物排在其单体或反应物的分子式下面；离子配位化合物分别著录在组成它的阴离子和阳离子的化学式下面。

⑧ 简单或普通的化合物，只在化学式下告知"See Chemical Substance Index"。

⑨ 原始文献中只有化学式，无完整名称或结构式的化合物，化学物质索引不予著录，但列入化学式索引。在化学式项下，标着 Compd.，并告知物理常数。

化学式索引著录格式如下：

① C_4H_2O

② Butanal ③ [123-72-8]，④ See Chemical Substance Index

⑤ Homoplymer [27789-14-6]，⑥ 148381a

……

注释：①化学式；②母体化合物；③CAS 登记号；④参见项；⑤说明语；⑥文摘号。

(六)登记号索引(Registry Number Index)

CAS给予每一种化学成分或结构确定的物质一个唯一的登记号(不同的异构体也各自有号),每天大约新增加4000个CAS登记号(图3-1)。一种物质往往有几个名称,但只有一个登记号。例如:双醋酸(diacetic acid)和丁酸(butanoic acid),其名称虽然不同,但只有一个登记号[541-50-4]。登记号索引按照号码由小到大顺序编排,该索引不提供文摘号,不能单独使用,必须与化学物质索引或化学式索引配合使用,具有指导作用。其格式如下:

图3-1 CAS公布化合物数量对比图

[10043-92-2]①   Radon②   Rn③
[10043-52-4]   Calcium   CaCl$_2$
[10294-56-1]   Phosphorous acid   H$_3$O$_3$P
[1585-07-5]   Benzene,1-bromo-4-ethyl   C$_8$H$_9$Br

注释:①CAS登记号(黑体字);②《化学文摘》索引选用的化学物质名称;③化学式(简式)。

登记号索引的主要用途有:
① 根据CAS登记号查出化学物质在《化学文摘》索引中的名称,然后再查阅化学物质索引;
② 许多天然产物都是结构复杂、名称冗长的化合物,这时可用该索引查出其化学式,再查阅化学式索引;
③ 使用计算机检索有关化合物的文献资料时,用它的CAS登记号检索比用化学物质名称更准确、方便。

(七)其他索引

其他还有环系索引和杂原子关联索引(Hetero-Atom-in-Context Index)等。

三、《化学文摘》的累积索引

累积索引是一种综合性的多卷索引的累积,索引内容及编排格式与卷索引大致相同。它是对《化学文摘》进行倒查检索的最好工具,能帮助检索者尽快了解某学科或某一专题在一定时间范围内的发展情况。其中1907~1956年每10年累积1次,从1957年以后每5年累积1次,查阅1本累积索引相当于查阅10本卷索引。2001~2005年出版的累积索引为第15次。

四、《化学文摘》资料来源索引

(一)概述

美国化学文摘社为了节省字数,将《化学文摘》所摘录的刊物或图书名称以缩写形式表示。名称中的介词(如of、in、for、to等)和冠词(如the)一律省去,并对五十余种非拉丁语系统的杂志名称都音译为英文名称,也采用缩写形式表示。这样读者对不大熟悉的杂志,要想看一下原始文章是有一些困难的。为便于读者了解《化学文摘》所摘录的杂志名称,在《化学文摘》第66卷以前的一些卷号中刊载了摘录期刊一览表(List of periodical

第三章 美国《化学文摘》的网络检索

Abstracted），放在全卷专利号索引或作者索引后边。刊有这种一览表的卷号有 14、16、20、25、30、40、45、50、55、57、59、61、63、66。表中列出杂志的缩写和全称、现期卷号、发行机构、每期定价、出版地址及国别等。其中第 55 卷的内容较多，它在作者索引后列出 8000 余种经常录用的刊物。

期刊一览表中所列期刊名称内，粗黑体部分代表《化学文摘》中用的缩写名，细体字部分为缩写后的剩余部分。例如，文摘中以 J. Am. Chem. Soc. 代表《美国化学会志》，期刊表中写为：

①**Journal of the American Chemical Society**,. ②the Sm ③83 ④**Am. Chem. Soc.** ⑤1, 2, 2A, 3, 5, 6, 7⋯

注释：

① 杂志全称，黑体字为缩写部分。②期刊间隔时间。本例为半月刊。③现期卷号。本例为 83 卷。④发行机构。本例为美国化学会。⑤藏有本杂志的图书馆代号。

1970 年，化学文摘社独立出版《化学文摘社资料来源索引》（*Chemical Abstracts Service Source Index*，CASSI）。出版了包括了 1907～1969 年的各期美国化学文摘摘录期刊一览表，著录项目有原刊的缩写和全称、出版文种、初刊和现期的卷号和年份、价格、出版机构、各大图书馆统一编目名称及各图书馆馆藏情况等。

每次累积本出版后，在每季度出季刊补充本（CASSI Quarterly Supplement），报道每季度内《化学文摘》引用刊物的变化情况，主要内容是从《化学文摘》双号期的摘用刊名变更表上收集的。每年第四季度出的补充本，包括该年前三季度补充本的内容。CASSI 出版时间及范围见表 3-8。

（二）CASSI 的内容

CASSI 内容可以分为两个部分。

1. 查阅说明，编制原则，各类缩写及全称

《化学文摘》在累积期内，收录的全部刊名缩写和全称以及国家、城市、货币、语言、机构等缩写和全称；出版文种，刊物创刊和现刊卷号、年份、刊物沿革（改名、改期、停刊、复刊等）、价格、出版社名称、地址及收藏单位。列出世界上主要国家的大型图书馆的代号、地址和收藏情况；还有世界上主要国家专利文献出版情况的介绍。

此外，《化学文摘》还根据一年内摘录各种期刊的文献数量多少排定了 1000 种杂志名称顺序表（List of 1000 Journal Most Frequently Cited in Chemical Abstracts）。

2. 收录刊物部分正文

它按出版物全称的字母顺序编排，其中黑体字为文摘中的缩写部分，后列出出版物的历史和收藏单位等。查阅时可按《化学文摘》中出版物的缩写名称字顺和 CASSI 中黑体字部分相对应进行比较，查出全称。介词、冠词、连词不列入比较范围。

（三）著录格式（以期刊为例）

1. 现期期刊

①**Wuli Xuebao.** ②**WLHPAR** ③**ISSN**1000-3290. ④（Journal of physics）⑤（Supersedes Zhongguo Wulixue）⑥In Ch；Ch，Eng sum；Eng tc. ⑦v1 n1 Feb.，1953- v22 n9 Sept.，1966；v23 n1 Jan.，1974＋ ⑧［Susp Oc 1966-73］. ⑨m. ⑩**37 1988.** ⑪China Int. Book Corp. ⑫WU LI HSUEH PAO. PEIKING.

⑬ Doc Supplier：CAS

⑭ AzTeS 1974+；……

注释：

① 刊名全称及出版机关的 ISO 缩略名称，用黑体字表示出简称（本例无简称）。本例为《物理学报》。CASSI 对出版物名称的表示方法为：拉丁语系用原文表示，中文、日文、俄文等刊名用音译的拉丁字母表示；刊名的缩写部分用黑体字，其余部分用浅体字。本例为中文期刊，且刊名短，因此未用缩写，全部用黑体字，是音译全称。

② ASTM 采用的刊名代号，用六个字母表示。前四个为刊名缩写，第五个字规定为 A，第六个字为计算机核对字母。故称"ASTM CODE"（ASTM：American Society for Testing and Materials，美国试验与材料学会）。

③ 国际标准期刊编号。

④ 刊名的外国文种译名。除法、德、拉丁、西班牙文外，其余均用英文译名。

⑤ 已废除的曾用名（supersede）。

⑥ 刊物文种、摘要（Summary）文种及目录（table of contents）文种。

⑦ 出版历史。包括初刊和停刊的卷（V）期（n），ns 为同卷中的全部期号。1974+ 表示从该年起全部有出版。

⑧ 已停刊用 Disc.（discontinued）表示，中断刊用 Susp.（suspended）表示。

⑨ 出版周期（月刊）。

⑩ 最近卷-年对照，37 卷/1988 年。

⑪ 出版单位（或资料来源单位）地址或缩略名。本例为中国国际图书贸易公司。缩略名称可以在 Dictionary of Pulishers and Sales Agencies 项下查到。

⑫ 根据 ALA/AACR 规定该刊的统一编目刊名，用大写印刷体表示。ALA 及 AACR 分别为美国图书馆协会（American Library Association）及英美编目规则的缩略字母。

⑬ 原始资料提供单位代号。可在 Dictionary of Publishers and Sales Agencies 后面的 From Document Suppliers a 项下查到。例如 CAS（Chemical Abstracts Service）表示美国化学文摘社。

⑭ 馆藏情况。图书馆代号后为收藏情况。图书馆代号在 CASSI 卷首的图书馆指南（Directory of Participating Libraries）项下查找。馆名代号后的年份，如 IU 1953-1955、1960-1961、1963+，表示该馆 1953~1955 年、1960~1961 年和 1963 年以后至今均有馆藏，缺 1956~1959 年和 1962 年的馆藏。馆名代号后无年份，表示有全套馆藏。

美国各图书馆名前有所在州缩写，各州按州名首字字顺排列，州内按馆名首字字顺排。其他国家的图书馆按国名及馆名字顺依次排列。例如 AzTeS 为：

Arizona State University Library Tempe，AZ85281（亚利桑那州从 1974 年以来均有）

2. 改名期刊（changed title serial）

① **Feed Bag mag**azine. ② FEBAAM ③ ISSN 0097-3343（Absorbed Flour Feed）④ [Title Varies：Feed Bag.] ⑤ In Eng. ⑥ v1 Ap，1925-v46 Mr. 1970.

⑦ FEED BAG MAGAZINE. MIL WAUKEE. ⑧ Changed to **Feed Ind.**，Which see. ⑨ AzTes 1953-1970；DLC 1925-1932；DNAL；IU 1936-1938；…

注释：

① 出版物全称（用黑体字标出简称）。

② 刊名代号，同上。
③ 国际标准期刊号。
④ 该刊的前刊名，刊名变化情况。
⑤ 文种。本例为英文。
⑥ 刊物出版历史。
⑦ 根据美国图书馆协会著录规则编制的刊物标题。
⑧ 改名后的刊名。说明欲查改变后的刊名，Which see 系指要查改名后杂志的馆藏，可在 CASSI 上该刊全名项下去查，否则将列全名，即按 Feed Ind. 的名称查找。
⑨ 馆藏情况。

3. 停刊期刊 (Discontinued Serial)

①Food Materials and Equipment. ②FMIEAA. ③ISSN 0097-1980. ④[Title Varies Slighyly] ⑤In Eng. ⑥v1 Mr 15, 1941-v8, n1 Ja, 1948. ⑦[Susp Ap, 1941-S, 1948. Disc.] ⑧FOOD MATERIALS AND EQUIPMENT. NEW YORK. ⑨DLC；DNAL；MiD 1942-1948；MOS 1941，1942-1948；…

注释：
① 出版物全称。
② 刊名代号。
③ 国际标准刊号。
④ 刊名变化情况。
⑤ 文种。
⑥ 刊物出版历史。
⑦ 停刊 (Disc：discontinued)。
⑧ 根据美国图书馆协会著录规则编制的刊物标题。
⑨ 馆藏情况。

第七节 《化学文摘》检索实例

《化学文摘》纸质文摘 [图 3-2（a）] 是一种索引体系比较完整的文摘刊物，为读者查阅文献资料提供了多种检索途径，如图 3-2（b）的 131 卷普通主题索引（General Subject Index），使读者可以从各种不同的角度出发检索到自己所需的资料。

1995 年，CAS（http：//www.cas.org）推出网络版化学资料电子数据库 SciFinder，现在已经成为世界上最大、最全面的化学和科学信息数据库。针对不同的客户需求，分成商业版 SciFinder 和学术版 SciFinder Scholar 两个版本。SciFinder Scholar 于 1998 年特别为学术研究单位而推出，它囊括了美国《化学文摘》1907 年创刊以来的所有期刊文献和专利摘要，整合了 Medline 医学数据库、欧洲和美国等多家专利机构的全文专利资料等。其强大的检索功能最大限度地满足了相关领域科研人员对科技信息的需求，使他们能进行更全面、更准确、更迅速、更有效率的科学研究。SciFinder Scholar 主要包括 CAplus、CAS REGISTRY、MEDLINE、CASREACT、CHEMLIST 和 CHEMCAT 等数据库。

《化学文摘》网络资源更新周期短，检索效率快捷、高效，主界面见图 3-3，同时还提供相应的中文网站，以备使用。网络版 SciFinder Scholar 最大的特点在于，可以对检索结果进行分析、排序和二次数据库检索，这就使得研究者不再需要如同光盘版《化学文摘》中那样，为了避免检索结果的遗漏，需要制定一个精巧复杂的高级检索策略，而可以以一个比较宽泛的检索词入手，通过对检索结果的分析和限定，层层推进，最终找到最合适的检索结果。

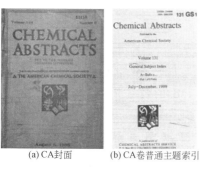

图 3-2　《化学文摘》纸质文摘

图 3-3　《化学文摘》网站主界面

此外，SciFinder Scholar 还有多种先进的检索方式，如化学结构式（其中的亚结构模组对研发工作很有帮助）和化学反应式检索等，这些功能是《化学文摘》光盘版中所没有的（高级检索界面见图 3-4）。它还可以通过 eScience 服务选择 Google、Chemindustry.com、ChemGuide 等检索引擎进一步链接相关网络资源，或通过 ChemPort 链接查询到的期刊或专利全文。通过其强大的检索和服务功能可以了解到最新的科研动态，帮助确认最佳的资源投入和研究方向。

图 3-4　《化学文摘》数据库高级检索界面

使用任何一种 CAS 的网络产品，都能方便快捷地链接至数千个电子版期刊和专利，可以链接到早至 19 世纪下半叶初的参考资料引文，链接到多家 STM 出版商和多种独有期刊，链接到多家主要专利机构的专利全文，可以通过 SciFinder 或者 STN 访问 CAS 数据库。

一、《化学文摘》索引的查阅原则

① 查阅近期《化学文摘》时，应先查关键词索引，它能集中提供某一专题的多方面的资料；作者索引比其他索引都要简便，无论查阅近期、远期，若了解有声望的对口专业的企业或专家的名称，首先用作者索引最有效；为了防止遗漏，也可以从有关的大类（如单元操作与工艺过程可以查阅 48 大类，无机化学可以查阅 78 大类）逐条查阅。

② 系统检索某一时期的资料，有累积索引的先从累积索引查起，无累积索引的则用卷索引，无卷索引的再用期索引。同时，要用由近到远的倒查法，因为新索引中往往包含老的资料，尤其是专利系列文献。最好查到早期的述评性文献与专著，借以了解早期文献的概貌，既能抓住重点，又能节省时间。累积索引文献集中，可以节省时间，但常有遗漏，不如卷索引全面。

③ 在各种索引中，化学物质索引、普通主题索引和关键词索引最重要。使用时必须能够找到最佳的检索点，必要时要借助索引指南和资料来源索引。

④ 如果已经知道化学物质的登记号，应先查登记号索引，确定该化合物在《化学文摘》中的命名和化学式，再去查化学物质索引或化学式索引。

⑤ 化学式索引比较简便，如能正确写出某复杂化合物的化学式，则应使用化学式索引

查找文献。但是，化学式索引著录简单，不便筛选，因此，通过化学式索引掌握主题名称后，改用化学物质索引更好。

⑥ 环系索引是主题索引的辅助工具，杂原子关联索引是化学式索引的辅助工具，登记号索引同时是主题索引和化学式索引的辅助工具，要充分运用这些辅助索引来提高检索的效率。

⑦ 已知某专题的专利号和国别，查找专利索引非常简便。为了找到熟悉的文种和本地馆藏情况，要选择好文种和馆藏。

⑧ 当所查文献内容不能满足要求时，可通过资料来源索引或其季度增刊，进一步查找原始文献的刊名、会议录或专题文集的名称和馆藏。

二、《化学文摘》的检索途径

1. 按照内容分类途径检索

《化学文摘》文摘是按照内容分类编排的，每期文摘正文前面附有"目次表"。在检索文献时，首先根据所查课题的学科性质，决定其相应的《化学文摘》类目；然后根据类目右侧的文摘号查得该文摘的起始位置，即可逐条阅读有关文摘，判断文献的参考价值，决定取舍；最后索取原始文献。该法多用于按照某专业或某课题的需要进行文献普查。

2. 按照各种索引途径检索

从使用的角度可以将《化学文摘》的索引分为主题索引、补充索引、辅助索引和工具索引4种类型。

（1）主题索引　包括关键词索引、化学物质索引和普通主题索引。通过这类索引可以直接查到文摘号，进而查到文献题目、内容摘要和文献出处等。检索比较方便，效率比较高。是《化学文摘》检索的主体，也是读者最常用的方法。一个课题可从不同的角度检索，如"表面活性剂烷基苯磺酸钠的应用"，既可从物质角度用化学物质索引检索ABS（Surfactant）下的钠盐，又可用普通主题索引检索"磺酸盐类""表面活性剂"。对于未知名称的新化合物或结构非常复杂的物质，可根据用途检索，如N-月桂酰-β-丙氨酸，它的唯一用途是生物表面活性剂，可用"生物表面活性剂"（biosurfactants）作为主题词检索。

（2）补充索引　包括化学式索引、环系索引、杂原子关联索引和登记号索引。这类索引一般不附文摘号，不能用来直接查阅文献内容摘要，其作用是用来从不同角度查找到化合物的准确名称，然后利用化学物质索引继续查找。因此它是配合主题索引使用的补充索引。

（3）辅助索引　包括作者索引、专利号索引和专利索引。这类索引虽然在作者姓名和专利号后附有文摘号，可以直接用来查找文摘。但是，利用这类索引必须首先掌握文献的作者姓名和专利号等，因此不能作为《化学文摘》的主要索引工具，只能作为辅助索引。

（4）工具索引　包括索引指南和资料来源索引。索引指南是指导读者使用《化学文摘》索引的工具，资料来源索引是供读者查找出版物全称的工具。

综上所述，《化学文摘》的检索途径主要有以下几种：

① 关键词途径：关键词→该期末关键词索引→文摘。
② 化学物质索引：化学物质名称→化学物质索引→文摘。
③ 普通主题索引：普通主题词→普通主题索引→文摘。
④ 作者索引：作者姓名→作者索引→文摘。

⑤ 专利号索引：专利号→专利索引→文摘。
⑥ 化学式索引：化学式→化学式索引→化学物质名称→化学物质索引→文摘。
⑦ 环系索引：环化合物→环系索引→索引指南→化学物质名称→化学物质索引→文摘。
⑧ 登记号索引：登记号→登记号索引→化学物质名称→化学物质索引→文摘。
查阅到文摘后的共同途径为：文摘→CAS资料来源索引→原始文献。
整个检索流程可简化为如图3-5表示。

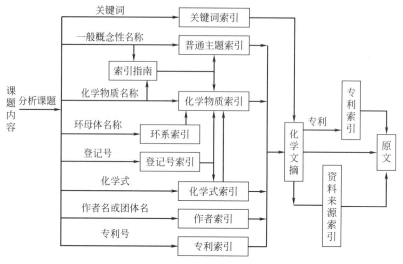

图3-5 《化学文摘》文献检索流程简图

三、《化学文摘》的检索步骤

一般来说，《化学文摘》的检索过程可以分为以下五步。

① 研究课题，确定检索途径。可以从许多不同的途径进入检索。一般是首先确定主题词，并将其翻译成英文。若知道化学物质名称，则将其译成英文。

② 检索卷索引中的普通主题索引和期索引中的关键词索引，根据说明语，从中选取有关文摘的文摘号。若已知化学物质名称，可以从卷索引中的化学物质索引进入检索。

③ 根据文摘号查阅文摘，并决定取舍。

④ 若需要查找原文，则借助《化学文摘》的资料来源索引查找原始文献。

⑤ 认真阅读原文。

四、《化学文摘》纸质文献的检索

>>> **课堂互动 3-5**

某酒厂生产的葡萄酒受热易变质，所以销路不好。经分析测定发现这是由酒中的蛋白质热分解造成的。据了解国外最近正在进行这方面的研究工作。如何用关键词索引从第106卷第21期中查找有关资料。

第三章 美国《化学文摘》的网络检索

(1) 确定关键词并译成英文：葡萄酒→wine；蛋白质→protein。

(2) 查找关键词索引，从中选取有关文献的文摘号。从"Vol.106，No.21"中查找，在关键词索引中查得：

protein

　　wine heat unstable　　174618e

　　⋮

以及

wine

　　protein heat unstable　　174618e

选取的文摘号相同。

(3) 根据文摘号查阅文摘，并决定取舍。从该期文摘部分查到文摘号为174618e的文摘：

106：174618e Heat-unstable proteins in wine. I. Characterization and removal by bentonite fining and heat treatment. Hsu, Juinn Chin; Heatherbell, David A. (Dep. Food Sci. Technol., Oregon State Univ., Corvallis. OR 97331 USA). Am. J. Enol. Vitic. 1987, 38 (1), 11-16 (Eng). The effect……（葡萄酒中蛋白质的热不稳定性。I. 通过精制膨润土和热处理进行改性和祛除。美国俄勒冈州立大学食品科学与工艺系。）

文摘内容符合课题需要。

(4) 查找原始文献。若就近可以找到原始文献，即可进行工作。若为外文文献，则根据刊名缩写，从CASSI的累积本中查找。

①American Journal of Enology and Viticulture. ②AJEVAC. ③ISSN0002-9254 ④(Formerly Am. J. Enol.). ⑤In Eng; Eng sum. ⑥v10 n1 Ja/Mr, 1959＋. ⑦q 29 1978. ⑧American Society of Enologists. PO Box 411. Davis, Calif　95616.

⑨AMERICAN JOURNAL OF ENOLOGY AND VITICULTURE. DAVIS, CALIF.

⑩Doc. Supplier：OATS

⑪AAP 1976＋；AzU……

注释：

①刊物名称（美国葡萄酒酿造学和葡萄栽培杂志）。②刊物代号。③国际标准期刊编号。④刊名的英文译名或原刊名（原名为美国葡萄酒酿造学）。⑤论文、摘要和目录的文种。⑥出版历史，1959年的1～3月出版了第10卷第1期，然后连续出版。⑦到1978年为第29卷，季刊。⑧出版社地址，全名见卷首的出版社和书店指南。此例为美国葡萄酒酿造专家协会（加利福尼亚的大威市）。⑨编目刊名。⑩原始资料提供单位的代号。在 Directory of Publishers and Sales Agencies 后面的 From Document Suppliers 项下可查到。⑪文献馆藏单位。

AAP：Ralph Brown Dranghon Library

Auburn University

Auburn AL 36830　（阿拉巴马州澳本大学）

AzU：Arizona　University（亚利桑那州立大学）

有了刊物全名，则可使用"中西俄日期刊联合目录"，查找该刊在我国的收藏单位，索取原始文献，借阅或复制。若"联合目录"中未收藏，则向该刊在外国的收藏部门索取原始文献，可按该刊出版社地址函购副本。同时，也可以向文献提供部门（OATS）或文献收藏部门（AAP等图书馆，AAP从1976年开始收藏）函购副本。

（5）认真阅读原始文献。

思考练习 3-6

《化学文摘》的107卷第25期检索"改性脲醛树脂胶黏剂的合成"课题主题词有哪些，检索结果如何？

（提示：Modified urea-formaldehyde resin adlhesive；synthetic。）

课堂互动 3-6

由日本专利号9271443，查阅其英文摘要和英文的专利说明书。

① 这是有专利号的专利文献检索，比较简单。《化学文摘》专利索引中的日本专利，从1989年开始是按照平成年号表示专利号排序的，因此，需将公元年转换成平成年号（公元年号后面两位数减去88），92 71443→04/71443。

② 查阅1992年及其以后的卷专利索引，在日本的国家代码JP名下，按照专利号的顺序查找，结果在Vol. 117中查到：

JP
⋮
04/071443 A2 ［9271443］   117：6656z
　　　　CN 1057969A
　　　　US 5116661A
⋮

③ 由文摘号可以查到相应的英文文摘。

117：6656z Drip-absorption sheet for packaging materials. Matsubara, Mamoru (Showa Denko K. K.) Jpn. Kokai Tokkyo Kopo JP 04 71，443 ［9271，443］（CI. A23B4/03），06 Mar 1992，Appl. 90/182，086，10 Jul 1990；6pp. The disposable drip-absorption sheet is prepd. by laminating granular or powd. sugars between semipermeable or porous water-absorbing sheet. The disposable drip-absorption sheet is free of environmental hazard and low in cost.

④ 由于中国和美国有相同专利，可以分别得到中文专利说明书和英文专利说明书。

⑤ 阅读专利说明书。

第三章 美国《化学文摘》的网络检索

> **思考练习 3-7**

《化学文摘》的第 131 卷检索"US 2345567"内容是什么,其各相关专利有哪些?其中有中国专利吗?

> **课堂互动 3-7**

超滤膜法从茶叶中萃取茶多酚的研究。茶多酚是一种比较好的抗氧化剂,在食品工业中具有广泛的应用前景,利用超滤技术可以从茶叶中对其进行萃取,利用 1999 年第 130 卷普通主题索引(GSI)查找国内有关方面的研究论文。

① 分析研究课题,确定主题词为:超滤(ultrafiltration)、茶叶(tea leaves)等。

② 根据主题词查找 1999 年 Vol.130 的卷索引中的普通主题索引(GSI),可以得到:

⋮

Tea leaves

⋮

element anal. and element speciation of Chinese teas and their infusions with special consideration of selenium,13310d

extn. of tea polyphenols from tea leaves by ultrafiltration,266526x

⋮

⋮

ultrafiltration

⋮

extn. of tea polyphenols from tea leaves by ultrafiltration,266526x

filtration processing and viral clearance of pharmaceutical prepn. of Igs,P 301674t

⋮

通过检索可以确定 266526x 为所需要的论文资料。

③ 根据文摘号查阅文摘,并决定取舍。

130:266526x Extraction of tea polyphenols(TP) from tea leaves by ultrafiltration. Wei,Zhenshu;Qi,Bingjian;Jiang,Yuanli (Chemical Engineering Department,Zhongzhou Univ.,Zhengzhou,Peop. Rep. China 450005). Zhengzhou Liangshi Xueyuan Xuebao 1998,19(4),76-79,84(Ch) Zhengzhou Liangshi Xueyuan Xuebao Bianjibu. Ultrafiltration was used to ext. the tea polyphenols from tea leaves. The operational conditions are correspondingly studied and the optimal conditions are recorded.

本文题目为"超滤膜法从茶叶中提取茶多酚的研究",符合查找文献的要求。

④ 索取原始文献。论文发表在《郑州粮食学院学报》(中文食品类核心期刊) 1998 年第 19 卷第 4 期上,由于是国内粮油食品类核心期刊,因此,在国内一般的图书馆和资料室均可找到。

⑤ 认真阅读原始文献。如果知道某机构的某研究人员正在从事这方面的研究,可以从作者索引查找到所需的文献。例如查找"魏振枢"。

在 CA 1999 年第 130 卷的卷索引中作者索引查找"Wei, Zhenshu"。

⋮

Wei, Zhenquis See Wang, Changshun
Wei, Zhenshu
—, Qi, Bingjian; Jiang, Yuanli
Extraction of tea polyphenols (TP) from tea leaves by
Ultrafiltration, 266526x
Wei, Zhenxing See Lu, fuyun

⋮

同样可以查到所需的文献资料。

课堂互动 3-8

利用《化学文摘》的 1999 年第 130 卷"化学物质索引"(CSI)查找水果储存中,有关壳聚糖作为抗真菌方面的文献资料。

① 确定化学物质为:壳聚糖 (chitosan, polyglusan)。
② 查找《化学文摘》的化学物质索引中的 chitosan (polyglusan)(壳聚糖)

⋮

chitosan (polyglusan) [9012-76-4]

⋮

antifungal effects of chitosan coating on fresh
strawberries and raspberries during storage,
152817n

⋮

③ 根据文摘号查找文摘。

130: 152817n Antifungal effects of chitosan coating on fresh strawberries and raspberries during storage. Zhang, Donglin; Quantick, Peter C (Food Research centre, University of Lincolnshire and Humberside, North East Lincolnshire, UK DN34 5AA). J. Hortic. Sci. Biotechnol. 1998, 73 (6), 763-767 (Eng), Headley Brothers Ltd. The effects of chitosan coatings (1.0% and 2.0% wt./vol.) in controlling…

④ 利用 CASSI 的 part 1 中的 A-L 查找：

J. Hortic. Sci. Biotechnol. 的全称为 Journal Horticultural Science Biotechnology。

利用计算机检索技术查找国内馆藏情况。

进入中国科技网址：http：//www. las. ac. cnu。

进入"中西日俄文期刊联合目录"的"简单检索"，选择"西文库"的"刊名关键词"，键入"Biotechnol."，确定后，共有 92 条记录，在第 89 条中可以查得：

The Journal of Horticultural Science & Biotechnology（刊名）

责任者或出版者：Headley Brothers Ltd.

出版年：1998-

点击后会出现以下有关信息：

题名：The Journal of Horticultural Science & Biotechnology（刊名）

卷期年代：Vol. 73；No. 1（Jan. 1998）-

出版国：英国

出版发行项：Ashford，Kent，England：Headley Brothers Ltd.，1998-

正文语言：英语

出版频率：6 issus yearly

中图分类号：S6；Q81

科图分类号：67；58.2

ISSN 号：1462-0316

CODEN：JHSBFA

原版刊号：670C002

与其他刊物关系：继承《Journal of Horticultural Science》

收藏单位代码：042001　Vol. 73-　1998-

　　　　　　　044006　Vol. 73-　1998-

　　　　　　　……

（点击任意收藏单位代码后，会提供收藏单位信息），例如：

042001　湖北省图书馆 网址：http：//hblibrary. wh. hb. cn

⑤ 阅读原始文献，并决定取舍。

思考练习 3-8

《化学文摘》的第 131 卷检索"US 2345567"内容是什么，与之相关的专利有哪些？其中有中国专利吗？

五、SciFinder 文献检索

美国《化学文摘》的网络检索主要是 SciFinder ［https：//scifinder. cas. org，图 3-6（a）］，SciFinder 的"Explore"检索项目主要有"REFERENCES""SUBSTANCES"和"REAC-

TIONS"三种。"REFERENCES"包含有研究主题(research topic)、作者姓名(author name)、公司名称(company name)(包括高等院校名称)、文献标识符(document identifier)、期刊(journal)、专利(patent)、标签(tags)等;"SUBSTANCES"包含有化学结构(chemical structure)、分子式(molecular formula)、性质(property)以及物质标识符(substance identifier)等;另外还有"REACTIONS"。

"Saved Searches"栏目可以对检索内容进行保存,另外还有一个"SciPlanner"栏目[图3-6(b)]。

检索方式有主题检索和高级检索[图3-6(c)],高级检索类目有:①出版年份(publication years);②文献类型有传记(biography)、历史(historical)、书籍(book)、期刊(journal)、临床试验(clinical trial)、信笺(letter)、评论(commentary)、专利(patent)、会议录(conference)、提前出版(preprint)、学术演讲(dissertation)、报告(report)、社论(editorial)、述评(review)等;③涉及的语言有中文、日文、英文、波兰语、法语、俄语、德语、西班牙语和意大利语等;④作者姓名;⑤公司名称。

图 3-6 《化学文摘》的 SciFinder 数据库

美国《化学文摘》的 SciFinder 网络检索可以对检索内容进行二次检索,选择"Refine"在"Refine by"中限定不同的条件下在进行比较精细的检索。同时还可以通过"Link to Other Sources"得到相关页面,在该页面中选择点击蓝色的 HTML,出现文献的全文内容而得到全文(《化学文摘》存有全文的期刊均可得到)。

美国《化学文摘》的 SciFinder 网络检索中对"Author Name"的检索中,给出三个对话框"Last Name""First"和"Middle",对于中国人名来说,"Last Name"是"姓","First"是名字,这样的填法会产生系列作者供选择[图3-7(a)];同时也可以把中国人的姓名全部填入"Last Name"对话框中,最终结果命中率比较高也可能具有唯一性[图3-7(b)]。

图 3-7 SciFinder 作者检索入口表示法

第三章 美国《化学文摘》的网络检索

1. 作者检索

《化学文摘》检索中的作者检索如果把作者姓名全部填在"Last Name"对话框中,则要求姓在前,名在后,两者之间应该有",",而且要有空格,输入时没有大小写之分。

课堂互动 3-9

利用《化学文摘》的 SciFinder 查找作者魏振枢(wei, zhenshu)的文献资料。

① 确定检索项为作者姓名"wei, zhenshu"。

② 登录 SciFinder,点击"Explore"下拉,在"REFERENCES"中选中"Author Name",在有对话框中填入"wei, zhenshu",点击"Search"[图 3-7(b)]。

③ 得到图 3-8(a),共有 8 篇相关论文。在该界面右上角有"显示选项"(display options),可以选择每页显示的论文数量,以及论文摘要形式(无摘要、部分摘要和完全摘要),默认每页 20 篇及部分摘要内容 [图 3-8(b)]。

④ 如果需要查看其中的第八篇论文,在选中的该论文题目下面有"Quick View"(快速视图)栏目,内容主要有论文题目、作者、发表期刊名称及时间、语种、基础来源和文摘;还有一个"Other Sources"(其他来源)。另外还有该论文涉及的物质《化学文摘》登记号和名称(图 3-9)。

(a) 检索结果

(b) 显示选项

图 3-8 SciFinder 检索实例 1

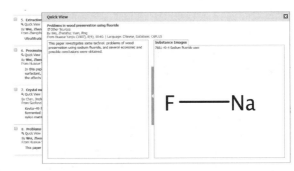

图 3-9 SciFinder 检索实例 2

选中第 8 篇论文,点击该论文题目得到图 3-10,该界面主要内容有:①论文题目;

图 3-10 SciFinder 检索实例 3

②作者姓名；③摘要；④该论文中物质所属的类别，它属于《化学文摘》分类中的第43类：纤维素、木质素、纸及其他木材产品（Cellulose，Lignin，Paper，and Other Wood Products）；⑤论文基本概念有两个：保存和木材，使用氟化物进行木材防护的问题；⑥补充项目：木材保存和氟化钠；⑦标签：无。

⑤ 如有需要可以查找"化学研究"1997年第8卷第4期第58～60页去阅读原始文献，并决定取舍。或者点击图3-10中的图标"Link to Other Sources"（图3-11）可以得到全文。

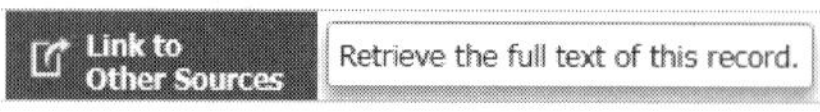

图 3-11　SciFinder 检索实例 4

思考练习 3-9

《化学文摘》的 SciFinder 检索刘从军老师和冯丹丹老师（郑州工程技术学院）研究成果有哪些，从中总结归纳研究方向是什么。

（提示：刘从军 LIU CONGJUN；冯丹丹 FENG DANDAN；注意工作单位的核实）

2. 登记号检索（RN）

在 SciFinder 主界面打开"Explore"选择"Substance Indentifier"，在对话框中输入欲检索物质的登记号点击即可进入检索（图3-12）。

图 3-12　SciFinder 的 RN 检索界面

课堂互动 3-10

利用《化学文摘》的 SciFinder 查找［123-72-8］这种物质是什么？有关这种物质的应用情况如何？

① 确定检索项为化合物的《化学文摘》登记号［123-72-8］。

② 登录 SciFinder，点击"Explore"下拉，在"SUBSTANCES"中选中"Substance Identifier"，在对话框中填入"123-72-8"，点击"Search"[图 3-13 (a)]。

③ 得到图 3-13 (b)，共有 23648 篇相关论文，分子式为 C_4H_8O，名字是 Butanal（丁烷），可以检索到关键物理性质、各国对其监管要求的信息，以及光谱学性质和试验性质。

在该界面左侧有"Analyze"，点击可得"analyze by：substance role；analytical study；biological study；combinatorial study；formation nonpreparative；miscellaneous；occurrence；preparation；process；properties；prophetic in patents"等，即确定查找对该物质进行哪个方面进行研究的资料。同样，在"Refine"栏目中点击可得"chemical structure；isotope-containing；metal-containing；commercial availability；property availability；property value；reference availability"等。

图标"1. 123-72-8"的""表示"quick view"（快速视图），点击后可以快速得到相关内容，该物质分子式为 C_4H_8O，《化学文摘》给出的索引名称为丁烷。以下还介绍了该物质其他的名字，参考文献数量为 23648 篇，文献类型有书籍、会议录、性质（试验、光谱、预测）以及商业来源有 61 篇（~23648 ~61 ）。

④ 点击图 3-13 (b) 中的"~23648"图标，得到图 3-14，可以选择所关注的该物质内容，主要有"adverse effect，including toxicity；analytical study；biological study；combinatorial study；crystal structure；formation nonpreparative；miscellaneous；occurrence；preparation；process；properties；prophetic in patents；reactant or reagent；spectral properties；uses"等。

(a) 输入登录号　　　　(b) 检索初步结果

图 3-13　SciFinder 检索实例 5

图 3-14　SciFinder 检索实例 6

选择"uses"并点击"get"，得到图 3-15，共有 1822 篇论文。

⑤ 如有需要，选取第 2 篇论文点击可得图 3-16，论文题目是"Method for detecting the rancidity of oilseeds，seeds and nuts"，这是一篇专利文献，该专利申请日为 2018 年 4 月 20 日。

图 3-15　SciFinder 检索实例 7

图 3-16　SciFinder 检索实例 8

思考练习 3-10

利用《化学文摘》的 SciFinder 的 RN 检索化合物[66-25-1]属于何种物质,目前的主要用途有哪些?

(提示:己烷 hexane)

3. 关键词检索

关键词检索就是充分分析一个研究课题所隐含的几个主要词,把这些词进行科学的组配,构成检索式来进行检索。这种检索手段可以得到一批数量颇大的文献资料,便于最终得到所需要的有价值文献资料。

课堂互动 3-11

利用《化学文摘》的 SciFinder 查找课题"河豚毒素的液相色谱分析"方面的文献资料。

① 有一项课题是"河豚毒素的液相色谱分析研究",需要查找相关资料,分析其主要概念为"河豚毒素""液相色谱"和"分析",但由于液相色谱本身就是一种分析方法,它隐含了"分析"这一概念,因此可以将"分析"这一概念排除而去《化学文摘》检索。

② 登录 SciFinder,点击"Explore"下拉,在"REFERENCES"中选中"Research Topic",在检索项对话框中输入"puffer tetrodotoxin and liquid chromatogram",点击"search"(图 3-17)。

③ 得到图 3-18,符合以上检索条件分别有四种情况(前面数字是论文篇数):

图 3-17　SciFinder 检索实例 9　　　　图 3-18　SciFinder 检索实例 10

a. 2 references were found both of the concepts "puffer tetrodotoxin" and "liquid chromatogram";

b. 3165 references were found containing either the concept "putter tetrodotoxin" or the concept "liquid chromatogram";

c. 455 references were found containing the concept "putter tetrodotoxin";

d. 2712 references were found containing the concept "liquid chromatogram"。

显然符合条件的是第一项。

④ 选择第一项,点击图 3-18 中的"get references",得到图 3-19。该文右边上图"🛠"图标说明文章中涉及物质的各种性能[图 3-20(a)]可以选项检索;该文右边下图"~24 📖"图标说明文章中引用参考文献数量和内容,本文共有 24 篇。

⑤ 如有需要,选取第 1 篇论文点击可得图 3-20(b),论文题目是"6,11Dideoxytetrodotoxin from the puffer fish, Fugu pardalis",来自于"Toxicon"(毒理学)期刊,2007 年第 50 卷第 7 期的 947～951 页,原文文种为英文,资料来源于 CAPLUS。同样在该论文界面选择点击"Link to Other Sources",在得到的界面中选择点击蓝色的 HTML,可以出现文献的全文内容。

图 3-19　SciFinder 检索实例 11

(a) 界面1　　　　　　　　　　　　(b) 界面2

图 3-20　SciFinder 检索实例 12

思考练习 3-11

利用《化学文摘》的 SciFinder 的"REFERENCES"中"Research Topic"检索"聚四氟乙烯填充玻璃纤维或者碳纤维的改性作用"相关文献资料。

(提示：聚四氟乙烯：polytetrafluoroethylene, FTFE；玻璃纤维：glass fiber；碳纤维：carbon fiber)

自测练习题

1. 单选题：美国《化学文摘》在(　　)年兼并了具有 140 年历史的著名德国《化学文摘》。
   A. 1907　　　　B. 1935　　　　C. 1969　　　　D. 1980
2. 单选题：从(　　)年第(　　)卷开始,为了方便读者的查阅,《化学文摘》每期均包含 80 个大类的全部内容。
   A. 1995,126　　B. 1997,130　　C. 1997,126　　D. 1980,130
3. 单选题：《化学文摘》中期刊论文的文摘标题特定标志是(　　)。
   A. Appl.　　　　　　　　　　　B. Diss.(斜体字)
   C. Huaxue Yanjiu(斜体字)　　　D. Report(斜体字)

4. 多选题：美国《化学文摘》报道内容有（　　）等。
   A. 纯化学领域科研成果和工艺成就
   B. 应用化学领域科研成果和工艺成就
   C. 生物、医学领域科研成果和工艺成就
   D. 轻工、冶金、物理领域科研成果和工艺成就
5. 多选题：美国《化学文摘》不报道内容有（　　）等。
   A. 化工经济　　　　　　　　　　B. 市场，化工产品目录
   C. 广告　　　　　　　　　　　　D. 化工新闻消息
6. 多选题：《化学文摘》期刊论文著录格式的特定标志主要有（　　）。
   A. 刊名（斜体字）　　B. 作者　　　C. 期刊的卷号　　D. 期刊的期号
7. 多选题：《化学文摘》会议论文著录格式的特定标志主要有（　　）等。
   A. Proc. 会刊（proceeding）
   B. Inst. 学会、研究会（institute）
   C. Symp. 论文集，论丛（symposium）
   D. Conf. 会议（Conference）
8. 多选题：《化学文摘》中技术报告著录格式的特定标志主要有（　　）等。
   A. Report（斜体字）　　B. 报告地址　　C. 技术档案标志　　D. 报告号
9. 多选题：国际学位论文文摘（Dissertation Abstracts，International）中有关化学化工方面的学位论文应该在（　　）辑查找。
   A. A　　　　　　　B. B　　　　　　　C. C　　　　　　　D. D
10. 多选题：作者期索引含有的内容有（　　）。
    A. 说明语　　　B. 作者姓名　　　C. 文摘号　　　D. 分类号
11. 多选题：卷索引主要有（　　）。
    A. 化学物质索引　　B. 普通主题索引　　C. 分子式索引
    D. 作者索引　　　　E. 专利索引
12. 多选题：卷索引中的作者索引主要有（　　）。
    A. 说明语　　　B. 作者姓名　　　C. 文摘号　　　D. 题目

实训练习题

1. 将英文文章翻译为中文。

Heat Exchangers

A heat exchanger, in a narrow sense, is a vessel in which an outgoing, processed hot liquid transfers some of its heat to an incoming cold liquid about to be processed. The amount of heat so transferred is not lost to the process, but is used over again, its equivalent need not be supplied by new fuel; it may be considered as cycle heat. The heat exchanger is the "valve" that prevents it from leaving. Hot gases and vapors similarly can pass part of their heat to the incoming cold liquid. As is known to all, heat transfer may also be conducted in the opposite direction in the heat exchanger, in which an outgoing cold gas takes up the heat of the incoming warmer gas, as in a liquid-air plant. In a wide sense, a heat exchanger is a device which makes it possible to transfer heat from one fluid to another through a wall.

Now let us consider the heat exchanger where an outgoing hot liquid transfers its heat to an incoming cold one. The typical example is the shell-and-tube heat exchanger, which is widely used because of its compactness. This type of heat exchanger consists of tubes. Another type is the concentric tube heat exchanger, where each inner tube with its outer tube forms a separate unite, and all these units are combined.

There are still many other types of heat exchangers, whose constructions will be described later on.

2. 利用缩略语词典，写出下面的缩略语短语的全文并翻译成中文。

(1) 化合物：PVC；TBP；EDTA；ABS。

(2) 国别代号：CN (CHN)；JP (JPN)。

(3) 组织：CCS；WIPO；CAS；ISO；ASTM；WTO。

(4) 文献类：ISSN；Symp.；P；N。

(5) 语言文种：Ch.；Eng.；Rus.。

3. 将下面的英文内容译成中文，并写出它的缩略语。

(1) polyaluminium chloride；

(2) nuclear magnetic resonance；

(3) melting point；

(4) parts per million；

(5) United States of America；

(6) United Kingdom of Great Britain and Nortern Ireland；

(7) Union of Soviet Socialist Republic；

(8) American Chemical Society；

(9) International Union of Pure and Applied Chemistry；

(10) Chemical Abstracts Service Source Index；

(11) Chemical Abstracts；

(12) International Patent Classification；

(13) International Standard Book Number；

(14) International Classification；

(15) Journal。

4. 将下列的化合物译成英文。

(1) $Mg(OH)_2$；HF；CBr_4；PCl_3；HNO_2；$H_4P_2O_7$；$Fe(OH)_3$。

(2) 三氯乙烯；二硫化碳；对二氯苯；2-乙基丁烷；高锰酸钾；异丙醇；二氯二苯三氯乙烷；1,1,2,2-四甲基丙烷；3,3-二甲基-2-丁酮；二氯乙酸甲酯。

5. 根据英文名称，写出化合物中文名称和化学式。

(1) peroxydisulfuric acid；mercurous chloride；Hypoiodic acid；boron trichloride。

(2) N-methyldiethanolamine；n-butyl acetate；1,2,2-trimethylpropanol；carbon tetrachloride；3,3-dimethyl-2-butanone；triethanolamine；diphenylmethanediisocyanate (MDI)；Poly [1-(trimethysilyl)-1-propyne]；p-toluene suphonic acid；polyvinyl alcohol。

6. 翻译《化学文摘》中的第35类、第48类和第78类的内容介绍

(1) 35 — CHEMISTRY OF SYNTHETIC HIGH POLYMERS

This section includes the chemical transformations of synthetic high polymers; synthesis and reactions of polymers, related monomers, and polymer models; recation kinetics, thermodynamics, and mechanisms of these transformations. Studies of polymers prepared for a specific use or of a specific class are contained in the section encompassing the use or class: e. g., polypeptides in Section 34; plastics in Section 37 or 38; elastomers in Section 39; fibers in Section 40; coatings in Section 42.

(2) 48 — UNIT OPERATIONS AND PROCESSED

This section includes general multipurpose unit operations (physical change involved) and unit processes (chemica change involved). Unit operations and processes identifiable with a specific section are placed in that appropriate section. Included are experimental and theoretical studies of chemical engineering subjects (e. g., transport processes, materials handling, separation and mixing processes, size reduction and enlargement, process control, optimization, and mathematical modeling). Design fundamentals and automation are also included. Flame propagation and flame stability of unspecified materials are placed here, but flame studies of specific materials are placed in appropriate section, e. g., propellants in Section 50, fossil fuels and blends in Section 51, fireproofing of textiles in Section 40.

(3) 78 — INORGANIC CHEMICALS AND REACTIONS

This section includes the nonindustrial preparation, purification, and reactions of inoganic substances: elements (including carbon); inorganic acids, bases, and salts; synthetic minerals; inclusion compounds; charge-transfer complexes; coordination compounds containing inoganic and organic ligands; nonmetal and metalloid compounds; and carbon-containing compounds such as the carbon oxides, metal carbonyls, carbonates and transition metal carbonxylates. Industrial preparation of inorganic compounds is included in Section 49. Compounds with carbon-metal and carbon-metalloid bonds appear in Section 29. Chemical analysis of inorganic compounds appears in Section 79. Chemical and physical properties used primarily to characterize new compounds are included here, but the physical properties of known compounds appear in the appropriate physical chemistry sections.

7. 翻译下列文摘，指出各篇文献类型以及文摘中的关键词是什么。

(1) 127：**152523b Composition and method for water clarification.** Chen, Jen-chi; Chen, Fu; Walterick, Gerald C., Jr.; Vasconcellos, Stephen R. (BetzDearborn Inc., USA) **U. S. US 5643462** (Cl. 210-730; B01D21/01), 1 Jul 1997, US Appl. 80909, 22 Jun 1993; 8pp. Cont. -in-part of U. S. Ser. No. 80909, abandoned. (Eng). The clarifier comprises a water-sol. And dispersible tannin contg. polymer obtained by polymg. ethylenically unsatd. monomers with tannin.

(2) 127：**148778w Investigations in organic chemistry.** Barnes, Bayard (Yale Univ., New Haven, CT USA). **1998.** 29 pp. (Eng). Avail. UMI, Order No. DA9722275. From Diss. Abstr. Int., B **1997**, 58 (2), 698.

(3) 127：**153246a Reviews in Computational Chemistry, Volume 10.** Lipkowitz, Kenny B.; Boyd, Donald B.; Editors (VCH: New York, N. Y.). **1997.** 334 pp. (Eng).

(4) 129：**346822k Synthesis of polyferric sulfate as high efficiency water cleanser.** Chen, Zichao; Zhong, Canming; Pan, Zhanchang; Zeng, Zhangyi (Department of Chemistry, Foshan Education College, Foshan, Peop. Rep. China 528000). Guangzhou Huagong **1998**, 26 (2), 18-22 (Ch), Guangzhou Huagong Bianjibu. Factors affecting synthesis of polyferric sulfate with $NaNO_2$ as catalyst were studied. The optimum ratio of $[SO_4^{2-}]$ to $[Fe]$ total

was 1.40-1.45：1，the optimal adding rate of $NaNO_2$ 30g/L-h，reaction rate was increased by 44％ with O than air as raw material，and the formation of $Fe_2O_3 \cdot nH_2O$ ppt. during reaction was prevented when pH of soln. was controlled at 0.5-1 with HNO_3. The stability of the product was greatly improved by addn. of MS（Mn compd.）. The removal of COD of active Fast Red 3132 std. soln. was 92％ and the decolorization ratio＞98.8％ when the polyferric sulfate was applied to treat printing-dyeing wastewater.

（5）130：**266529a Isolation and chemical structure of flavonoids as food coloring agents from pistil and petal of safflower（Carthamas tinctorius）.** Kanaya，Masashi；Homma，Takao（Dep. Applied Chem.，Sch. Engineering，Tokai Univ.，Hiratsuka，Kanagawa，Japan 529-12）. J. Adv. Sci. 1998，10（2&3），204-205（Japan），Society of Advanced Science. These flavonoids were extd. by methanol，and isolated by several chromatog. methods. The isolated flavonoid was identified by UV/VIS spectra.

8. 参见（see also）的作用是什么？找出《化学文摘》单号期第17类（Food and Feed Chemistry）的永久性参照的类别有哪些，为什么？

9. 根据《化学文摘》第131卷的化学物质索引（CS）检索关于氧化铝多组分体系的活化中子快速分析方面的文献。

10. 根据《化学文摘》第131卷的普通主题索引（GS）检索关于利用纳米（nanoparticles）过滤法从碱金属硅酸盐溶液中提纯硅酸盐的一项专利文献。

［提示：碱金属（alkali metals）；硅酸盐（silicate）；纳米过滤法（nanofiltration）］

11. 利用《化学文摘》的Vol.124，No.5的关键词索引查找风味化合物食品分析的综述文献。

（提示：关键词为：flavor；food；review）

12. 利用《化学文摘》的Vol.122的普通主题索引（Ⅰ）（GS）查找应用气相色谱测定多糖的结构，并查出来源刊物的英译（意译）名称、创刊时间和出版周期。

（提示答案：122：56311g）

13. 利用《化学文摘》的Vol.121的化学物质索引（Ⅰ）（CS）查找关于阿司匹林（Aspirin）毒性的评论文献。

（提示答案：121：270985c）

14. 自找一个科研专题，利用《化学文摘》的卷索引，检索所需的全部文献。

15. 利用《化学文摘》的SciFinder检索卢奎、周晓莉等发表的论文，总结主要发表在何种期刊杂志上，通过论文内容方向确认他们的研究方向是什么。

16. 《有机化学》杂志一篇文章中看到一种物质：2,6-dinitrohexanoic acid methyl ester［26074-70-4］；如欲查此化合物的有关资料，可通过登记号索引，查得其《化学文摘》的选用名为Hexanoic acid，2,6-dinitro-methyl ester，分子式为$C_7H_{12}N_2O_6$，上网运用SciFinder再通过化学物质索引和分子式索引查阅到相关的资料。

17. 利用《化学文摘》的SciFinder的登记号检索化合物［64-19-7］、［71-43-2］、［64-17-5］各是何种物质，目前的主要用途有哪些？

18. 利用《化学文摘》的SciFinder的主题词检索在2015～2018年"二氧化钛光催化"方面的科研论文情况。（titanium dioxide；photocatalysis）

19. 利用《化学文摘》的SciFinder的主题词检索在2010～2014年"纳米技术"（nanotechnology）和"锂电池"（lithium battery）方面的科研论文情况。这两项技术在这个时间段的哪一年发表的期刊论文最多？说明了什么？

20. 根据毕业设计、毕业论文或研究课题的方向，利用《化学文摘》进行实训性的检索练习。

第四章

专利文献的网络检索

 学习目标

1. 了解有关专利的基本知识、专利文献类别及其相互关系,了解申请专利的基本程序。
2. 基本掌握国际专利分类法,掌握网络检索专利文献,并能够准确判断其法律状态。

 重点难点

本章重点是熟练掌握查阅专利文献的基本方法,并且能够检索到所需要的专利文献;难点是检索项的选择及其检索目标的锁定。

导读导学

◎ 什么是知识产权?知识产权包括哪些内容?
◎ 专利有几种类型?各类专利之间的区别与联系是什么?取得专利的条件是什么?
◎ 上网检索过专利吗?在检索过程中,同一件专利有申请号、专利号和多种其他文献编号,如何把它们区分开?申请号和专利号的数序一样吗?区别在哪里?
◎ 如何快速科学地检索专利?常用的专利检索数据库有哪些?分析归纳专利文献检索项的类别。
◎ 了解有关专利侵权的实例吗?能够得到什么启示?
◎ 申请专利麻烦吗?需要什么手续?程序如何?
◎ 对"技术专利化、专利标准化、标准许可化"有什么认识?有什么重要的启示?

◎ 通过学习，能否充分认识到专利在现代化进程中的作用？应自觉依法使用专利，积极投身生产实践中去，积极踊跃研发并申报专利。

◎ 如果把一件专利文献作为文后参考文献，如何著录最科学？

第一节　专利基础知识

从1416年威尼斯共和国最早实行专利制度以来，专利至今已有700年的历史了。专利历经不断变革和不断完善发展，从伽利略的农业灌溉在威尼斯取得世界上第一份专利权，到目前已经有100多个国家建立了专利制度。

> **阅读材料 4-1**
>
> ### 什么是知识产权？
>
> 知识产权是指在科学技术、文学艺术等领域中，发明者、创造者等对自己的创造性劳动成果依法享有的专有权。广义的知识产权可以包括一切人类智力创造的成果，也就是《建立世界知识产权组织公约》中所划定的范围。"国际保护工业产权协会"（AIPPI）1992年东京大会认为，知识产权分为"创造性成果权利"与"识别性标记权利"两大类。其中，前一类包括7项，即发明专利权、集成电路权、植物新品种权、Know-How权（也称"技术秘密"权）、工业品外观设计权、版权（著作权）和软件权；后一类包括3项，即商标权、商号权（也称"厂商名称"权）以及与制止不正当竞争有关的其他识别性标记权。
>
> 知识产权包括工业产权（industrial property）与文学产权（literature property，即"著作权"）两部分。工业产权主要有专利权（patent）、集成电路布图设计（intergrated circuit layout design）、商标权（trade mark）、商业秘密（trade secret）和地理标志（geographical indication）等。文学产权包括著作权（copyright）及与著作权有关的邻接权（neighboring rights），如传播者权（演出、录音、录像、广播作品、制图、技术绘图）等。

如果没有专利来保护技术发明的话，发明人所花费的巨大劳动就得不到应有的尊重和补偿，发明的价值不能正常实现，就会挫伤发明人的积极性。与此同时，发明人也会严密封锁技术，这对于智力开发、技术进步和经济社会的发展都是非常不利的。

专利制度能够调动各方面的积极性，一项创造发明获得专利权之后，能促进产品在竞争中处于十分明显的有利地位。世界上许多实行专利制度国家的经验证明，专利制度强有力地促进了本国的技术进步，调动了广大科技人员探索先进、尖端、适用技术的积极性，结果为整个国家带来了巨大的好处和财富。作为一名科技人员，在科学技术迅速发展的今天，了解一些专利基本知识，学会查阅专利文献，踊跃投入发明创造的洪流中去是十分必要的。

不重视专利，导致遭受重大损失

在研发过程中，很多个人和企业信息不通，只顾低头开发，投入了大量资源，等研究出来去申请专利时才发现，别人几年之前就申请专利了，所有的投入都成了白辛苦。

据统计，我国的科研项目重复率达到40%，尤其在中药领域，我国关于中药新药的研发有90%都是重复研究，这是国家中药新药评审委员会在1994年得出的结论。

1. 万燕公司没有申请专利的沉痛教训

世界上第一台VCD视盘机是由中国人发明的，诞生于中国的安徽万燕公司。事情发生在1992年。在美国举办的国际广播电视技术展览会上，美国C-CUBE公司曾展出了一项图像解压缩技术。中国参展人员（时任安徽现代集团总经理的姜万勐）受其启发，想到用此技术将声音和图像同时存到一张小光盘上。于是在1993年出资57万元，终于研制出了物美价廉的VCD。同年，与美籍华人（孙燕生）共同投资1700万元成立了万燕公司，生产VCD。

本来VCD一研制出来，就应该申请专利，甚至多国专利。那样，中国市场甚至世界市场将在自己的掌握之中。如果申请发明专利，保护期将到2013年；如果找有经验的专利代理人代理，深入挖掘，其权利保护范围还可延伸到后来的DVD。（如若那样，如今的万燕公司是什么情景？）

然而（一失足成千古恨），万燕公司并没有拿起专利的武器，产品就匆忙上市了。第一批出VCD机1000台，结果国内各家电企业纷纷解剖仿制。一分钱未投入的仿制者反而坐收了渔利。随之而来的是市场价格战。然而，仿制者也好景不长，1996年就被后者居上的国外DVD赶出了市场。随之而来的是仿制VCD的企业又纷纷仿制DVD。万燕公司忽略了知识产权，其为此付出了沉重的代价。

2. 格力诉奥克斯专利侵权一审胜诉

2018年4月24日，格力电器诉奥克斯三件专利侵权案在广州知识产权法院公开宣判。广州知识产权法院经过审理，判决奥克斯赔偿格力电器共4600万经济损失，刷新了家电行业专利侵权赔偿额的新纪录。

3. 华为诉三星专利侵权案获胜

2018年1月11日上午，华为公司诉三星公司等侵害发明专利权纠纷案在深圳中院知识产权法庭公开宣判，法院判决三星立即停止制造、销售、允诺销售等方式侵害华为专利权。这是深圳知识产权法庭揭牌办公后首次宣判的具有重大国际影响的案件，敲响了该法庭审理知识产权案件第一槌。

一、专利的含义

"专利"的英文名称是patent，源于拉丁文。是由royal letters patent一词演变而来的，原为"皇家特许证书"，系指由皇帝或皇室颁发的一种公开证书，通报授予某一特权。

对于"专利"一词，从不同的角度叙述，可以具有以下几层不同的含义。总体来说，专利是一种受法律保护的技术专有权利。

从法律意义来说，专利就是专利权的简称，指的是一种法律认定的权利。如《中华人民共和国专利法》（以下简称《专利法》）第十二条规定："任何单位或者个人实施他人专利的，应当与专利权人订立书面实施许可合同，向专利权人支付专利使用费。被许可人无权允许合同规定以外的任何单位或者个人实施该专利。"这里"专利"一词的含义是指专利权人依法对其发明创造取得的专有权，也就是专利权。显然，专利权是受到专利法保护的，专利权人对其发明创造享有独占权。

从技术发明来说，专利就是取得了专利权的发明创造，指的是具有独占权的专利技术。根据《专利法》第二条规定，取得专利权的发明创造是指发明、实用新型和外观设计三种具体的专利形式。

从其保护的内容来说，专利是指记载着授予专利权的发明创造的说明书及其摘要、权利要求书（claim），表示外观设计的图形或照片等公开的文献。其中说明书记载了发明创造的详细内容、方案，权利要求书记载了专利法保护的技术范围，是具有法律效力的文件。通常人们所说查"专利"就是指查阅这种专利文献。因此，专利又可以理解为是公开的专利文献。

概括地说，"专利"一词，对发明创造既有要"公开"的内涵，又标志着"独占"，两者不可偏废地同融于"专利"一体之中。有人认为专利是"保密技术"，这显然是一种误解，因为一旦某项技术授予了专利权，恰恰是要公之于众的技术，可以说，专利是具有独占权的公开技术。专利技术成果的含金量主要是通过优质的产品反映出来，也就是说要把专利技术应用到产品中去。这就是"技术专利化"，科技含量高的专利技术用于产品中就能够改善产品的参数，使产品的质量得到大幅度的提高，那么对于这种产品的规格就要制定出比较严格的质量标准，换句话说，要想根据标准规范制造出高质量产品，必须使用相应的专利技术才有可能，这就是"专利标准化"。在国与国的贸易中要想制造出高标准、高质量的产品，必须获得标准许可使用才行，这就是"标准许可化"。由此看来，提高产品的科技含量必须从高质量的专利抓起。

二、专利的类型

1. 发明专利（patent for invention）

发明专利是指对产品、方法、用途或者对其改进所提出的新的技术方案。开拓型的发明可以是从无到有，而改进型的发明是在现有基础上加以局部改进和发展。

产品发明是指人们通过智力劳动创造出来的各种成品或产品，这些产品是自然界从未有过的，也是人类社会从未有过的，并具有实际应用的价值。

方法发明可以有制造方法的发明（彩色胶卷的制作方法）、化学方法的发明（合成树脂的制作）、生物方法的发明（水稻的杂交栽培技术）和其他方法的发明（光纤通信方法）。

改进发明是指人们对已有的产品发明或者方法发明提出实质性革新的技术方案。与上述两种发明的根本区别在于，它并不是新的产品的创制和新的方法的创造，而是对已有的产品或方法带来了新的特性，新的部分质变，但没有从根本上突破原有产品或方法的根本格局。

2. 实用新型（utility model）

实用新型是指对产品的形状、构造或者它们的结合所提出的适于实用的新技术方案，即人们所说的"小发明"。

3. 外观设计（design）

外观设计是指对产品的形状、图案、色彩或者其结合所进行的富有美感并适于工业上应用的新设计，不涉及技术效果。例如圆珠笔的发明，其原理和结构不同于钢笔、毛笔和铅笔，可申请发明专利。圆珠笔的操纵结构（旋转式、按嵌式等）有所不同，使用更方便，可申请实用新型专利。圆珠笔外观设计美观大方，令人赏心悦目，可申请外观设计专利。

三种专利技术类型各有不同的侧重点，三者的实质内容均不相同。发明和实用新型专利之间的主要区别有以下四点。

(1) 实用新型的创造性低于发明　《中华人民共和国专利法》对申请发明专利的要求是，同申请日以前已有技术相比，有突出的实质性特点和显著进步；而对实用新型的要求是，与申请日以前的已有技术相比，有实质性特点和进步。显而易见，发明的创造性程度要高于实用新型。但是，有的发明看上去并不复杂，如曲别针，但关于其形状的发明，世界上好几个国家先后共批准过 13 件专利。

(2) 实用新型所包含的范围小于发明　由于发明是对产品、方法或者其改进所提出的新的技术方案，所以，发明可以是产品发明，可以是方法发明，也可以是改进发明。仅在产品发明中，也可以是定形的产品发明或者是无定形的产品发明。而且，除《中华人民共和国专利法》有特别规定以外，任何发明都可以依法获得专利权。但是，申请实用新型的范围则要窄得多，不能是一种方法，仅限于产品（有形物）的形状、构造或其组合有关的创新。如日本有人把 Na_3PO_4、Na_2SiO_3、$Na_4B_4O_7$、H_2O 等按比例混合熔融，冷却后成为水处理剂，以此去申请实用新型专利，结果被驳回，究其原因是申请案内容为无形状构造的水溶液。

(3) 实用新型专利的保护期短于发明　《中华人民共和国专利法》明文规定，自申请日起计算，对实用新型专利的保护期为 10 年，而对发明专利的保护期为 20 年。这是由于在一般情况下，实用新型比发明的创造性程度要低些，申请专利的过程要简单些，发挥效益的时间也快得多。所以，法律对它的保护期的规定相应也就短些。

(4) 实用新型专利申请审批的手续比发明简单　根据《中华人民共和国专利法》的规定，国家知识产权局收到实用新型专利的申请之后，经初步审查，没有发现驳回理由的，应当作出授予实用新型专利权的决定，并予以登记和公告，不再进行实质审查，发给实用新型专利证书。而对发明专利，则必须经过实质审查，无论是审查的程序还是审查的时间，都要比实用新型复杂得多、长得多。

外观设计专利与实用新型专利的区别主要是：保护产品的外观形状、美感效果的，属于外观设计专利的保护范围；保护产品形状、技术效果的应属于实用新型专利的保护范围。但实际上，有相当一部分产品的设计既有技术效果又有美感效果，要具体分析哪一种效果是主要的。如果是产品的外形设计具有明显的美感效果，而且对产品的形状、构造具有足够的制约作用，对于这种特征的产品设计应该采用外观设计专利来保护。

外观设计专利与著作权的区别主要在于，前者要求新颖性，即应当同申请日以前在国内外出版物上公开发表过或者国内公开使用过的外观设计不相同或者不相近似。而后者则要求独创性或原创性，即作品必须是作者自己的创作。即使该作品的内容与其他作品雷同，但只要是作者自己创作的，就应当受到著作权法的保护。由此可见，外观设计专利权的条件比著作权的保护条件更严格，客观性的要求也更高些。与此相应，作为工业品外观设计而受到的专利保护，也就比作为美术作品受到的著作权保护更为可靠一些。

外观设计专利与注册商标的区别主要是外观设计专利保护的是产品的形状、图案、色彩或者其结合所作出的富有美感并适于工业上应用的新设计。而注册商标则是一种易于区别的商品的图案标记，它们虽然也具有美化产品的作用，但法律对它的要求是"识别性"，而不是富于美感。"识别性"则不属于外观设计专利的保护范围。但是，当由若干个商标组成预定的图案，对产品的外形起到了富有美感的作用，并适于工业上应用，对于这样的商标的特定组合，也可作为外观设计专利给以保护。

三、专利的特点

1. 专有性

专有性又称为独占性，也就是所谓的垄断性、排他性。专利是无形财产，在专利有效期内可以转让、继承和买卖等。例如，两人分别拥有两栋完全相同的房屋，他们均有权互不干涉地出让、转卖、出租等。而两人分别研究出完全相同的发明，则在分别申请的情况下，只可能由其中一人获专利权。获专利权之人将有权排斥另一人将其自己搞出的发明许可或转让第三者，另一人只剩下"在先使用权"。

需要注意的是，自申请日起至该申请公布前，这时申请处于保密阶段，这一阶段对其权利的保护表现在对该发明专利申请后同样主题的申请因与其相抵触而丧失新颖性，不能授予专利权。自该申请公布至其授予专利权前这一阶段是"临时保护"阶段，在此期间，申请人虽然不能对未经其允许实施其发明的人提起诉讼，予以禁止，但可以要求其支付适当的使用费。如果对方拒绝付费，申请人也只好在获得专利权之后才能行使提出诉讼的权利，这一阶段申请人只有有限的独占权。

2. 时间性

又称为时效性，即从申请日开始有一定的有效期。从理论上讲，专利权期限的长短考虑了两个方面的因素：一是发明人或设计人的利益。保护期限太短，不利于调动发明人发明创造的积极性。二是国家和公众的利益。保护期限太长，不利于实用技术的推广和应用。因此，要同时考虑二者的利益，选择一个适当的保护期。

世界各国的专利保护期限并不完全一样，以发明专利为例，有些国家专利权的保护期曾经短到五年，长的可以达到二十年，还有些国家规定专利权的保护期为几年或十几年，由专利权人自由选择决定。专利权到期，即可进入公有领域。《中华人民共和国专利法》第四十二条规定："发明专利权的期限为二十年，实用新型专利权和外观设计专利权的期限为十年，均自申请日起计算。"

3. 区域性

专利只在一定区域范围受到保护，欲在某国得到保护，则要向该国提出申请，在获得批准的所在国内受到保护。

4. 专利申请缴费制度

若专利被批准，需要交纳各类费用。根据中国知识产权局相关文件规定，专利收费项目共有 58 项，各项名称均有相应 4 位数字代码供会计人员使用，主要项目和标准见表 4-1（http://www.sipo.gov.cn/zhfwpt/zlsqzn/zlsqfy。主界面→政务服务平台→专利申请→专利申请费用→专利缴费服务指南 PDF 格式文件）。

为了更快更好地促进科技成果转化，使之尽快成为产品服务于社会，近些年来，中国采取停征部分专利费用，并制定出《专利收费减缴办法》等规定推动这一项工作。与此同时各地还采取专项补贴的办法由政府或者部门缴纳专利申请费等费用，以促进并提高大家从事发明创造的积极性。

思考练习 4-1

根据表 4-1 所列专利缴费标准，一项发明专利如果维持五年，计算一下约需要交费为多少。

（提示：一般委托专利代理机构办理专利事项约需 4000～7000 元）

表 4-1 专利收费主要项目简称及其标准　　　　　　　　　单位：元

项目	金额	项目	金额
（一）申请费		（十二）专利登记、印刷、印花费	
1. 发明专利申请费	900	1. 发明专利	255
印刷费	50	2. 实用新型专利	205
2. 实用新型专利申请费	500	3. 外观设计专利	205
3. 外观设计专利申请费	500	（十三）附加费	
（二）发明专利申请维持费每年	300	1. 第一次延长期限请求费每月	300
（三）发明专利申请审查费	2500	再次延长期限请求费每月	2000
（四）复审费		2. 权利要求附加费从第十一项起每项增收	150
1. 发明专利	1000	3. 说明书附加费从第 31 页起每页增收	50
2. 实用新型专利	300	从第 301 页起每页增收	100
3. 外观设计专利	300	（十四）年费	
（五）著录事项变更手续费		1. 发明专利	
1. 发明人、申请人、专利权人的变更	200	第一年至第三年每年	900
2. 专利代理机构、代理人委托关系的变更	50	第四年至第六年每年	1200
（六）优先权要求费每项	80	第七年至第九年每年	2000
（七）恢复权利要求费	1000	第十年至第十二年每年	4000
（八）撤销请求费		第十三年至第十五年每年	6000
1. 发明专利权	30	第十六年至第二十年每年	8000
2. 实用新型专利权	20	2. 实用新型专利	
3. 外观设计专利权	20	第一年至第三年每年	600
（九）无效宣告请求费		第四年至第五年每年	900
1. 发明专利权	3000	第六年至第八年每年	1200
2. 实用新型专利权	1500	第九年至第十年每年	2000
3. 外观设计专利权	1500	3. 外观设计专利	
（十）强制许可请求费		第一年至第三年每年	600
1. 发明专利	300	第四年至第五年每年	900
2. 实用新型专利	200	第六年至第八年每年	1200
（十一）强制许可使用裁决请求费	300	第九年至第十年每年	2000

5. 专利是一种技术保护措施

一项专利在申请期间，看到该专利申请书后，可能有人会顺着这个思路继续研究下去，导致专利成果被人偷窃。所以在申请专利时也要注意自我保护，对于关键技术问题进行必要的文字修饰和技术处理，加以保护。

四、取得专利的条件

获得专利权，必须具备一定的条件。从《中华人民共和国专利法》的角度看，授予专利权的发明创造，必须是符合《中华人民共和国专利法》中所规定的发明、实用新型或者外观设计，这是前提条件，不在《中华人民共和国专利法》所界定范围内的发明创造，不能授予专利权。授予专利权的发明、实用新型或者外观设计，必须是不违反国家法律、社会公德或者妨害公共利益的，这是获得专利权的法定条件。授予专利权的发明和实用新型应当具备新颖性、创造性和实用性，授予专利权的外观设计应当具有新颖性、实用性和美感。这就是通常所说的授予专利权的实质性条件，简称为专利性条件，即"三性"，通俗地说，就是又新又好又实用。

1. 新颖性（novelty）

"新颖性，是指该发明或者实用新型不属于现有技术，也没有任何单位或者个人就同样的发明或者实用新型在申请日以前向国务院专利行政部门提出过申请，并记载在申请日以后公布的专利申请文件或者公告的专利文件中。"

2. 创造性（inventiveness or creativity）

"创造性，是指与现有技术相比，该发明具有突出的实质性特点和显著的进步，该实用新型具有实质性特点和进步。"

判断创造性时，首先应该注意有的发明历经千辛万苦，甚至发明者贡献毕生精力，还没有得到成果，有的可能是一个偶然的机会很幸运地得到。这不能作为是否获得发明的条件，而应由发明本身的技术特征决定。例如，一个工匠在准备黑色橡胶配料，准备制造汽车轮胎时，把规定添加3%的炭黑错加成30%，却比原来的橡胶强度和耐磨性高得多。意大利无线电通信发明人马克尼为此贡献了毕生精力。其次，发明的难易程度不影响对其创造性的评价。例如铅笔原来是圆形的，易滚落到地下，后来有人改为棱柱形，尽管简单，却具有创造性。发明的结果并不考虑发明人最初的任务是什么，发明人未曾想到的而实际上所取得的结果应被视为发明的任务，申请人可以对原任务加以修改。例如18世纪，欧洲人试图从少量贵金属原材料中提炼金子，在这个过程中却偶然发现了生产瓷器的方法。在这种情况下，发明的任务只能是生产瓷器，而不能说成是炼金。

3. 实用性（usefulness，utility or practical applicability）

"实用性，是指该发明或者实用新型能够制造或者使用，并且能够产生积极效果。"实用性有两个重要的特征。

（1）强调实践性　一项发明或者实用新型只有在某种工业部门能够制造或者使用，才可能具有实用性。

（2）强调积极效果　具有实用性的发明或者实用新型应是先进的产品或者技术，具有良好的经济效益、社会效益和环境效益，可以产生积极的效果。判断实用性时应注意以下几点。

① 一项发明的构思或技术解决方案只能使用一次，客观上不能在生产中反复出现，不能获得专利权。例如一项新的桥梁设计方案，因受地点的限制，不可能不加更改地应用于任何其他地点的桥梁建筑，不能授予专利权。但桥梁的某些构件和技术的发明能在生产中重复制造，符合再现性要求，可取得专利权。

② 要求发明必须具备实用性，但并不一定要求发明已经在产业上制造或使用，或者立即在产业上制造或使用，而是通过对发明进行客观分析，预料该发明能够在产业上制造或使用就可以了。例如英国人弗兰库·赫依特尔发明的象征现代文明的一大发明——喷气发动机，1931年批准了专利。由于当时还没有符合要求的耐高温和高压的材料，该项发明直到1941年才正式制造和投入使用，从而导致了喷气战斗机的诞生。

③ 科学发现及科学原理不具有工业的实用性，但是科学发现及科学原理的实施方法及手段可以申请专利。例如将硫加入橡胶中加热，可增强橡胶的强度，从而产生橡胶硫化法的发明，以至获得硫化橡胶的新产品。路易·巴斯德发现了不需氧气生存的微生物——厌氧的细菌，正是根据这种发现，才有可能研究出处理食品的适当方法，即其后有名的巴氏灭菌法。

有的国家还增加"有益性"，如犯罪工具、吸毒工具、赌博工具等不具备有益性。

五、《中华人民共和国专利法》不予保护的范围

《中华人民共和国专利法》明确规定对下列各项发明不授予专利权。

（一）违反国家法律、科学原理、社会公德，妨害公众利益的发明创造

对于以下几种发明创造，虽然从技术上看可能符合获得专利权的实质性条件，但不能授予专利权。

1. 违反国家法律的发明创造

如发明了一台专门伪造货币的机器，以国旗、国徽作为图案内容的外观设计，毒品提炼制取技术。又如罗斯福与丘吉尔之间的秘密通话装置，在1941年申请专利后，到1976年才获批准，整整封锁了35年。

2. 违反社会公德的发明创造

如吸毒工具、赌博工具、伤风败俗的外观设计、助长人们饮用酒精饮料的发明等。

3. 妨害公共利益的发明创造

给社会治安、公共秩序和人民的生命财产带来重大威胁的，如万能开锁方法一类的发明创造、一种采用催眠气体使盗车者开车时失去控制的装置，会给社会带来不安全及不安定的因素和危险。

4. 违反科学原理的发明创造

如违背能量守恒定律的所谓"永动机"的发明。

（二）不授予专利权的类型

1. 科学发现

科学发现（science discovery）是指人们揭示自然界早已存在，但尚未被人们所认识的客观规律的行为，主要指自然现象、社会现象及其规律的新发现、新认识以及纯粹的科学理论和数学方法。科学发现不同于技术发明（technology invention），它是通常所说的认识世界，不能直接设计或制造出某种前所未有的东西，只是一种正确的认识。科学发现，包括科学理论，不应被任何人专有，因此不能授予专利权。发现了一条自然规律或者找到了一种新的化学元素，都不能获得专利。但应指出的是，科学发现是技术发明的基础和先导，如果将新发现的化学元素与其他物质用特殊的方法结合而产生一种新的组合物，这种新的组合物若有新的用途，则是发明，并属于专利法保护的范畴。发明是改造世界，发现了珠宝矿石，不是发明，研制新的技术加工珠宝是发明。

2. 智力活动的规则和方法

智力活动是一种精神的思维运动。它直接作用于人的思维，经过人的思维活动才能产生结果，或者必须经过人的思维作为媒介才能间接地作用于自然，产生效果，而不使用自然力。所

以这类活动不具备技术的特征，也就不属于专利法中所说的发明创造，因而不能授予专利权。

这类指导人类思维活动的规则和方法的特点是：在使用时必须经过人脑的思考、判断。主要包括各种设备和仪器的使用说明、教学方法、乐谱、音乐、速算法、口诀、语法、计算机语言和计算规则、字典的编排方法、图书分类规则、日历的编排规则和方法、心理验算法、裁缝方法、会计记账方法、统计方法、游戏规则和各种表格等。但是，进行这类智力活动的新设备、新工具、新装置，如果符合专利条件，是可以取得专利权的。如用于速算使用的速算器、用于检索的检索机等可以获得专利权。

3. 疾病的诊断和治疗方法

由于疾病的诊断和治疗方法是以人体（也包括动物）为实施对象的，比如西医外科手术和化验的方法、中医的针灸和诊脉方法，在我国尚不能受专利保护，所以不在我国专利法保护之列。但是对人体的排泄物、毛发或体液的样品以及组织切片的检测、化验的各种方法不属于疾病的诊断方法。还有诊断和治疗中用的仪器、器械等医疗设备，都可以在工业上制造、应用，因而可以在我国获得专利权。目前世界上只有美国等极少数国家为诊断和治疗方法提供专利保护。

4. 动物和植物品种

动物、植物品种发明是指动物、植物品种本身发明而言。一般认为，动植物品种与工业商品不同，受自然条件影响较大，缺乏用人工方法绝对"重现"的可能性，是否能够取得专利权在国际上尚有争议。美国、法国、日本等国授予植物品种专利权。美国等国授予动物新品种专利权。他们认为，动、植物新品种和其他发明一样，具有新颖性、创造性、实用性，理应受法律保护。我国和世界上多数国家一样，目前暂不给动、植物品种授予专利权，但对培育动、植物新品种的生产方法，可依照专利法规定授予专利权。

5. 用原子核变换方法获得的物质

由于用原子核变换方法获得的物质发明可用于军事目的，与大规模毁灭性杀伤武器的制造生产密切相关，除美国、日本等极少数国家外，世界上尚没有其他国家的专利法授予这种发明以专利权的，而美国和日本又有其他法律来限制。我国同世界大多数国家一样，对此持慎重态度，对于原子核变换方法所获得的物质是不授予专利权的。但是，获得物质的方法可以申请专利，如加速器的研制。

6. 对平面印刷品的图案、色彩或者二者的结合作出的主要起标识作用的设计

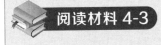

专利申请的审批制度

一、国际上常见的几种审批制度

1. 形式审查制

形式审查制（formal examination）又称登记制、初审制、格式审查制。它只对专利申请案进行形式（如申请文件的格式、申请手续等）审查，并不作任何实质（即上述"三性"）审查。这种审查方法程序简单，节省人力，批准速度快，但是专利质量无法保证，可能引起纠纷与错误。

2. 实质审查制

实质审查制(substantive examination)是指对专利申请案进行形式审查后,随即还要进行实质审查,不需申请人(applicant)提出实质审查的要求。这种审查制度审批的专利质量比较高,但是审批的时间较长,而且还需要有庞大的专利审查机构。

3. 延迟审查制

延迟审查制(deferred examination)又可以称为早期公开、延迟审查制。这种审查制度是专利机构在对所申请专利内容进行形式审查后,不立即进行实质审查,而是自申请之日(filing date)起的18个月后自行公开,或请求提前公开,将申请说明书公布于众,并从公布之日起给予临时保护。在规定的时间内,待申请人提出实质审查请求之后,再作实质审查。逾期不提出请求被视为撤回申请。

二、中国的专利申请审批制度

中国实行的是延迟审查制。依据专利法,发明专利申请的审批程序以下五个阶段:①提交与受理(图4-1);②初步审查;③公布;④实质审查;⑤授权与公告。

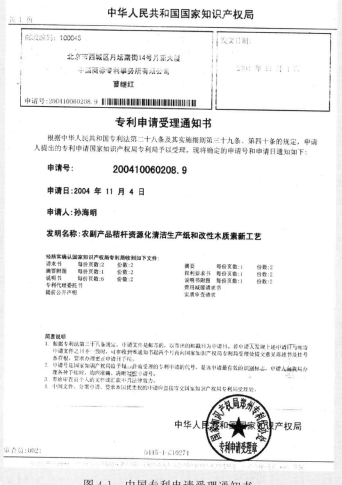

图4-1 中国专利申请受理通知书

第二节　专利文献

从广义上说，专利文献是指"国家知识产权局按照法定程序公布的专利申请文件和公告的授权专利文件"，如专利说明书、专利公报、专利目录、专利文摘、分类表索引等。从狭义上说，专利文献主要是指专利说明书（patent specification）。

一、专利文献的特点

专利文献的特点主要有以下几点。

1. 范围广、内容新

专利几乎可以包括所有技术领域，大到核反应堆，小到别针、牙签，如中国第8621157号专利是"空心弹性牙签"，其圆径正常时为2mm，遇狭窄缝时可以变为0.4mm。

新颖性本来就是专利的三个条件之一，即申请前未被"公知公用"。

2. 内容详尽、完整、实用

各国专利法规定，专利说明书对发明必须作详细描述，达到所属专业技术领域的专利技术人员能据以实施的程度。所以，发明人为取得专利，并保护自己的专利，图文并茂，对其发明作充分的说明。

实用性是专利必备条件之一，即能制造或使用，并能产生积极效果。如爱迪生一生总共搞出1300余项发明（申请专利约1200项，其中有关电灯发明就申请了147项，查完此类专利等于阅读了一部技术发展史）。又如1977年美国IBM公司公布的一件关于磁泡存储器的专利说明书，长达32页，附图49幅，其详细程度是一般论文所不能比拟的。

3. 信息传递快

由于大多数国家采用"先申请制"原则，即把专利权授予最早申请者，因此，专利文献是现有的技术文献中紧跟时代、内容最新的一种文献。

4. 相同专利重复出版

国际上允许一项发明向若干国家同时申请，形成同族专利。全世界每年公布的说明书在百万件以上，其中相同专利占世界专利总数的2/3。主要原因：一是同一发明在许多国家申请专利，各国重复公布，形成文字不同而内容相同的专利说明书；二是实行早期公开、延迟审查制度的国家，对同一件发明的说明书至少要出版两次，有《专利申请公开说明书》和《专利说明书》等不同类型而内容基本相同的专利文献。专利文献的重复出版可以解决语种障碍和馆藏不足问题，增大专利文献检索和利用的效率，其中约有25%的发明获7个以上国家的专利权。例如我国某科技人员发明的钨铈电极，申请了8个国家的专利。但是大量重复的专利不利于专利文献管理。

5. 各国专利说明书都采用统一的著录项目（INID）代码

专利文献格式统一，检索工具完整，为使不懂外文的技术人员也能从中迅速得到很多信息，国际标准化组织ISO制定了一部专利文献著录项目的国际标准代码，即INID（ICIREPAT Number for the Identification of Data）代码，这种代码由用圆圈或括号所括的两位阿拉伯数字表示（可以通过http.//www.cnipa.gov.cn检索ZC 0009—2012《中国专利文献著录项目》得到）。需要注意的是中国对发明和实用新型规定有一套INID代码，另外对外观设计规定有一套INID代码,其中略有区别,另外与国际专利组织的规定多数基本吻合。

阅读材料4-4

发明专利说明书扉页常用INID代码(图4-2)

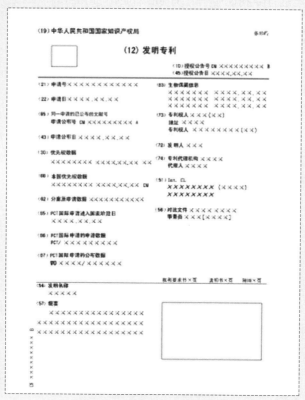

图4-2 INID代码使用实例

[10]专利文献标识;[12]专利文献名称;[15]专利文献更正数据;[19]公布或公告专利文献的国家机构名称;[21]申请号;[22]申请日;[30]优先权数据;[43]申请公布日;[45]授权公告日;[48]更正文献出版日;[51]国际专利分类;[54]发明或实用新型名称;[56]对比文件;[57]摘要;[62]分案原申请数据;[66]本国优先权数据;[71]申请人;[72]发明人;[73]专利权人;[74]专利代理机构及代理人;[83]生物保藏信息;[85]PCT国际申请进入国家阶段日;[86]PCT国际申请的申请数据;[87]PCT国际申请的公布数据。

6. 时间、地域、内容的局限性

专利有一定有效期,一般从申请之日起最长为20年,目前一般一件专利寿命为8~9年。一件专利只在取得专利权的国家受到法律保护,未授权国可无偿使用。

内容的局限性即"单一性",一项发明申请对应一件专利,因而,一件专利只解决局部问题,不可能包括设计、材料等成套资料。另外,专利题目一般比较笼统,这是发明人为了充分保护自己的发明所致。

第四章 专利文献的网络检索

查阅相关资料，分别确认以下美国专利说明书中 INID 代码都是什么含义：11、22、57、81。

[提示：
11：Number of the patent，SPC or patent document
22：Date（s）of filing the application（s）
57：Abstract or claim
81：Designated（s）State（s）according to the PCT]

二、国际专利分类法

1968 年 9 月，第一版《国际专利分类法》（*International Patent Classification*，IPC）生效，1971 年 3 月 24 日《巴黎公约》成员国在法国斯特拉斯堡召开全体会议，签署了《国际专利分类斯特拉斯堡协定》。该协定确认，统一的专利分类法是各国的共同需要，它便于在工业产权领域内建立国际合作，有助于专利情报的交流和掌握。

1. 目的和作用

建立专利制度初期，由于技术水平不高，各国专利文献量少，无须对专利进行分类。19 世纪以来，美国、欧洲许多国家进入资本主义迅速发展阶段，专利文献量逐年增长，为便于检索、排档，各国都相继制定了各自的专利分类法。美国于 1831 年首次颁布了专利分类法，那时只是把专利文献分成 16 个组。其他各国也相继颁布了较为现代化的成熟的专利分类法，这些分类法都受图书"十进制分类法"的影响，是对实用技术的详细分类。随着国际间技术贸易的发展，尤其是采纳了审查制的现代专利制度，各国专利局必须对大量专利文献进行检索，但由于各国分类的差异，致使国与国之间分类转换既烦琐，准确性又差。

1949 年，"欧洲理事会"成立。1954 年月 12 月 19 日，"欧洲理事会"就国际专利分类法签定了《关于发明专利国际分类法欧洲协定》。该协定确定，分类表的修改由欧洲专利事务执行委员会进行，采用英文和法文两种文种出版，分类表为由粗到细的等级分类体系，有 8 个部，103 个大类，594 个小类。1955 年，缔约的 15 个成员国负责将新拟的分类系统或作为主分类或作为辅助分类对各自专利文献给出完整的细分类的标识。此外，还起草了一份《使用指南》。

国际专利分类法首要目的是为各国知识产权机构和其他使用者建立一套用于专利文献的高效检索工具，用以确定新颖性，评价专利申请中技术公开的新颖性、创造性和实用性。利用国际专利分类法可以在全球范围内进行新颖性检索，可以进行有效性检索和侵权检索等。

2. IPC 的编排和等级结构

IPC 分类体系为等级式的结构。等级的顺序由高至低依次为部（section）、大类（class）、小类（subclass）、大组（group，又称主组）、小组（subgroup，又称分组）。各级的类号共同构成完整的分类号。除已出版的《国际专利分类表》（以下简称"分类表"）本身，还有 册《分类指南》，对 IPC 的构成、所引用的术语及其应用进行了说明。在国家知识产权局（www.sipo.gov.cn）网站中，通过"文献服务"→"专利文献信息公共服务"→

"知识园地"→"标准与分类"可以查找到最新的 IPC 资料（http：//www.sipo.gov.cn/wxfw/zlwxxxggfw/zsyd/bzyfl/index.htm）。

> **课堂互动 4-1**
>
> C01B31/08 在 IPC 中的分类领域是什么？
> C：部，化学，冶金
> C01：大类，无机化学
> C01B：小类，非金属元素；其化合物
> C01B31/00：大组，碳；其化合物
> C01B31/08：小组，活性炭
>
>

① 部的类号由 A～H 大写字母标明。各部的类名概括地指出属于该部范围内的内容，各部下面有情报性标题构成的分部。分部没有类号，所以在分类号中显示不出属于哪个分部。各部和大类数目简表见表 4-2。食品科学类主要在 A 部，化学化工和冶金类主要在 C 部，纺织、造纸在 D 部。

表 4-2　IPC 的部名称和各部含有大类数目

部	部 类 目 名 称	各部含有的大类数目
A	人类生活必需（Human Necessities）	18
B	作业，运输（Performing Operations，Transporting）	37
C	化学，冶金（Chemistry and Metallurgy）	21
D	纺织，造纸（Textiles and Paper）	9
E	固定建筑物（Fixed Construction）	8
F	机械工程，照明，加热，武器，爆破（Mechanical Engineering，Lighting，Heating，Weapons，Blasting）	18
G	物理（Physics）	14
H	电学（Electricity）	6

② 大类是 IPC 的二级类目，其类号由部的类号及在其后加上两位阿拉伯数字组成，大类的类名表明该大类所包括的技术内容，例如：C21：铁的冶金。

③ 小类是 IPC 的三级类目，各大类包括一个或多个小类，小类的类号由大类的类号加上一个大写字母构成，小类的类名尽可能确切地表明小类的内容。

思考练习 4-3

B65D 在 IPC 中的分类领域是什么？

（提示：为用于物件或物料储存或运输的容器，如袋、桶、瓶子、箱盒、罐头、纸板箱、板条箱、圆桶、罐、槽、料仓、运输容器；所用的附件、封口或配件；包装元件；包装件）

④ 每一小类又细分成许多组，组包括大组和小组。每一组（大组或小组）的类号由小类的类号加上用"/"分开的两个数组成。大组的类号由小类类号加上一个 1～3 的阿拉伯数字及"/00"组成。

小组类号还可以进一步细分,此时,类号体现不出上、下位类之间的关系,而是用类目名称之前所加的圆点来表示。一个圆点的是大组的小组;两个圆点的是在它上面、离它最近的一个圆点的小组的细分……以此类推。同时,圆点还代表它上一级类目,在读取小组的类目时,要把圆点的含义读进去。

> **课堂互动 4-2**
>
> A23C3/023 在 IPC 中的分类领域是什么?
> A:人类生活必需
> A23:其他类不包含的食品或食料
> A23C:乳制品,如奶、干酪;奶或干酪的代用品;其制备
> A23C3:奶或奶制品的保存
> A23C3/023:利用加热。
> 总之,该 IPC 表示的含义是"在包装内利用加热保存的奶或奶制品"。

> **思考练习 4-4**
>
> C02F1/40 在 IPC 中的分类领域是什么?
> (提示:水、废水、污水或污泥的处理)

三、美国专利文献

美国的专利制度是采用"完全审查制",审查和批准严格,专利申请的淘汰率比较高,且只公布已经批准的专利说明书。所以其专利文献的水平比较高,质量比较可靠,在一定程度上能够反映当今世界技术发展水平与动向。

1. 美国专利分类(Classification of U. S. Patents)

美国专利的分类系统是目前世界上历史最悠久的专利分类系统,是一个动态分类系统,一直在不断发展更新,以适应新技术的发展。美国专利分类系统是目前世界上分类最细致、定义最明确的分类系统,虽然现在只有少数国家使用,但因其有独到之处,估计在相当长的时间内都会继续使用下去,而不会被 IPC 所代替。

美国专利的分类标记基本上采用数字表示,大类编号从 2 到 570 共 355 个,数字中间不连续,以便为今后增加新类目留有余地。每一大类按照主题细分为若干小类。

美国专利分类中所用的类目名称不是事物名称,而是按照事物的定义来命名的。例如,激光器的类名是按照产生激光的原理和定义,命名为"分子或质点共振式振荡器",彩色显像管的类名为"多电子束型阴极射线管",采用这种定义名称,目的是扩大概念,使它包括更多的东西。

为了方便检索,美国专门编制了"美国专利分类表索引"(Index to Classification)。该索引将分类表中的类名按照字母顺序编排,其后给出分类号,提供了从类名查找分类号的途径。

分级主题词	英文内容	大类号	小类号
一级主题词	Larynx Artificial	3	1.3
一级主题词	**Laser**	331	94.5
二级主题词	Amplifiers	330	94.5
	Communication	250	199
	Instruments with	33	DIG.21
	Laser induced diffusion of Impurities into semiconductor substrates		
三级主题词	Device	357	7+
	Method	148	1.5
	Modulator	D13	19
	Used in reaction	204	
一级主题词	**Lashes**	231	4

图 4-3　美国专利分类表索引

美国专利分类表索引的编排格式为：全部款目按照一级主题词字顺编排，一级主题词下又划分有二级或三级主题词，有的甚至到四级。一级主题词用黑体字印刷，其他各级用细体字印刷，缩行排印。具体著录格式见图 4-3。其中，DIG.21 表示别类，是一种非正式类；D13 中的 D 表示外观设计；357/7+ 中的 + 表示所查主题范围包括该小类及其所附的所有小类。若类号前有 PLT 字样，则表示植物专利。

2. 美国专利文献类型

美国专利分为发明专利、再版专利、植物专利、外观设计专利、防卫性公告和再审定专利等类型。其中，发明专利是主体，对应有 6 种类型专利文献。

（1）《发明专利说明书》（*Invention Patent Specification*）　这是美国专利文献的主体，占美国专利文献的 95% 以上。

（2）《再版专利说明书》（*Reissued Patent Specification*）　指发明人已公布的专利说明书中有严重的错误或遗漏，在经过修改、补充后重新提出申请并获得批准的专利说明书。

（3）《植物专利说明书》（*Plant Patent Specification*）　该专利借以垄断各种新培育出的花卉果树和绿化植物良种，由美国农业部审批。

（4）《设计专利说明书》（*Design Patent*）　该专利相当于我国"外观设计专利"，主要指各种商品的外观设计专利。

（5）《防卫性公告》（*Defensive Publication*）　对某些发明人认为不值得或不愿意正式申请专利的发明，又防止别人占有此项发明新颖性，反而使自己的工作受到限制，便将发明内容在专利公报上公布其摘要。申请人除首创权外无其他法律效力，任何人都可以直接引用。

（6）《再审定证书》（*Reexamination Certificates*）　指对已审查的专利重新审查、重新出版说明书，但专利号码不变。

美国从 1836 年美国专利局第 1 号专利起，到 2005 年已经编到 6855350 号。我国收藏有从 1950 年起美国的全部专利说明书。

美国专利文献首页格式如图 4-4 所示。

四、中国专利文献

我国于 1980 年 1 月正式成立了"中华人民共和国专利局"，1980 年 6 月参加了国际专利协调机构"世界知识产权组织"（WIPO），并于 1985 年成为《保护工业产权巴黎公约》的第 96 个成员国。

《中华人民共和国专利法》是 1984 年 3 月 12 日由第六届全国人民代表大会常务委员会第四次会议通过，1992 年、2000 年和 2008 年先后对该法进行修订，同时修订的还有专利法实施细则。1985 年，专利申请量仅为 1.43 万件，从 1985 年到 2015 年 3 月底，中国专利文献总数已达到 1353 多万件，其中发明专利授权已经达到 160 多万件，2017 年发明专利授权

US006753404B2

(12) **United States Patent**
Suh et al.

(10) **Patent No.: US 6,753,404 B2**
(45) **Date of Patent: Jun. 22, 2004**

(54) **CONTINUOUS PROCESS FOR THE PREPARATION OF COPOLYCARBONATE RESINS**

(75) Inventors: **Young Wook Suh**, Daejeon (KR); **Sung Hwan Cho**, Daejeon (KR); **Jae Hwan Lee**, Daejeon (KR)

(73) Assignee: **Samyang Corporation**, Seoul (KR)

(*) Notice: Subject to any disclaimer, the term of this patent is extended or adjusted under 35 U.S.C. 154(b) by 74 days.

(21) Appl. No.: **10/169,453**

(22) PCT Filed: **Dec. 21, 2000**

(86) PCT No.: **PCT/KR00/01503**

§ 371 (c)(1),
(2), (4) Date: **Jul. 1, 2002**

(87) PCT Pub. No.: **WO01/49772**

PCT Pub. Date: **Jul. 12, 2001**

(65) **Prior Publication Data**

US 2003/0018159 A1 Jan. 23, 2003

(30) **Foreign Application Priority Data**

Dec. 31, 1999 (KR) 1999-67767

(51) **Int. Cl.**⁷ **C08G 64/00**
(52) **U.S. Cl.** **528/196**; 264/176.1; 264/219; 422/131; 528/198
(58) **Field of Search** 422/131; 264/176.1, 264/211; 528/196, 198

(56) **References Cited**

U.S. PATENT DOCUMENTS

3,030,331 A		4/1962	Goldberg	
3,169,121 A		2/1965	Goldberg	
3,207,814 A		9/1965	Goldberg	
3,220,976 A		11/1965	Goldberg	
4,059,565 A		11/1977	Yoshizaki et al.	
4,130,548 A		12/1978	Kochanowski	
4,286,083 A		8/1981	Kochanowski	
4,677,183 A		6/1987	Mark et al.	
4,774,315 A		9/1988	Miller	
4,788,275 A		11/1988	Miller	
5,025,081 A		6/1991	Fontana et al.	
5,286,834 A	*	2/1994	Sakashita et al.	528/198
5,321,114 A		6/1994	Fontana et al.	

OTHER PUBLICATIONS

Journal Of Polymer Science: polymer chemistry edition, vol. 18, pp. 75 90 (1980).
E.P. Goldberg, S.F. Strause and H.E. Munro, Polym. Prepr., 5. pp. 233–238 (1964).
Handbook Of Polycarbonate Science and Technology, pp 80–83, Donald G. LeGrand and John T. Bendler, Marcel Drekker, Inc.

* cited by examiner

Primary Examiner—Terressa Boykin
(74) *Attorney, Agent, or Firm*—Anderson Kill & Olick; Eugene Lieberstein, Michael N. Meller

(57) **ABSTRACT**

A continuous process for the preparation of copolycarbonate resins has great advantages in preparing molding materials of intricate structure or of thin-wall: the molding process may be conducted easily at a relatively low temperature; the copolycarbonate has excellent impact strength especially at a low temperature; and they have excellent melt flow, i.e. 2 to 3 times of the conventional polycarbonates. The present invention is a new polycondensation process which is carried out sequentially by using serially connected tube-type reactors to simplify the process; and enhancing the rate of reaction for an incorporation of comonomer into the polymer backbone resulting from varying Reynols Number, Linear Viscosity and Weber Number.

15 Claims, 1 Drawing Sheet

图 4-4　美国专利说明书首页样张

量就达到 420144 件。2017 年发明专利申请量达到 1381594 件，实用新型专利 1687593 件，外观设计专利 628658 件。

中国专利分为发明专利、实用新型专利和外观设计专利三种，采用国际分类法（IPC）。1985 年 9 月 10 日发布首批专利文献（公报和说明书），专利文献由国家知识产权局发布，专利文献全部按照国际专利分类法归类。

1. 中国专利申请号与专利号

中国专利申请号用 12 位阿拉伯数字表示，包括申请年号、申请专利种类号（1、2、3 分别表示发明专利、实用新型专利和外观设计专利）和申请流水号三个部分。按照由左向右的次序，专利申请号中的第 1～4 位数字表示受理专利申请的年号（采用公元纪年），第 5 位数字表示专利申请的种类，第 6～12 位数字（共 7 位）为申请流水号，表示当年受理专利申请的流水顺序，最后一位校验码是以专利申请号中使用的数字组合作为源数据经过计算得出的一位阿拉伯数字（0～9）或大写英文字母 X，在申请号与校验码之间使用一个下标单字节实心圆点符号作为间隔符。专利申请号与中国国家代码 CN 可以联合使用，以表明该专利申请是由中国国家知识产权局受理。代码 CN 应位于专利申请号之前。例如：

专利申请号：

CN	2004	1	0008651	.	X
专利申请号标志	提交专利申请年份	专利类型	申请流水号		校验码

对于一项国家知识产权局批准专利的专利号，是由申请年号、专利申请种类、申请流水号和校验码共同组成，在授予专利权的专利号前冠以汉语拼音字头“ZL”，同一项专利的申

请号和专利号数字部分完全一致。例如：

授予专利号：

ZL	2004	1	0008651	. X
专利号标志	提交专利申请年份	专利类型	申请流水号	校验码

2. 中国专利文献编号

"专利文献编号"是指国家知识产权局按照法定程序，在专利申请公布和专利授权公告时给予的文献标识号码。中国专利文献的编号体系，先后经过三次修改而经历了四次变化。专利文献先后涉及的文献编号主要有以下几种。

① 发明专利：申请号，公开号，公布号，审定号，授权公告号，专利号。

② 实用新型专利：申请号，公告号，授权公告号，专利号。

③ 外观设计专利：申请号，公告号，授权公告号，专利号。

ZC 0007—2004《专利文献号标准》规定："公布"是指发明专利申请经初步审查合格后，自申请日（或优先权日）起 18 个月期满时的公布或根据申请人的请求提前进行的公布。"公告"是指对发明专利申请经实质审查没有发现驳回理由，授予发明专利权时的授权公告；对实用新型或外观设计专利申请经初步审查没有发现驳回理由，授予实用新型专利权或外观设计专利权时的授权公告；对发明、实用新型和外观设计专利权部分无效宣告的公告。该标准规定，"同一发明专利申请的授权公告号沿用首次赋予的申请公布号"；同样，同一实用新型专利或者外观设计专利申请的授权公告号沿用首次赋予的授权公告号。中国实施专利制度以来，曾经出现过的各种专利编号的含义如下。

(1) 申请号　专利申请时，专利机构按照申请文件的先后顺序给予的号码，是专利机构处理某一专利事务的唯一依据，同时又是申请人与专利机构有关事务联系的唯一依据。

(2) 公开号（GK）　发明专利申请经形式审查合格后，公开其申请说明书时给的号码（只有发明专利有此号码）。

(3) 公布号　"公布号"是指发明专利申请经初步审查合格后，自申请日（或优先权日）起 18 个月期满时的公布号或根据申请人的请求提前进行的公布号。

(4) 审定号（SD）　发明专利经实质审查合格后，公布其审定说明书时给的号码（只有发明专利有此号码）。

(5) 公告号（GG）　实用新型专利和外观设计专利经形式审查合格后公布其申请说明书给的号码（发明专利无此号码）。

(6) 授权公告号　1993 年以后将审定号和公告号均称为授权公告号。

(7) 专利号（ZL）　专利申请经审查合格后，国家知识产权局授权时给的号码。

以上 7 种专利编号是中国实施专利制度以来出现过的各类代码，事实上，从 2003 年以来，一件专利已经简化为四种专利编号，即专利申请号、专利授权号、专利公布号和专利授权公告号，因此同一项专利最多只有两个数字代码。

各种专利文献编号与中国国家代码 CN 以及专利文献种类标识代码（见表 4-3）联合使用构成一个完整的专利文献著录项目，专利文献种类标识代码表示该专利的法律状态。ZC 0007—2004《专利文献号标准》规定，专利文献号用 9 位阿拉伯数字表示，包括申请种类号和流水号两个部分。第 1 位数字表示申请种类号。第 2～9 位数字（共 8 位）为文献流水号（不同时期流水号位数不同），表示文献公布或公告的排列顺序，如 CN×××××××××A。

第四章 专利文献的网络检索

表 4-3 中国专利文献种类标识代码的含义

	A	B	C	U	Y	S	D
发明专利	公开说明书	审定说明书	专利说明书				
实用新型专利				申请说明书	专利说明书		
外观设计						公告号	授权公告号
ZC 0007—2004(2004 年 7 月 1 日施行)规定							
发明专利	申请公布说明书申请公布(号)	说明书授权公告(号)	发明专利权部分无效宣告的授权公告(号)				
实用新型专利				专利说明书授权公告(号)	专利权部分无效宣告的授权公告(号)		
外观设计						专利授权公告(号)或专利权部分无效宣告的授权公告(号)	

我国专利文献编号（公开号，审定号，授权公告号）结构和数字位数经历了多次变化，具体见表 4-4。

表 4-4 中国专利编号系统及变更情况

年代	专利类型	编号名称						
		申请号 CN	专利号 ZL	公开号	公布号	审定号	授权公告号	公告号
1985～1988	发明专利 实用新型 外观设计	87100012 87210268 87300547	87100012 87210268 87300547	87100012A		87100012B		87210268U 87300547S
1989～1992	发明专利 实用新型 外观设计	89103239.2 90204547.X 91301568.4	89103239.2 90204547.X 91301568.4	1030011A		1003002B		2030108U 3003002S
1993～2003	发明专利 实用新型 外观设计	93105332.1 93200578.2 93301232.X	93105332.1 93200578.2 93301232.X	1087356A			1020684C 2131536Y 3012453D	
2003～至今	发明专利 实用新型 外观设计	200310533222.1 200420533222.1 200430533222.1	200310533222.1 200420533222.1 200430533222.1	102068422A			102068422B 213153622U 301245322S	

思考练习 4-5

以下各种专利编号都是属于哪些类型？各编号之间是否有联系？哪些编号属于同一个专利？

CN100378906A；CN100378906B；CN200310533222.1；ZL200430533222.1；213153622U。

3. 专利说明书

专利说明书有一定的格式，通常是由三部分组成。

（1）扉页部分　位于说明书的首页，著录有本专利的申请号、分类、摘要等法律、技术特征。每一项著录款目都有一个相应的 INID 国际标准代码，以便于各国交流的方便。它提供了该项发明的基本内容和与此相关的文献线索，可以作为筛选文献和进一步扩大检索范围的依据。

（2）正文部分　描述该专利的目的、构成和效果，说明该专利与已有技术的联系、区别以及专利的应用领域及范围，大多数附有需要说明问题的附图。

（3）权利要求（claims）　提供该专利申请或者请求保护的技术特征范围。是确定专利权范围及判定侵权依据的法律性条文。

中国发明专利申请公开说明书和实用新型专利说明书见图 4-5 和图 4-6。

图 4-5　中国发明专利申请公开说明书样页　　　图 4-6　中国实用新型专利说明书样页

阅读材料 4-5

发明（设计）人、申请（专利权）人、代理人和优先权日

发明（设计）人：是指实际开展工作的人，享有署名权和获得适当报酬的权利，但是没有独占、使用、处置的权利。职务发明的人员一般都只属于发明（设计）人。

申请（专利权）人：是指对专利权提出申请的单位和个人，并对专利享有独占、使用、处置权，在转让或者自己使用专利技术时获得经济利益。

代理人：是指代为办理专利权申请的人。

优先权日：是指专利申请人就同一项发明在一个缔约国提出申请之后，在规定的期限内又向其他缔约国提出申请，申请人有权要求以第一次申请日期作为后来提出申请的日期。

第三节 专利文献数据库及网络检索

一、概述

1. 专利文献的检索步骤

专利文献的检索步骤一般可以分为以下几步：

① 分析检索课题，提炼出检索词，如IPC分类号、各种号码类、各种日期类、机构及人名类、关键词类等；

② 选择检索数据库；

③ 初步检索，检索到专利说明书并阅读筛选，记录检索结果；

④ 根据需要可以进一步扩大检索。

2. 专利文献的检索途径

专利文献数据库提供许多检索途径，可以根据掌握的已知信息和确定下来的"检索项"（表4-5），选择不同的检索途径。

表4-5 专利文献主要检索项

类目	检索项内容	检出文献数量
公布公告	公布(公告)号；公布(公告)日	唯一性
申请信息1	申请号(专利号)	唯一性
申请信息2	申请(专利权)人；发明(设计)人；地址	不确定
分类	IPC分类号	批量检索
专利文本	名称；摘要/简要说明	唯一性

中国专利文献的检索工具主要有国家知识产权局专利公报、专利分类表和专利索引三大类。在中国知识产权网里（www.sipo.gov.cn）可以进行and、or、not运算，并且and、or、not前后应有空格，例如"计算机 and 应用"；可以进行截词组合，"?"代替单个字符，"％"代替多个字符的检索，例如"张?辉"，"％286352％"，"中国％委员会"。

二、世界知识产权组织

由世界知识产权组织建立的知识产权电子图书馆（http://www.wipo.int，WIPO）提供世界各国专利数据库检索服务，其中包括PCT国际专利数据库、中国专利英文数据库、印度专利数据库、美国专利数据库、加拿大专利数据库、欧洲专利数据库、法国专利数据库、JOPAL科技期刊数据库、DOPALES专利数据库等。WIPO网站主界面见图4-7。

三、美国专利和商标局

美国专利和商标局（http://www.uspto.gov，USPTO）是美国政府参与的一个非商业性联邦机构，其服务内容之一便是传递专利与商标信息。USPTO的主页有许多有用的专利信息，包括新闻发布会、专利申请费用、联系人、专利代理机构、美国和波多黎各专利与商标储藏图书馆的地址与电话号码、有关专利的基本事实、可下载专利申请表、《专利合作条

图 4-7　WIPO 网站主界面

约》等美国和国际上有关专利的法定资料、美国专利分类表的浏览与检索以及世界知识产权组织等机构的链接（见图 4-8）。

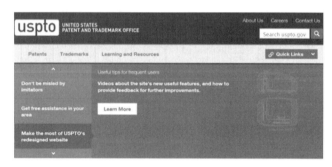

图 4-8　美国专利及商标局网站主界面

四、欧洲专利局

欧洲专利局（European Patent Office，EPO；http://www.epo.org）从 1998 年开始通过互联网提供免费的专利服务，具体内容包括最近两年内由欧洲专利局和欧洲专利组织成员国出版的专利、世界知识产权组织（WIPO）出版的 PCT 专利的登记信息及专利全文扫描图像（图 4-9）。

图 4-9　欧洲专利局网站主界面

五、中国国家知识产权局

中国国家知识产权局网站原网址为 http://www.sipo.gov.cn，从 2018 年 8 月 28 日起，国家知识产权局英文名称缩写由 SIPO 变更为 CNIPA（NATIONAL INTELLECTUAL PROPERTY ADMINISTRATION，PRC）。2018 年 8 月 30 日起，国家知识产权局政府网站正式启用新域名 www.cnipa.gov.cn，用户需要使用新域名访问网站。国家知识产权局网站的主页界面见图 4-10。

图 4-10　CNIPA 网站主界面

主要内容有政务（概况、信息公开、新闻发布、专利代理管理、政策法规、国际合作、执法维权、统计信息和文献服务）、互动（局领导信箱、意见征求、访谈直播、教育培训、网上信访、视频点播）等。其中的"服务"包括专利文献咨询台、委托服务、公益讲座、在线培训、知识园地、互联网公共服务资源等内容，可以进行专利检索与服务，可以友好链接到中国政府网、地方知识产权网、知识产权服务网站、新闻媒体网站、国际保护知识产权协会中国分会网站等。专利文献信息公共服务还提供微信公众号"专利文献众享"（patdoc-sipo）。

点击国家知识产权局网页主界面右上方的"政务服务平台"进入各类服务栏目。主要内容有：

① 专利申请　中国专利电子申请网、专利审批流程、专利申请费用、专利申请相关事项介绍、授权或驳回后相关事项介绍。

② 专利检索查询　专利检索可检索到 103 个国家、地区和组织的专利数据，以及引文、同族、法律状态等数据信息，其中涵盖了中国、美国、日本、韩国、英国、法国、德国、瑞士等。可以专利审查信息查询，可以公布公告查询。

③ 专利事务服务　中国专利事务服务系统是为满足申请人、专利权利人、代理机构、社会公众对中国专利事务服务相关业务的需求，而建设的集请求采集、查询、管理功能于一身网络服务系统。其中的服务项目有通知书、专利证书发文、优先审查、文件备案、专利质押登记与许可备案、优先权文件电子交换、文件副本和证明文件、文档查阅和复制等。通过点击"查询更多"进入可以了解更详细的具体内容。其内容是从 1985 年 9 月 10 日以来公布的全部中国专利信息，包括发明、实用新型和外观设计三种专利的著录项目及摘要，并可浏览到各种说明书全文及外观设计图形。专利检索主要有专利公开公告、法律状态查询、收费信息查询、代理机构查询、专利证书发文信息查询、通知书发文信息查询、退信信息查询、事务性公告查询、年费计算系统等，进行专利检索的条件主要有申请（专利）号、申请日、公开（公告）号、公开（公告）日、申请（专利权）人、发明（设计）人、名称、摘要、主分类号等，还可以进行 IPC 分类检索。可以对上述途径进行一般的搜索，也可以进行高级搜索。

课堂互动 4-3

通过国家知识产权局网站检索 CN200910188410.2 专利的情况。

① 进入国家知识产权局网站的"国家知识产权局综合服务平台"的"专利检索与分析"（图 4-11），在检索框中键入"CN200910188410.2"，点击"检索"（图 4-12）。

图 4-11　CNIPA 检索实例 1

图 4-12　CNIPA 检索实例 2

② 得到图 4-13，从中可知该项发明专利题目为"一种光混合固化的涂料组合物及其制备方法"。

图 4-13　CNIPA 检索实例 3

③ 在该界面点击"查看法律状态"，可以得到图 4-14。由此可知，该项专利 2012 年授权，2014 年专利权终止。

图 4-14　CNIPA 检索实例 4

课堂互动 4-4

通过国家知识产权局网站，检索有关"醒酒的保健饮料"的专利。

① 进入国家知识产权局网站（www.cnipa.gov.cn）主界面，点击"专利检索及分析"，选择"高级检索"，在"关键词"框中输入"醒酒 and 保健饮料"（图4-15）。

图 4-15　CNIPA 检索实例 5

② 下拉该页面并点击"生成检索式"得到图4-16，下拉可以得到62条相关专利。

图 4-16　CNIPA 检索实例 6

③ 对上述62条专利进行分析甄别，确定进一步阅读的条目，例如，对"一种可醒酒护肝的保健饮料及其制备方法"专利感兴趣，点击下方的"详览"得到图4-17。

图 4-17　CNIPA 检索实例 7

④ 下拉该页面可以得到相关"摘要"，可以英汉互译，还可以得到该专利的法律状态是"发明专利申请公开"。

思考练习 4-6

通过中国知识产权局网站检索有关"氮化硅粉末的制造方法及设备"方面的中国专利文献。

（提示：氮化硅属于无机化合物，确定 IPC 分类号为 C01/B。专利号为 ZL89106804.X，发明名称为氮化硅粉末的制造方法及设备，专利权人为国家建筑材料工业局山东工业陶瓷研究设计院）

课堂互动 4-5

2006 年 11 月，A 公司从我国台湾引进一条生产线的谈判陷入了僵局，对方以技术方案中含有众多专利为由抬高报价，我方难以接受，怎么办？如何验证对方提供情况的真实性？在对方提供的技术清单中，其中一项"蓄电池极板加工机"引起了我方的注意，可以通过国家知识产权局网站检索落实实情。

① 本课题已知专利名称为"蓄电池极板加工机"，需查知该专利的法律状态，即了解专利是否还在专利权保护的有效期内。因本专利的使用是在中国境内，所以只需检索该专利在中国境内的法律状态即可，可以选择中国国家知识产权局网 (http://www.cnipa.gov.cn)。

② 通过国家知识产权局网站，打开"专利检索及分析"，进入"常规检索"（图 4-18），在检索框中输入"蓄电池极板加工机"，点击检索，得到图 4-19。

图 4-18　CNIPA 检索实例 8　　　　图 4-19　CNIPA 检索实例 9

③ 该专利是 2002 年申请、申请号为 CN02233041 的实用新型专利。点击该页面下方的"详览"查看文献详细信息，得到图 4-20，是我国台湾的一个专利。

④ 点击查看"法律状态"，得到图 4-21，得知该专利 2003 年授权，但 2006 年 6 月 14 日专利权终止而失效，不再受专利法保护。面对这样的检索结果，可以对此项专利说"否"。

图 4-20　CNIPA 检索实例 10

图 4-21　CNIPA 检索实例 11

六、中国专利信息中心

中国专利信息中心（http://www.cnpat.com.cn）成立于1993年，是国家知识产权局直属的国家级专利信息服务机构，主营业务包括信息化系统运行维护、信息化系统研究开发、专利信息加工和专利信息服务等（见图4-22）。

图4-22　中国专利信息中心网站主界面

中国专利信息中心主要栏目有中心简介、最新动态、人才招聘、产品及服务、专利实施数据库、专利知识园地、英汉互译和专利检索等。可以提供专利技术宣传推广、专利检索、专利翻译、专利系列数据库光盘、金属专利证书（纪念件）以及知识产权裁判文集等服务。主要检索途径有智能检索、表格检索、专家检索和法律状态检索等。

> **课堂互动 4-6**
>
> 通过中国专利信息中心网站查询电动汽车专利的情况。
> ① 进入中国专利信息中心网站主界面，在左上角"专利检索"栏中点击"检索"进入"专利之星检索系统"，在检索框中输入"电动汽车"，点击"检索"（图4-23）。
>
>
>
> 图4-23　中国专利信息中心网站检索实例1
>
> ② 得到图4-24显示的结果，有关专利多达32413项，且大多数处于"在审"阶段，说明有关电动汽车方面的发明是一个热门课题。
> ③ 点击其中一项专利"充电桩"，可以显示该专利是一个外观设计专利，处于有效期，可以得到相关的数据（见图4-25）。

图 4-24　中国专利信息中心网站检索实例 2

图 4-25　中国专利信息中心网站检索实例 3

课堂互动 4-7

已知有一个"节能烧水壶"的公告号为 86202600.8，通过中国专利信息中心网站了解该专利的有关内容。

① 进入中国专利信息中心网站主界面，点击"专利检索"进入"专利之星检索系统"，在检索框中输入"86202600.8"，点击"检索"。

② 得到图 4-26，IPC 分类号为 A47J27/21，申请人为赵力。

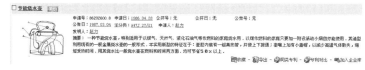

图 4-26　中国专利信息中心网站检索实例 4

③ 发现该项专利处于无效状态，点击"无效"，得到图 4-27，从中可知该项专利由于未交年费于 1989 年其专利权已经终止。

图 4-27　中国专利信息中心网站检索实例 5

思考练习 4-7

通过中国专利信息中心网站检索郑州工程技术学院李靖靖获得专利的情况。
（提示：如何在机构发生变化资料中筛选出所需要的专利？）

七、中国知识产权网

中国知识产权网（China Intellectual Property net，CNIPR；http://www.cnipr.com）是1999年由知识产权出版社创办，其主界面见图4-28。主要栏目有CNIPR视角、产品服务、司法实践、应用服务和培训课堂等。主要检索途径有高级检索（图4-29）、法律状态检索、运营信息检索、失效专利检索和热点专题等。

图4-28 中国知识产权网站主界面

图4-29 中国知识产权网高级检索界面

课堂互动 4-8

1991年11月13日《中国专利报》有一篇题为"阳泉有个周竹堂"的文章介绍说：在8年的时间里，他研制成功了9个系列37个新产品，有多项技术获得专利……现通过中国知识产权网检索了解周竹堂的发明情况。

① 根据已有的线索，进入中国知识产权网站（www.cnipr.com），点击进入"高级检索"，在发明人栏中输入"周竹堂"，点击"检索"。

② 得到图4-30，由此可知该人获得7项实用新型专利和1项发明专利，并且全部处于无效或者有效期届满的法律状态。

图 4-30　中国知识产权网检索实例

利用中国知识产权网检索日本武田药品工业株式会社 1992 年在我国取得几项专利。（提示：确定专利权人的名称——武田药品工业株式会社，并且确定年限要求）

目前常用的专利文献检索数据库还有很多，例如中国专利信息网（国家知识产权局专利检索资讯中心主办，http://www.patent.com.cn）、中国知网专利检索专辑、万方数据库专利检索专辑、搜专利（http://www.soopat.com）等。soopat 立足专利领域，致力于专利信息数据的深度挖掘，致力于专利信息获得的便捷化，努力创造最强大、最专业的专利搜索引擎，为用户实现前所未有的专利搜索体验。它拥有中国最有创造力的专利专家、信息检索专家和系统架构专家，以及众多持同一理想的志愿者和广泛支持者。它可以为用户订购专利信息并及时通报。其目标是让专利搜索平民化，让不是专利检索专家的用户能在瞬间找到所需要的专利。

第四节　如何申请专利

专利申请流程（图 4-31）和步骤如下。

1. 申请形式

必须采用书面形式，不能用口头，或者提供样品、样本或模型的方法代替或省略书面申请文件。

2. 申请文件的组成

发明专利请求书、说明书（必要时应当有附图）、权利要求书、摘要及其附图各一式两份。

3. 专利申请内容的单一性要求

请求书应当写明发明或者实用新型的名称、发明人或者设计人的姓名，申请人姓名或者名称、地址，以及其他事项。

一件专利申请内容应当只限于一项发明、实用新型或外观设计。不允许将两项不同的发明或实用新型放在一件专利申请中，也不允许将一种产品的两项外观设计或者两种以上产品的外观设计放在一项外观设计专利产品中提出。这就是专利申请内容的单一性要求。一般将它称作"一申请一发明"的原则。

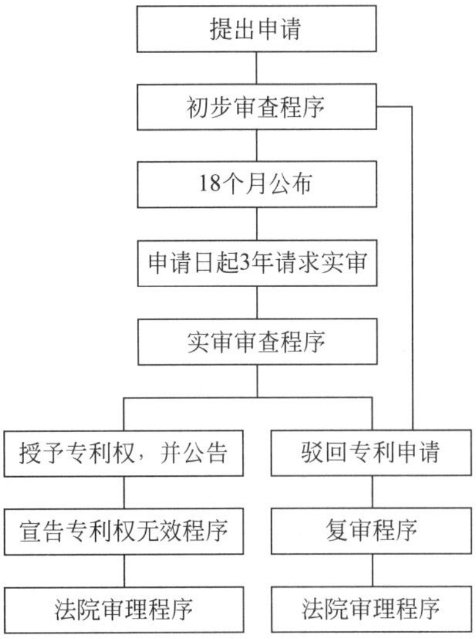

4. 申请文件的撰写

关于申请文件的撰写可以参考中国国家知识产权局所发布的有关文件表格和指导书，这些资料均可以从中国专利网上下载得到。

说明书应当对发明或者实用新型做出清楚、完整的说明，以所属技术领域的技术人员能够实现为准，必要时，应当有附图。摘要应当简要说明发明或者实用新型的技术要点。

权利要求书应当以说明书为依据，说明要求专利保护的范围。

申请外观设计专利的，应当提交申请书以及该外观设计的图片或者照片等文件，并且应当写明使用该外观设计的产品及其所属的类别。

图 4-31 专利申请流程图

5. 专利申请步骤（图 4-32）

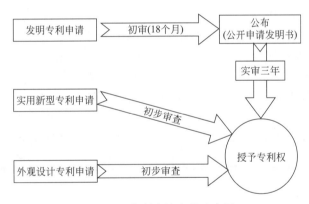

图 4-32 专利申请步骤示意图

阅读材料 4-6

华为公司 2014 年和 2017 年年报启示

华为公司创立于 1987 年，是全球领先的信息与通信技术（Information and Communications Technology，ICT）解决方案供应商，为运营商客户、企业客户、消费者提供有竞争力的 ICT 解决方案、产品和服务。

目前，华为业务遍及全球 170 多个国家和地区，服务于全世界 1/3 以上的人口。华为员工约 18 万名，海外员工本地化比例约为 70%。

2014年，华为投入研发的经费为408亿人民币（相当于65亿美元），占当年销售收入的14.2%。任正非对研发投入的基本标准是不低于10%，即比标准高4.2%。近十年华为累计投入的研发费用超过人民币1900亿元。

2014年，华为累计共获得专利授权38825件，累计申请中国专利48719件，累计申请外国专利23917件，90%以上专利为发明专利。

华为在全球设立了16家研发中心，还与领先运营商成立28个联合创新中心，分布在美国、英国、日本、加拿大、瑞典、德国、法国、俄罗斯、印度等国。

2014年销售收入：华为2882亿，腾讯789亿，阿里708亿，百度490.5亿；华为超过BAT的总和；2014年纳税：华为纳税337亿，BAT最高的阿里109亿，华为超过BAT的总和。

从2000年开始的十五年，华为累积营收2.3万亿，超过60%来自海外，在外国人身上赚的钱达1.38万亿。华为累积利润、累积纳税均超过2000亿！

2017年销售收入6036亿元人民币（同比增长15.7%），净利润475亿元人民币（同比增长28.1%）。华为把领先技术转化为更优、更有竞争力的产品解决方案，帮助客户实现商业成功。

持续投入研发，推动开放式创新。研发人员约8万名，占公司总人数的45%，其中包括上万名博士。

2017年研发费用支出为人民币897亿元，约占总收入的14.9%。近十年累计投入的研发费用超过3940亿元。累计获得专利授权74307件，其中90%以上专利为发明专利。

全球联合创新，驱动产业发展。华为创新研究计划（HIRP）已与全球近30多个国家和地区的400多所研究机构及900多家企业开展创新合作。

积极推动生态建设，做"黑土地"。坚持做"黑土地"和使能者，长期坚持开放、合作、共赢。加入360多个标准组织、产业联盟和开源社区，担任超过300个重要职位，在IIC、IEEE-SA、BBF、ETSI、TMF、WFA等众多组织担任董事会或执行委员会成员。

自测练习题

1. 单选题：国际专利分类表由八个大部组成，其中A部、B部、C部依次分别是（　　）。
   A. 化学、冶金；作业、运输；人类生活必需
   B. 人类生活必需；化学、冶金；作业、运输
   C. 作业、运输；人类生活必需；化学、冶金
   D. 人类生活必需；作业、运输；化学、冶金

2. 单选题：我国专利机构对专利申请号曾采用八位编排结构，前两位数字表示（　　），第三位数字表示（　　）。
   A. 国家代码；流水号　　　　　　　　B. 国家代码；专利种类
   C. 年份；专利种类　　　　　　　　　D. 年份；流水号

3. 单选题：一项专利的申请号为CN200410008651.X，如被授予专利权，专利号可能是（　　）。
   A. CN200410008651.X　　　　　　　B. ZL0410008651.X

C. ZL200410008651.X D. 0410008651B

4. 单选题：一件发明专利被宣告无效后，其专利权的法律效力丧失之日正确的是（　　）。
   A. 该专利权的专利申请日 B. 该专利权授权公告之日
   C. 宣告无效的决定公告之日 D. 该专利权的申请文件公布之日

5. 单选题：下列项目中，不属于发明的是（　　）。
   A. 游戏方法 B. 人造卫星的发明
   C. 汉字输入法 D. 超导材料的发明

6. 单选题：有关发明与实用新型专利的区别，（　　）正确的。
   A. 实用新型没有实质审查 B. 新颖性及创造性水平都很高
   C. 两种专利的保护期相同 D. 两种专利的审批手续相同

7. 单选题：一个完整的国际专利分类号通常由下列（　　）选项的符号组合而成。
   A. 部、大类、小类、大组、小组 B. 部、大类、主组、小类、分组
   C. 部、大组、小组、主组、分组 D. 部、大类、小类、主类、分类

8. 单选题：专利文献检索途径主要有（　　）。
   A. IPC 分类号途径 B. 申请人和专利权人名称途径
   C. 专利号途径 D. 三种都可以

9. 单选题：下面哪一种文献检索项只对应能够检索到唯一的一篇文献？（　　）
   A. IPC 号 B. 专利申请号
   C. 专利代理机构名称 D. 专利拥有者姓名

10. 单选题：提出发明专利申请的申请人，请求审查的时间应在（　　）提出。
    A. 自申请日起 3 年内 B. 自申请日起 2 年内
    C. 自申请日起 1 年内 D. 自申请日起 18 个月内

11. 单选题：根据 ZC 0006—2003 专利申请号标准，以下申请号含义正确的是（　　）。
    A. 200510005661.4 是实用新型 B. 200500000001.0 是发明
    C. 200420000671.9 是发明 D. 200430533222.1 是外观设计

12. 单选题：下列行为中，属于对专利权的合理使用的行为是（　　）。
    A. 某学校在进行一项教学实验时未经许可使用他人的一项相关专利
    B. 某学校受某公司委托开发一种新产品时未经许可使用他人的一项相关专利
    C. 某公司在生产某产品时未经许可使用他人的一项相关专利
    D. 某公司在广告宣传活动中未经许可使用他人的一项相关专利

13. 单选题：实用新型专利的最主要特点包括（　　）选项。
    A. 仅限于产品 B. 必须具有实用性，能在工业上应用
    C. 不用进行实质审查 D. 专利保护期为 20 年

14. 单选题：发明或者实用新型专利的外国优先权期限应是（　　）。
    A. 3 个月　　B. 6 个月　　C. 12 个月　　D. 18 个月

15. 单选题：甲比乙早一周完成了一个相同的发明，但乙比甲早一天提出了专利申请，若此发明符合授予专利的条件，请问应当将专利授予（　　）。
    A. 甲　　B. 乙　　C. 甲、乙共有　　D. 不受理

16. 单选题：根据我国专利法，职务发明创造的专利权应当属于（　　）。
    A. 单位 B. 发明人
    C. 单位与发明人共有 D. 国家知识产权局裁定

17. 单选题：在发明或者实用新型专利申请文件中，用于说明专利技术保护范围的是（　　）。
   A. 请求书　　　　B. 说明书　　　　C. 权利要求书　　　　D. 附图说明
18. 多选题：专利文献（　　）。
   A. 是由国家知识产权局出版
   B. 所包含的资料都是公开出版的
   C. 所涉及的对象是批准为专利的发明创造
   D. 包含技术信息、法律信息、市场信息、战略信息
19. 多选题：按照专利法的规定，申请发明和实用新型专利的，应该（　　）。
   A. 对发明创造的技术内容揭示完整而详尽
   B. 在说明书中对其发明创造做出清楚、完整的说明
   C. 以所属技术领域技术人员能实现为准
   D. 必须在当前能够制成产品的新技术
20. 多选题：在下列一组号码中，中国发明专利申请号是（　　）。
   A. 85100001　　　B. ZL85100001　　　C. 89200001.5　　　D. 93100001.7
21. 多选题：下列哪些不是国际专利分类号（　　）。
   A. 3B104AA00　　　B. H01R5/04F　　　C. A45B25/16　　　D. 303/6.01
22. 多选题：有关"医用核磁共振成像仪永磁磁系"的技术主题，与以下哪些 IPC 分类相关？（　　）
   A. H01F7/02 永久磁体
   B. H01F41/02 用于制造磁芯、磁体的设备或方法
   C. G01R33/383 使用永久磁体产生、均匀或稳定主磁场或梯度磁场的系统
   D. A61K49/06 核磁共振造影剂；磁共振成像造影剂
23. 多选题：某公司的主要产品是稀土荧光材料，为了进一步提升产品的技术含量，该公司准备开发新型稀土荧光材料。在开发之前，公司欲进行专利信息的全面检索，以便为开发提供一些参考。此时该公司了解到国外某公司甲有类似产品，请为该公司可通过以下哪些途径进行专利信息检索？（　　）
   A. 主题词——稀土荧光材料　　　　B. 系统荧光材料所对应的 IPC 分类号
   C. 国外某公司甲的公司名称　　　　D. 通过查阅科技文献
24. 多选题：下面哪些文献检索项有可能检索到一批相应的专利文献？（　　）
   A. 作者姓名　　　B. 关键词　　　C. 专利 IPC 号　　　D. 专利公告号

实训练习题

1. 根据自己所了解的事例说明专利技术在经济社会发展中所起的重要作用。
2. 根据《中华人民共和国专利法》的规定，我国实施专利的种类有哪些？各有什么特点？
3. 取得专利的条件有哪些？如何理解这些条件？
4. 国际专利分类号 C23F1/02 的分类领域是什么？
5. 在相关专利网站中查找 INID 代码的含义是什么。
6. 专利说明书是由几部分组成的？找到一份专利说明书，根据 INID 规定的文献标志，分别确定该份专利说明书上各项内容是什么。

7. 检索专利文献的一般途径和步骤有哪些？如何确定最佳检索方案？

8. 确定IPC分类号为C09J，通过国家知识产权局网站检索到其中一篇有关文献。

9. 通过发明人检索途径检索郑州大学曹少魁的专利状况如何，都是属于什么类型的专利？

10. 从中国专利信息中心网站检索北京化工大学共申请几项专利（含发明、实用新型和外观设计）、获得几项发明专利权，其中有关材料学方面的有哪些？

11. 在自己生活中所见到的某些取得专利的食品的专利号，利用中国知识产权网检索该专利的内容是否属实。

12. 通过中国专利信息网检索生产双酚A新方法的IPC分类号、专利号各是什么。

13. 通过国家知识产权局网站检索"中国科学院山西煤炭化学研究所"授予的实用新型专利有哪些。

14. 查阅资料说明 CN 200364512 U 的各部分代表什么意思，该专利文献的法律状态是什么？（实用新型专利说明书授权公告号）

15. 查阅中国专利第一例（专利号：85100001）现状如何。

16. 本校现有专利共多少项？各类分别有多少项？其中授权专利多少项？授权发明专利共有多少项？失效专利共有多少？分析失效专利各种原因是什么。

第五章

标准文献的网络检索

 学习目标

1. 掌握标准和标准化的基本概念,了解国际标准化组织、国际标准分类法、中国标准分类法。
2. 熟悉国际标准分类法和中国标准分类法。了解 ISO 认证、方圆认证、生产许可等各类认证和相应标识。
3. 掌握标准文献的检索方法和途径,熟练科学地进行国际标准和中国国家标准的检索。

 重点难点

本章重点是确定正确的检索项进行标准文献的检索;难点是网络检索中如何判断一个标准是现行标准还是作废标准(法律状态)。

导读导学

◎ 到商场买商品时,是否可以看到包装上的执行标准编号?其含义是什么?是真实的吗?如何核实?

◎ 能否深刻理解标准在国家现代化进程中的重要作用?如何理解企业标准化管理的重要性?

◎ 一个标准可以永远使用下去吗?是否需要修改?如何修改?新旧标准之间的关系如何?

◎ 请你举出一例说明标准的重要性,如果没有标准的规定,世界将会呈现出什么样的混乱状态?

◎ 通过网络能否检索到你所需要的标准文献？能否下载？为什么？国家强制性标准可以免费下载吗？
◎ 中国食品类的 QS 与 SC 之间是什么关系？从中可以得到哪些启示？
◎ 如果把一件标准文献作为文后参考文献，如何著录最科学？

第一节　标准、标准化和标准文献

标准化古已有之，源远流长，从人类文明起源的开始，就自然而然地诞生了，并随着产业革命的风暴不断地成长、普及与发展。标准最早产生于工业革命发源地英国，1901 年英国就成立了世界上第一个全国性标准化机构。到今天，已有 100 多个国家设有全国性标准化组织，其中 70 多个国家制定有国家标准。

一、标准

钱学森先生曾经说过："标准是一门系统工程，任务就是设计、组织和建立全国的标准体系，使它促进社会生产力的发展。"标准是"为在一定的范围内获得最佳秩序，对活动或其结果规定共同的和重复使用的规则、导则或特性的文件。该文件经协商一致制定并经一个公认机构批准"。因此，标准（standard）是对需要协调统一的技术、概念或重复性的事物所做出的统一规定。它以科学技术和实践经验的综合成果为基础，经有关方面协商同意，由公认的机构批准，以特定形式发布，其目的是获得最佳秩序和社会效益。

二、标准化

"标准化"是指"为了在一定的范围内获得最佳秩序，对现实问题或潜在问题制定共同使用和重复使用的条款的活动"。简而言之，标准化是一项制定条款（规范性文件）的活动。标准化的定义有两层含义：①定义所说的"活动"主要包括编制、发布和实施标准的过程；②标准化的目的是在一定范围内获得最佳秩序。标准化的主要作用在于为了达到一定的目的，对产品、过程和服务的适用性进行改进，防止贸易壁垒，并促进技术合作。

标准化的管理是指符合外部标准（法律法规或其他相关规划）和内部标准（企业所倡导的文化、理念）为基础的管理体系。主要内容有：①制定好产品标准是企业标准化的第一步；②标准必须形成体系，只有这样才能发挥作用；③产品开发领域是企业标准化的制高点。

《中华人民共和国标准化法》规定需要制定标准的范围

① 工业产品的品种、规格、质量、等级或者安全、卫生要求。
② 工业产品的设计、生产、检验、包装、储存、运输、使用的方法或者生产、储存、运输过程中的安全、卫生要求。

③ 有关环境保护的各项技术要求和检验方法。
④ 建设工程的设计、施工方法和安全要求。
⑤ 有关工业生产、工程建设和环境保护的技术术语、符号、代号和制图方法。

三、标准文献

所有制定出来的技术标准构成标准文献，它是对产品、工程或其他技术项目质量、品种、检验方法及技术要求等所作的统一规定，以供人们共同遵守和使用。它可以采用下述表现形式：①规定一整套必须满足的文件，或者是一张色度图等；②一个基本单位或物理常数，如安培、绝对零度；③可用作实体比较的物体，如千克原器。但是随着科学技术的飞速发展，所有的实体标准都要失效了。标准文献是生产技术活动中必须遵循的一种规范性技术文件。

标准文件构成的文献特点主要是：出版自成体系；时效性强，定期修订；交叉重复，相互引用。

实物标准——国际千克原器

国际千克原器(international prototype kilogram, IPK)又被称为"一千克标准物"。自1889年以来，"千克"这一重量是由放在法国巴黎国际度量衡局(BIMP)的一个铂铱合金(90%的铂，10%的铱)圆筒所定义，它的高和直径都是约39mm。该合金于1879年制成，经仔细调校，符合自18世纪法国大革命以来"千克"的重量，并于10年后被采纳，成为国际千克原器(图5-1)。

国际千克原器被放置在巴黎市郊的地下室内，人们一直认为这一合金的质量不会改变。2007年的一次检查中，相关人员发现这个有118年历史、用铂和铱混合铸造的圆柱形铸件减轻了约$50\mu g$。2018年底，在法国凡尔赛召开的第26届国际计量大会通过了修订国际单位制(SI)的决议。国际单位制中的质量单位千克改由自然常数(普朗克常数)来定义，并于2019年国际计量日(5月20日)起正式生效，从此国际单位体系迈向无实物的量子时代。

图5-1 千克原器

第二节　标准的分类

随着人类社会的发展，标准化领域不断拓宽，标准系统发展成了一个类别繁杂的体系，因此分类也比较复杂。为了便于了解标准的类别，更好地开展标准化工作，可以按照标准的使用层次、内容性质等进行分类，而标准的分类与分级也是科学管理和信息交流所需要的。

1. 按使用层次划分

从使用范围着眼来划分，有国际标准、区域性标准、国家标准、行业标准、地方标准、企业标准六个层级。目前国内对标准的认识存在一个误区，认为达到国际标准就是最高层次了。实际上，在发达国家，企业标准最先进，国家标准次之，然后是国际标准。当然，在我国有些领域由于生产力水平不高，企业能够达到国际标准已经是相当不错了。

2. 按我国标准化法划分

《中华人民共和国标准化法》规定，我国标准分为国家标准、行业标准、地方标准、团体标准和企业标准等。

3. 按成熟程度划分

有正式标准和试行标准（prestandard）。

4. 按标准化的对象划分

（1）技术标准（technical standard） 是指对标准化领域中需要协调统一的技术事项所制定的标准，是从事生产、建设及商品流通的一种共同遵守的技术依据。

① 基础标准（basic standard） 是指以一定范围内的标准化对象的某些共性（如概念、数系、通则等）为对象所制定的标准。如通用科学技术语言标准，计量单位、计量方法标准，保证精度与互换性方面的标准，实现产品系列化和保证配套关系方面的标准，文件格式、分类与编号标准等。

② 产品标准（product standard） 是指以保证产品的适用性，对产品必须达到的某些或全部要求所制定的标准。如产品适用范围、品种规格，产品的技术要求（即质量标准），产品的试验方法、检验规则，产品的包装、运输、储存等方面的标准。

③ 方法标准（method standard） 是指以通用的试验、检查、分析、抽样、统计、计算、测定、作业等各种方法为对象所制定的标准。如试验方法、分析方法、抽样方法、设计规范、计算公式、工艺规程等方面的标准。

④ 安全、卫生与环境保护标准 安全标准是指以保护人和物的安全为目的而制定的标准。如安全技术操作标准、劳保用品的使用标准、危险品和毒品的使用标准等。卫生标准是指以保护人的健康，对食品、医药及其他方面的卫生要求所制定的标准。如食品卫生标准、药物卫生标准、生活用水标准、企业卫生标准、环境卫生标准等。环境保护标准是指为了保护人身健康、社会物质财富，保护环境和维护生态平衡，对大气、水、土壤、噪声、振动等环境质量、污染源、监测方法以及满足其他环境保护方面要求所制定的标准。如"三废"排放标准、噪声控制标准、粉尘排放标准等。

⑤ 工艺标准 是指对产品的工艺方案、工艺过程、工序的操作方法和检验方法以及对工艺设备和检测仪器所做的技术规定。

⑥ 设备标准 是指以生产过程中使用的设备为对象而制定的标准。如设备的品种、规格、技术性能、加工精度、试验方法、检验规则、维修管理以及对包装、储运等设备的技术规定。

⑦ 原材料、半成品和外购件标准 原材料、半成品标准是指根据生产技术以及资源条件、供应情况等，对生产中使用的原料、材料和半成品所制定的标准，其目的是指导人们正确选用原材料和半成品，降低能耗和成本。外购件标准是指对不按本企业编制的设计文件制

造,并以成品形式进入本企业的零部件所制定的标准。外购件包括通用件、标准件、专用件,外购件标准是供需双方必须遵守的技术要求。

(2) 管理标准(management standard) 是指对标准化领域中,需要协调统一的管理事项所制定的标准,是正确处理生产、交换、分配和消费中的相互关系,使管理机构更好地行使计划、组织、指挥、协调、控制等管理职能,有效地组织和发展生产而制定和贯彻的标准,它把标准化原理应用于基础管理,是组织和管理生产经营活动的依据和手段。

① 管理基础标准 是指对一定范围内的管理标准化对象的共性因素所作的统一规定,并在一定范围内作为制定其他管理标准的依据和基础。如管理名词术语、编码、代号、计划、组织机构、人事、财务、会计、统计等各种规定。

② 技术管理标准 是指为保证各项技术工作更有效地进行,建立正常的技术工作秩序所制定的管理标准。如图样、技术文件、标准资料、情报档案的管理标准。

③ 生产经营管理标准 是指企业为了正确地进行经营决策,合理地组织生产经营活动所制定的标准。如企业的市场调查、经营决策与计划、产品的设计与生产、劳动组织与安全卫生等。

④ 经营管理标准 是指对生产、建设、投资的经济效果,以及对生产、分配、交换、流通、消费、积累等经济关系的调节和管理所制定的标准。如决策与计划管理标准(目标管理标准、决策方法与评价标准,可行性分析规程、优先顺序评定标准,投资决策管理标准,投资收益率标准等),资金、成本、价格、利润等方面的管理标准,劳动、人事、工资、奖励、津贴等方面的标准。

⑤ 行政管理标准 是指政府机关、社会团体、企事业单位为实施有效的行政管理,正确处理日常行政事务所制定的标准。包括管理组织设计、行政管理区划及编号、组织机构属性分类,交通信号和标志、安全管理,管理人员分类、管理档案、行政机构办公自动化等方面的标准。

(3) 工作标准 是指对标准化领域中需要协调统一的工作事项所制定的标准。

① 岗位目标 指的是岗位的工作任务及工作内容。

② 工作程序和工作方法 将工作岗位上重复性的工作,通过总结经验和试验,优选出较为理想的工作程序和工作方法,将其纳入工作标准之中。

③ 业务分工与业务联系(信息传递)方式 企业内部的各部门的业务分工与信息传递,企业内部与外部的业务联系的工作标准。

④ 职责与权限 工作标准中对每个工作岗位所应具有的与其承担的任务相适应的职责和权限做出的规定。

⑤ 质量要求与定额 工作标准中应对每个岗位的工作规定明确的技术要求,并尽可能做到定量化。

⑥ 对岗位人员的基本技能要求 要求岗位人员具有量化的操作水平、文化水平、管理知识等,以适应圆满完成每个岗位的任务。

⑦ 检查与考核办法 可以采用打分的办法,也可以采用分级的办法。

5. 按是否具有法律约束力(法规性)划分

有强制性标准(mandatory standard)、推荐性标准(recommendation standard)和指导性标准(guide standard)三种。强制性标准是指具有法律属性,在一定范围内通过法律、行政法规等强制手段加以实施的标准,其目的是保障人体健康、人身和财产安全。推荐性标准由于是协调一致文件,不受政府和社会团体的利益干预,能更科学地规定特性或指导生产。指导性技术文件是为仍处于技术发展过程中（多为变化快的技术领域）的标准化工作提供指南或信息，供科研、设计、生产、使用和管理等有关人员参考使用而制定的标准文件。

6. 按专业领域类别划分

根据不同的技术领域，可以划分为化工标准、环境保护标准、编辑排版标准、食品安全标准等。

一、国际标准

国际标准（international standard）是指由国际性组织所制定的各种标准。不同国家和地区的同类技术有着不同的标准，会使国际间贸易受到影响，特别是进出口行业认为需要统一世界标准，以促进国际贸易进程，这就是国际标准产生的原因。有了国际标准后，供应商提供的产品质量有据可依，用户对产品和服务就更有信心。最重要的国际标准是由国际标准化组织（International Organization for Standardization，ISO）制定的 ISO 标准、国际电工委员会（International Electrotechnical Commission，IEC）制定的 IEC 标准（信息技术领域工作由 ISO/IEC 联合技术委员会负责）和国际电信联盟（International Telecommunication Union，ITU）制定的 ITU 标准。其他如联合国粮农组织（Food and Agriculture Organization，FAO）和世界卫生组织（World Health Organization，WHO）也颁布有关专业的标准。

（一）ISO 标准

1. ISO 简介

国际标准化组织创建于 1946 年 10 月 14 日，该组织为非官办的，总部机构设在日内瓦。ISO 的主要任务是制定和颁发 ISO 标准，协调国际性的标准化工作，目前，ISO 现行有效标准为 3 万多项。我国于 1978 年 9 月以中国标准化协会名义正式加入国际标准化组织，2008 年成为 ISO 的常任理事国。

国际标准化组织根据需求建立不同的技术委员会（Technical Committee，TC），制定除电子、电气以外的所有专业领域的技术标准。已经先后产生 300 多个技术委员会，今后还会根据情况不断增减技术委员会。技术委员会下设技术委员会分会（Sub-Committee，SC）和工作组（Working Group，WG）。其中，ISO/TC34 为农产食品技术委员会；ISO/TC47 为化学技术委员会（UDC661）；ISO/TC79 为轻金属及其合金技术委员会；ISO/TC156 为金属与合金的腐蚀技术委员会；ISO/TC176 为质量管理与质量保证技术委员会。

2. 国际标准分类法

国际标准分类法（International Classification for Standards，ICS）是目前国际标准化组织正在使用（可去全国标准信息公共服务平台查询：http://www.std.gov.cn/gb/gbQuery），并建议所有 ISO 成员采用的标准文献分类法。1996 年 11 月 28 日我国决定自 1997 年 1 月 1 日起在国家标准、行业标准和地方标准中采用 ICS 分类法。

ICS 分类按照三级构成，第一级为标准化领域的 41 个大类，每一大类以两位数字表示。第二级是把全部大类再分成若干个二级类，其类号由三位数字组成并与大类号用一个点"."隔开。在二级类中，又进一步分成三级类，其类号由两位数字组成，并与二级类用一个点"."隔开。例如 01.080.10 为公共信息符号，无机酸的分类号为 71.060.30，表示无机酸一级类为"化工技术"，二级类为"无机化学"，三级类为"无机酸"，以后凡是无机酸类的所有标准，都入此类。

如果是一个三级类或一个没有三级类的二级类，根据需要也可以再细分为更小的四级类或新的三级类，但用一个连字符号"-"作为分隔符号。

课堂互动 5-1

分析国际标准分类号"71.040.20-10"所属技术领域是什么。

71.040.20-10

① ② ③

注释：

①一级类：化工技术；②二级类：分析化学；③三级类：实验室器皿和有关仪器。

思考练习 5-1

通过网络检索确认国际标准分类号 67.220.20 所属的技术领域是什么。

[提示：通过国家政府网站及正规数据库找出答案（食品添加剂）。]

3. ISO 标准文献构成

一份"ISO 标准"文献由封面、正文、附加说明三部分组成，封面主要由以下内容组成。

① 标准名称。英文名称（附法文名称）。

② 标准编号。由"ISO＋序号：发布年份"组成。

阅读材料 5-3

一份"ISO 标准"文献的编码构成示例

ISO　　　　　3838　　：　　1983

国际标准代码　　当年流水序号　　发布年份

（二）IEC 标准

国际电工委员会（IEC）是世界上与 ISO 并列的国际性标准化组织，专门负责研究和制定电工电子技术方面的国际标准。包括有综合性基础标准、电工设备标准、电工材料标准、日用电器标准、仪器仪表及工业自动化有关标准、无线电通信标准、电声设备标准、电子元件器件标准、专用电子设备标准、各种电气装置造成的无线电干扰测试方法标准、安全标准等。

二、区域标准

区域标准（regional standard）是某一区域标准化团体通过的标准，也包括参与标准化活动的区域团体通过的标准。如欧洲标准化委员会标准（CEN）、亚洲标准咨询委员会标准（ASAC）等。

三、国家标准

常见工业国家标准（national standard）代号见表 5-1，中国标准化研究院标准馆内均有馆藏，可以提供查询。

表 5-1　常见工业国家标准代号

国家名称	标准代号	国家名称	标准代号	国家名称	标准代号
美国	ANSI	德国	DIN	挪威	NS
英国	BS	加拿大	CSA	韩国	KS
俄罗斯	GOST	澳大利亚	AS	马来西亚	MS
日本	JIS	捷克	CSN	新西兰	NZS
法国	NF	瑞士	VSM	泰国	TIS
葡萄牙	NP	新加坡	SS		
罗马尼亚	SR	保加利亚	BGC		

（一）中国国家标准

1. 中国国家标准简介

我国在 1978 年 5 月成立国家标准总局，同年 9 月加入国际标准化组织。2018 年初国务院机构改革中，确定组建国家市场监督管理总局（网址为 http://www.samr.gov.cn）。改革市场监管体系，实行统一的市场监管，是建立统一开放竞争有序的现代市场体系的关键环节。为完善市场监管体制，推动实施质量强国战略，营造诚实守信、公平竞争的市场环境，进一步推进市场监管综合执法，加强产品质量安全监管，让人民群众买得放心、用得放心、吃得放心，将国家工商行政管理总局的职责、国家质量监督检验检疫总局的职责、国家食品药品监督管理总局的职责、国家发展和改革委员会的价格监督检查与反垄断执法职责、商务部的经营者集中反垄断执法以及国务院反垄断委员会办公室等的职责整合，组建国家市场监督管理总局，作为国务院直属机构。主要职责是：负责市场综合监督管理，统一登记市场主体并建立信息公示和共享机制，组织市场监管综合执法工作，承担反垄断统一执法，规范和维护市场秩序，组织实施质量强国战略，负责工业产品质量安全、食品安全、特种设备安全监管，统一管理计量标准、检验检测、认证认可工作等。

按照《中华人民共和国标准化法》（2018 年 1 月 1 日起实施）规定，我国标准包括国家标准、行业标准、地方标准、团体标准和企业标准。国家标准分为强制性标准和推荐性标准。凡是保障人体健康、人身和财产安全的标准以及法律、行政性法规规定强制执行的标准是强制性标准，主要有 8 大类。其他标准是推荐性标准。行业标准、地方标准是推荐性标准。中国的国家标准是指对全国经济技术发展有重大意义而必须在全国范围内统一的标准，是由国务院标准化行政主管部门——国家质量监督检验检疫总局（现改为国家市场监督管理总局）发布，其代号为"GB"（即"国标"汉语拼音首字母）。

截止到 2017 年底，我国现有国家标准 53644 项（其中现行标准 33576 项），行业标准（备案的）59871 项，地方标准（备案的）38594 项。在 2005 年统计的 15649 项 ISO 标准中有 5092 项转化为中国国家标准，转化率为 32.54%。

阅读材料 5-4

《中华人民共和国标准化法》规定的强制性标准范围

① 药品标准，食品卫生标准，兽药标准；
② 产品及产品生产、储运和使用中安全、卫生标准，劳动安全、卫生标准，运输安全标准；
③ 工程建设的质量、安全、卫生标准及国家需要控制的其他工程建设标准；
④ 环境保护的污染物排放标准和环境质量标准；
⑤ 重要的通用技术术语、符号、代号和制图方法；
⑥ 通用的试验、检验方法标准；
⑦ 互换配合标准；
⑧ 国家需要控制的重要产品质量标准。

中国国家标准主要有以下几种形式（见表5-2）。

表5-2 中国国家标准形式类别

GB	国家标准	GBZ	国家职业安全卫生标准
GB/T	国家推荐性标准	GB/Z	国家指导性标准
GBJ	国家工程建设标准	GBn	国家内部标准
JJG	国家计量检定规程	JJF	国家计量技术规范

2. 中国标准文献分类法

我国在1984年7月发布了《中国标准文献分类法（试行）》（*China Classification for Standards*，CCS），统一全国的标准文献分类。此分类法设24个大类（使用除I和O外的字母表示），具体分类见表5-3。

表5-3 中国标准文献分类法一级类目

代号	类目名称	代号	类目名称	代号	类目名称
A	综合	J	机械	S	铁路
B	农业，林业	K	电工	T	车辆
C	医药，卫生，劳动保护	L	电子元器件与信息技术	U	船舶
D	矿业	M	通信，广播	V	航空、航天
E	石油	N	仪器，仪表	W	纺织
F	能源，核技术	P	工程建设	X	食品
G	化工	Q	建材	Y	轻工，文化与生活用品
H	冶金	R	公路，水路运输	Z	环境保护

中国国家标准目录专业分类是由中国标准文献分类的一级类目字母加二级类目两位数（代码）组成。各条目录先按24个大类归类，再按其二级类目代码的数字（00～99）顺序排列。二级类目代码的排序实质上按专业内容有一定的范围划分，例如食品罐头方面的标准文

献是归 70～79 的代码范围。为指导检索者迅速确定查找二级类目代码的范围，在每大类前有"二级类目"分类指导表。

思考练习 5-2

通过网络检索确认中国标准分类号 A00 所属的技术领域是什么。
（提示：通过国家政府网站及正规数据库找出答案。）

3. 中国标准文献构成

根据 GB/T 1.1—2009《标准化工作导则　第一部分：标准的结构和编写》规定，一份国家标准文献由封面、正文、附加说明三部分组成。

（1）封面的著录项（见图 5-2）

① 标准名称（附相应的英文名称）；

② 标准编号：由"GB＋序号—制定年份"组成；

③ 标准分类号：ICS 分类号，中国标准分类号（一级类目字母＋二级类目代码）；

④ 标准的发布单位：发布及实施标准的日期（年、月、日），需要注意的是年份的表示方法，我国在 1995 年以前用两位数表示，从 1995 年开始所有的各级各类标准均用四位数字表示。

（2）正文部分

① 主题内容与适用范围；

② 引用标准（标准号及标准名称）；

③ 术语或定义；

④ 原料要求、产品分类；

⑤ 技术要求或质量要求；

⑥ 检验或试验方法；

⑦ 检验或验收的规则；

⑧ 包装、标志、运输、储存。

在正文部分的第一页下边标注有"标准"的批准单位、批准日期（年、月、日）和实施标准日期（年、月、日）。

（3）附加说明

① 标准制定的提出单位；

② 标准制定的技术归口单位；

③ 标准制定的负责起草单位；

④ 标准制定的主要起草人。

4. 中国标准文献编号

中国标准文献编号采用代号加顺序号加发布年份的结构形式。

图 5-2　中国国家标准封面格式

中国国家标准结构和内容分析（图5-2）

GB　　　　12904　—　　2003　　　《商品条码》(Bar code for commodity)
国标代号　　顺序号　　　发布年份　　　　　　　标准名称
(ISO/IEC 15420:2000, Information technology-Automatic identification and data capture techniques-Bar code symbology specification-EAN/UPC, NEQ)

注释：

① 该标准的中国标准分类号为A24（属于综合类标准）。

② 该标准的国际标准分类号为：ICS 35.040（ICS中属于字符集和信息编码类标准）。

③ GB/T 20000.2—2009《标准化工作指南　第2部分：采用国际标准》提出，凡是与采用国际标准程度有关的国家标准的封面均由下面字母说明。主要有以下三类。

a. 等同采用(identical, IDT)。指与国际标准在技术内容和文本结构上相同，或者与国际标准在技术内容上相同，只存在少量编辑性修改，可以表示为(ISO 3461-1:1988, IDT)。

b. 修改采用(modified, MOD)。指与国际标准之间存在技术性差异，并清楚地标明这些差异以及解释其产生的原因，允许包含编辑性修改，可以表示为(ISO/IEC Guide 21:1999 Adoption of International standards as regional or national standards, MOD)。

c. 非等效(not equivalent, NEQ)。指与相应国际标准在技术内容和文本结构上不同，它们之间的差异没有被清楚地标明。非等效还包括在我国标准中只保留了少量或者不重要的国际标准条款的情况。非等效不属于采用国际标准，只表明我国标准与相应国际标准有对应关系。如上述的"ISO/IEC 15420:2000, Information technology-Automatic identification and data capture techniques-Bar code symbology specification-EAN/UPC, NEQ"，说明与ISO/IEC 15420的一致性程度为非等效，是根据ISO/IEC 15420重新起草而成。

（二）美国国家标准

美国标准主要分为两种：一是国家标准；二是专业标准。由于美国经济发达、科技水平比较高，所以它的许多标准就成为了事实上的国际标准。

美国国家标准由美国国家标准学会（American National Standards Institute，ANSI）负责制定、审定和颁布。国家标准的产生方式有两种：一是ANSI自己制定，其编号形式为：ANSI+分类代码+顺序号+制定年份，例如，ANSI Z50.1-1988；二是将专业标准中对全国有重要意义的，经审核后提升为国家标准，而且这种方式产生的标准占了国家标准的绝大多数，其编号中含有原专业标准的标准代号。ANSI把标准分为24大类，其名称见表5-4。

美国专业标准由各专业标准机构制定、颁布，其中最著名的是美国材料与试验协会（American Society for Testing and Materials，ASTM）标准。美国材料与试验协会是一个

第五章 标准文献的网络检索

表 5-4 美国国家标准分类

代码	名称	代码	名称	代码	名称
A	建筑	K	化工产品	P	纸浆与造纸
B	机械工程	L	纺织	PH	摄影与电影
C	电气设备及电工学	M	矿业	S	声学、振动、机械冲击和录音
D	公路交通安全	MC	测量与自动控制	SE	防盗设备
F	食品与饮料	MD	医疗机械	W	焊接
G	黑色金属材料和冶金学	MH	材料的装运	X	信息处理系统
H	有色金属材料和冶金学	N	原子核	Y	制备、符号与缩写
J	橡胶	O	木材工业	Z	杂项材料

大型民间学术团体,成立于 1898 年,是美国历史最悠久、规模最大的学术团体之一。ASTM 标准按照专业分为 9 大类,用英文字母表示。ASTM 标准的编号是:ASTM+字母类号+顺序号+制定(或确认)年份。例如,ANSI/ASTM A37.15-74(R1980)。标准号前左上角注有"＊"号的表示已经提升为国家标准。年份后有"T"的为试行标准。年份号后有小写字母(a、b、c、…)的,表示修订或补充的次数。

四、行业标准

中国的行业标准(trade standard)是国务院所属各部、委、局根据各自专业需要而发布的标准,又习惯称为部颁标准。国家技术监督局自 1990 年以来,在各部门的大力支持下,经过深入细致的调查研究和积极的工作,截止到 1992 年 12 月底,完成了 51 个行业标准管理范围的划分工作,并授予相应的行业标准的代号,常用行业标准见表 5-5。随着国家机构的改革和市场经济体制的完善,现在国家标准的发布与修订由国家市场监督管理总局统一管理,先前的行业标准主管部门、代码和内容已经发生比较大的变化。

表 5-5 我国常用行业标准代号

行业标准名称 Title	行业标准代号 Code	行业标准名称 Title	行业标准代号 Code
地质矿产(Geology and Mineral Resources)	DZ	核工业(Nuclear Industry)	EJ
纺织(Textiles)	FZ	海洋(Ocean)	HY
化工(Chemical Industry)	HG	环境保护(Environmental Protection)	HJ
煤炭(Coal)	MT	建材(Building Materials)	JC
医药(Medicine)	YY	卫生(Hygiene)	WS
农业(Agriculture)	NY	轻工(Light Industry)	QB
石油天然气(Petroleum Gas)	SY	商业(Commerce)	SB
有色冶金(Non-ferrous Metallurgy)	YS	石油化工(Petrol-Chemical Industry)	SH
海洋石油天然气(Offshore petroleum Gas)	SY(>10000)	黑色冶金(Ferrous Metallurgy)	YB
烟草(Tobacco)	YC	稀土(Rare Earth)	XB

阅读材料 5-6

化工行业标准结构分析实例（见图 5-3）

图 5-3 中国化工行业标准封面格式

HG/T	3713	—	2003	抗氧化剂 1010
行业标准代号	顺序号		发布年份	标准题目

注释：
① 该标准的中国标准分类号为 G71（属于化学助剂类标准）。
② 该标准的国际标准分类号为 ICS 71.100.40（ICS 中属于表面活性剂及其他助剂类标准）。

五、团体标准

国家鼓励学会、协会、商会、联合会、产业技术联盟等社会团体协调相关市场主体共同制定满足市场和创新需要的团体标准，由本团体成员约定采用或者按照本团体的规定供社会自愿采用。制定团体标准，应当遵循开放、透明、公平的原则，保证各参与主体获取相关信息，反映各参与主体的共同需求，并应当组织对标准相关事项进行调查分析、实验、论证。

国务院标准化行政主管部门会同国务院有关行政主管部门对团体标准的制定进行规范、引导和监督。

阅读材料 5-7

中国标准化协会组织编制（可以在 http://www.ttbz.org.cn/StandardManage/Detail/22361 查询其代号）的《汽车售后用空调制冷剂》标准结构分析实例（见图5-4）。

图 5-4　社会团体标准代号查询

T/CAS	187	—	2010	汽车售后用空调制冷剂	2010-12-10	2010-12-10
团体标准代号	顺序号		发布年份	名称	发布日期	实施日期

六、地方标准

在省、自治区、直辖市标准化行政主管部门通过并公开发布的标准为地方标准（provincial standard）。强制性地方标准的代号由汉语拼音字母"DB"加上省、自治区、直辖市行政区划代码前两位数字组成。推荐性地方标准加"T"组成。地方标准的编号由地方标准顺序号和年份号组成。

阅读材料 5-8

北京市地方标准结构分析实例

DB11/T 064—2014	北京市行政区划代码	DB11/T 064—2011	2014-12-17	2015-04-01
地方标准编号	标准名称	代替标准号	批准日期	实施日期

七、企业标准

企业标准（enterprise standard）是指企业（或与其他企业联合）为生产技术工作的需要而制定的标准。为了提高产品质量，企业可以制定比国家标准和行业标准更严格的产品质量标准，即通常所称的"内控标准"。在我国，应该提倡企业尤其是服务业积极参与、制定和实施企业标准，使企业标准高于现在的行业标准和国家标准，甚至高于国际标准。这样的企业才有竞争力，这也是企业和服务业发展的　个趋势。

阅读材料 5-9

企业标准结构分析实例

```
Q    /    KCL    04  －  1999
```
企标代号　　企业名称代号　　顺序号　　发布年份

中央直属企业名称代号由中央各部委规定；地方企业（用该省市简称来区分）由省市规定，企业代号可以用不同的汉语拼音字母或阿拉伯数字，或两者兼用来表示。例如：Q/BGMMO1－20－94；Q/450400BOX5004－91。

第三节　标准文献数据库及网络检索

一、概述

标准文献的检索步骤一般可以分为以下几步。

① 分析检索课题，确定检索项。如提炼出关键词、标准编号、国际标准和中国标准分类号、TC 类号，确定标准类别（如国际标准或者国内标准）和标准状态（现行还是作废，一般标准的标龄是 5 年）等（见表 5-6）。

表 5-6　标准文献主要检索项

检索词	检索项内容	检出文献数量
关键词	标题、主题词、使用范围	批量检索
分类号	国家标准分类号；中国标准分类号	批量检索
标准号	标准编号	唯一性
标准品种	国内（国家、地方、行业、团体、企业）；国外（国际、其他）	不确定
年代号	（从何年到何年）	不确定
标准法律状态	全部、现行、作废	不确定
采用关系	（与国际标准关系）	唯一性

② 选择检索数据库。目前标准文献检索网络数据库比较多，但比较可靠、齐全的是中国标准化研究院主办的"中国标准服务网"（www.cssn.net.cn）和国家标准化管理委员会（www.sac.gov.cn）主办的"全国标准信息公共服务平台"（www.std.gov.cn）。还有许多各专业、行业或者企业自建的相应标准数据库。

③ 确定检索途径。主要有简单检索、高级检索、专业检索、分类检索和批量检索等。

④ 进行初步检索。记录检索结果，查看标准简介，阅读并筛选。

⑤ 根据需求确定是否进一步检索，最后写出检索总结报告。

一般来说，检索标准文献主要是利用标准编号、主题词和标准分类号（国际标准分类号和中国国家标准分类号）三种检索途径进行检索。在检索过程中要注意这个标准是否是现行的，另外如果这个标准是强制性标准，一般可以免费全文下载。

在标准文献检索中，由一份标准文献可以追溯到其修改次数、分类号、主要起草单位和起草人，该标准所属的技术委员会（TC）和分委会（SC），与相关的 ISO 标准的关系等。

可以检索到国家准备修订的标准、准备新制定的标准，标准文献的规范格式，以及指导相关技术人员完成一份标准文献的制定工作。

通过标准检索可以检索到各类产品质量要求、各类荣誉称号和认证证书的管理与真伪鉴别，可以检索到全国各类标准化技术委员会名称、职能和机构所在地，方便业务联系。

二、世界标准服务网

世界标准服务网（World Standards Services Network，WSSN；http://www.wssn.net，主界面见图5-5）是1998年由国际标准化组织所属的信息系统和服务委员会（INFOCO）在ISO信息网络的基础上开发的。主页上提供与ISO、IEC和ITU办公室以及ISO、IEC国家成员机构、国际标准化机构和区域标准组织的www网站主页相联系的链接。其主页加入了机构索引，使用户可以直接与成员网站主页的关键区域或专题栏目链接，如目录、工作计划等。该网站还设有标准化活动的信息、常见问题以及通用参考资料（如指南、WTO/TBT标准规范目录、ICS国际标准分类法）等栏目。

目前，WSSN的主要工作是WSSN成员网站的编目，现有成员90个，每个网站只涉及一个简单数据库。

图5-5　世界标准服务网站主界面

图5-6　国际标准化组织网站主界面

三、国际标准化组织

国际标准化组织网站（http://www.iso.org）主界面见图5-6，主要介绍该组织及其成员单位的活动情况、ISO的技术工作和ISO标准的检索、ISO 9000和ISO 14000标准库以及国际标准方面的新闻等。

> **课堂互动 5-2**
>
> 通过ISO网站检索"pH测定"的国际标准。
> ① 确定主题词为"pH determination"。
> ② 在检索框中输入"pH determination"点击检索，得到图5-7，可以发现共有48个相关标准。

图 5-7　ISO 检索实例 1

③ 找到其中一个 ISO 20843：2011，点击下载得到图 5-8。

图 5-8　ISO 检索实例 2

课堂互动 5-3

通过 ISO 网站查找"ISO 7001"国际标准的内容是什么。

① 在检索框中输入"ISO 7001"，点击检索。

② 得到图 5-9，可以发现共有 4 个相关标准，其中一个标准是 2007 年 11 月 1 日起执行的第三版，TC 分类是 ISO/TC 145，ICS 分类号是 01.080.10。

图 5-9　ISO 检索实例 3

第五章　标准文献的网络检索

③ 点击该标准标号，下载得到该标准的摘要（图 5-10）。

图 5-10　ISO 检索实例 4

思考练习 5-3

通过 ISO 网站查找 "Information and Documentation—Rules for the Abbreviation of Title Words and Titles of Publications" 的标准编号是什么，现行最新版本是哪一年发布的？（提示：ISO 4　信息与文献　出版物题名和标题编写规则）

四、美国国家标准系统网

美国国家标准系统网（National Standards Systems Network，NSSN；http://www.nssn.org）是由美国国家标准学会（ANSI）开发的，其目标是成为 Internet 上全球最大最全的标准资源网络，所收范围包括美国以及其他国家、地区和国际的标准（图 5-11）。NSSN 共收录世界上 600 多个单位制定的各种标准 26 万多件，另外，网上还有一个 ANSI 目录数据库，内有被作为美国国家标准批准使用的 13500 多个标准信息，定期更新。可以通过自由访问和 STAR Data 搜索引擎查询。

图 5-11　美国国家标准系统网站主界面

五、中国标准服务网

中国标准服务网（http://www.cssn.net.cn）的标准信息主要依托于国家标准化管理委员会、中国标准化研究院标准馆及院属科研部门、地方标准化研究院（所）及国内外相关标准化机构（主界面见图 5-12）。国家标准馆成立于 1963 年，馆藏资源有一个世纪以来国内外各类题录数据库量已达 130 余万条，包括齐全的中国国家标准和 66 个行业标准，60 多个国家、70 多个国际和区域性标准化组织、450 多个专业协（学）会的成套标准，160 多种国内外标准化期刊及标准化专著。与 30 多个国家及国际标准化机构建立了长期、稳固的标准资料交换关系，还作为一些国外标准出版机构的代理，从事国外和国际标准的营销工作。每年投入大量经费和技术人员，对标准文献信息进行收集、加工并进行数据库和信息系统的建设、维护与相关研究。中国标准服务网设有标准化新闻、标准变更消息、标准检索、标准资源、咨询服务、学术研究等栏目。提供有十多个标准类数据库，方便查询。与 ISO、IEC、ITU 和 WSSN 友好链接。

图 5-12　CSSN 网站主界面

1. 中国标准服务网提供的标准检索途径

① 简单检索　提供标准名称或者标准号直接进行方便快捷的检索。

② 高级检索　提供了多种条件，不同条件进行组合的检索方法，可以更准确地查找到所需的标准［图 5-13（a）］。

(a) CSSN 高级检索界面　　　　　　　　(b) CSSN 专业检索界面

图 5-13　CSSN 检索界面

高级检索的检索项主要有关键词、标准号、国际标准分类和中国标准分类、采用关系（如"IEC 61375-2-2007"）、标准品种［国内的国家、地方、行业标准，国外的国际、国家学（协）会标准等］、年代号和标准状态（全部、现行或者作废）。

③ 专业检索　可以分为检索公式和标准品种两类［图 5-13（b）］，检索公式中的检索项内容包罗万象，标准品种以国内和国际两大类为主。

④ 分类检索　主要包括的标准品种有中国国家标准、中国行业标准、中国地方标准、

第五章 标准文献的网络检索

国外国家标准、国外学协会标准、国际标准。如果点击"中国国家标准"可以得到"国家质检总局""卫生部国家职业卫生标准"和"国家农业标准"等。另外还可以分为国际标准分类和中国标准分类两种（图 5-14），在标准分类法界面可以进一步选择下一级分类号进行检索。

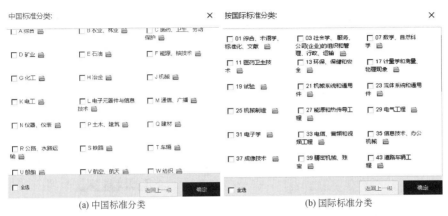

(a) 中国标准分类 (b) 国际标准分类

图 5-14 CSSN 分类法检索类别

⑤ 批量检索

2. 标准文献检索实例

（1）标准编号途径检索

课堂互动 5-4

通过中国标准服务网检索查阅 GB 12996—91 的内容是什么。

① 进入中国标准服务网主界面，选择"高级检索"，在"标准号"中键入该编号，并且在"标准状态"中选择"全部"（年代久远，可能已经作废），得到图 5-15。

图 5-15 CSSN 检索实例 1

② 点击"搜索"得到图 5-16,该标准是 1991 年 6 月 19 日发布,1992 年 3 月 1 日起实施。并且标明已经作废。

图 5-16　CSSN 检索实例 2

③ 点击该页面标准题目可以得到图 5-17,确认该标准简介,并且得知 2013 年 5 月 1 日已经废止。

图 5-17　CSSN 检索实例 3

由【课堂互动 5-4】可以看出,由于标准有一定的标龄期,在用"高级检索"时,"标准状态"项中有"全部""现行"和"作废"三种选项,默认"现行",一般要选择"全部",然后再从中查找到所需的标准文献。对于作废标准如果选择"现行",则检索结果为零。

思考练习 5-4

利用中国标准服务网检索 GB/T 228—2002 标准名称及内容,是现行标准吗?
(提示:金属材料　室温拉伸试验方法)

(2) 中国标准分类号途径检索

课堂互动 5-5

根据中国标准文献分类号码途径,利用中国标准服务网检索有关天然食品添加剂方面的标准文献。

① 进入CSSN主界面，点击"高级检索"进入检索界面，在"中国标准分类"框右边点击"选择"得到图5-18（a）。选择"X"，点击进入得到图5-18（b），选择"X40/49食品添加剂与食品香料"，点击进入，进一步选择"X41天然食品添加剂"，点击"确定"进入得到图5-19，标准状态选择"现行"。

(a) 界面1　　　　　　　　　　　　　　　　　(b) 界面2

图 5-18　CSSN检索实例4

图 5-19　CSSN检索实例5

② 点击"搜索"，得到图5-20（a），共有现行的天然食品添加剂标准83项。

③ 如果需要阅读某一项，点击该项即可得到标准的简介。如"食品添加剂 柠檬酸"[图5-20（b）]。

(a) 界面1　　　　　　　　　　　　　　　　　(b) 界面2

图 5-20　CSSN检索实例6

思考练习 5-5

通过中国标准服务网,已知肉罐头分类号为 X71,利用中国标准分类号码途径检索有关标准,现行标准有哪些?

(3) 主题途径检索 所有标准数据库都有主题检索途径,需要注意的是在使用关键词检索时,要少用通用词汇,如"试验方法",多用专指性词汇,如"色牢度"等。

课堂互动 5-6

利用中国标准服务网查找碳酸钠作为"食品添加剂"的标准。

① 进入中国标准服务网 http://www.cssn.net.cn,选择关键词选项并输入"食品添加剂",点击"搜索"。

② 得到图 5-21 所示的界面,有 732 个符合检索条件的标准。若需要了解"食品添加剂 碳酸钠"标准情况,点击标准号"GB 1886—2008",获得相关信息(见图 5-22)。

③ 属于强制性标准,若需要,可以免费下载。

图 5-21 CSSN 检索实例 7

图 5-22 CSSN 检索实例 8

（4）通过 CSSN 检索 ISO 标准

> **课堂互动 5-7**

利用中国标准服务网检索 ISO 690 标准名称和实施日期。

① 在 CSSN 主界面上边 "ISO/IEC/ASTM/AS/KS/ASME 标准服务系统已正式开通"点击"进入"（图 5-23）。

图 5-23　CSSN 检索实例 9

② 在出现的界面检索框中输入"ISO 690"，点击"检索"得到图 5-24，检索答案中第二项即为我们所需要的 ISO 690。

③ 点击该项，可以得到图 5-25，该标准名称为"Information and documentation—Guidelines for bibliographic reference and citations to information resources"，是 2010 年发布的现行标准。

图 5-24　CSSN 检索实例 10

图 5-25　CSSN 检索实例 11

六、国家市场监督管理总局网

国家市场监督管理总局网站（State Administration for Market Regulation，SAMR；http://www.samr.gov.cn）是国内最权威的政府有关市场监督管理信息网站［图 5-26(a)］，分别有机构、新闻、政务、服务、互动、数据、专题等栏目。主界面的"服务"主要有国家企业信用信息公示系统、全国 12315 互联网平台、小微企业名录、企业登记网上注册、全国特种设备公示信息查询、动产抵押登记业务系统、特种设备行政许可系统、全国标准全文公开系统等，主要用于解决"网上办事""我要看""我要查""我要问"和"公示"等专题［图 5-26（b）］。

(a) 主界面　　　　　　　　　　　　(b) 网络查询内容

图 5-26　国家市场监督管理总局网站

1. 网上办事

主要有登记注册（企业名称预先核准）、反垄断（经营者集中反垄断审查）、动产抵押登记、产品质量（重要工业产品生产许可证核发）、食品（婴幼儿配方乳粉产品配方注册、特殊医学用途配方食品注册、使用新原料保健食品注册和首次进口的保健食品、特殊食品验证评价技术机构备案）、特种设备（特种设备检验人员资格认定、特种设备无损检验检测人员资格认定、特种设备设计单位许可、特种设备制造单位认定、压力管道安装单位许可、除压力管道以外的特种设备安装单位许可、特种设备综合检验机构核准）、计量（计量标准器具核准、进口计量器具型式批准（标准物质定级鉴定）、承担国家法定计量检定机构任务授权）、标准创新（组织实施中国标准创新贡献奖）、认证认可检验检测（从事强制性认证以及相关活动的认证机构、检查机构及实验室指定、产品质量检验机构资格认定、认可机构确定、为社会提供公证数据的产品质量检验机构计量认证、向社会出具具有证明作用的数据和结果的检查机构、实验室资质认定认证机构资质审批）。各类办事项目均有指南、表格、申请查询和公示的相应提示，指导完成网上所需要办理的事情。

> **思考练习 5-6**
>
> 通过国家市场监督管理总局网，查询如何申请成为强制性产品指定认证机构、检查机构及实验室，具体需要哪些资料？
>
> （提示：国家市场监督管理总局→服务→网上办事）

2. 我要看

主要有服务动态（总局相关的各类动态的发布）、政策及解读（总局对各问题给出的政策说明）、公示公告（总局发布的各类公示公告）、通报通告［总局发布的各类通报通告，如《国家市场监管总局办公厅关于撤销中国北京同仁堂（集团）有限责任公司中国质量奖称号的通报》］和召回（各类产品的召回消息）。

3. 我要查

主要有：国家企业信用信息公示系统查询（可以查询到企业信用信息、经营异常名录和严重违法失信企业名单等）；小微企业名录（与小微企业相关的各类消息、政策及小微企业库等）；直销服务网点（可以进行直销企业查询、服务网点信息查询和直销培训员信息查询等）；缺陷产品召回查询（缺陷产品召回是生产企业消除产品安全隐患的重要措施，包括缺陷产品举报。召回的方式主要包括修理、更换、退货、补充标识等，例如通过输入生产者、品牌、车型系列、缺陷描述等关键词检索缺陷汽车）；全国特种设备公示信息查询（特种设备的公示查询、业务办理、通知公告、舆情监测和行业专家等）。

第五章 标准文献的网络检索

>>> **课堂互动 5-8**

通过国家市场监督管理总局网站检索"百度(中国)有限公司"的统一社会信用代码是什么。

① 进入国家市场监督管理总局主界面[图5-26(a)],点击"服务"进入"我要查"界面,得到图5-26(b)。

② 在图5-26(b)所示的"我要查"栏目下,选择"国家企业信用信息公示系统",在检索框中输入"百度(中国)有限公司",点击图5-27(a)"查询"。

③ 可以得到图5-27(b),确认其统一社会信用代码为91310000775785552L,注册地址在中国(上海)自由贸易试验区纳贤路701号1#楼3层,成立日期2005年06月06日,营业期限至2025年06月05日,经营范围:投资经营决策服务,市场营销服务,管理服务,员工管理服务,研究开发技术服务,信息技术服务等。

图5-27 国家市场监督管理总局网站检索"百度"实例

4. 我要问

国家市场监督管理总局提供公众留言智能互动服务。留言类型包括反不正当竞争、反垄断、商业贿赂、假冒仿冒行为、走私贩私、打击传销与规范直销、服务领域消费维权、网络商品交易、企业注册、广告监管、个体商户登记、动产抵押登记、信用监管、反腐倡廉、规划统计、行政执法和复议、产品质量管理、缺陷产品召回、工业生产许可、产品质量监督抽查、食品安全协调、食品生产监管、食品销售、餐饮服务、食用农产品市场销售监管、保健、特殊医学用途配方和婴幼儿配方乳粉监管、食品监督抽检召回、食品安全标准、特种设备人员、机构管理、特种设备检验、计量机构和人员管理、认证监督管理、认可与检验检测、科技财务、人事管理、国际合作、机关党建、退休干部、行业标准、地方标准、团体标准、企业标准、国家标准、新闻宣传、计量器具等。

5. 公示

提供总局管辖业务中各项文件的公示。例如《国家市场监督管理总局企业名称核准公告(2019年03月11日)》。

>>> **课堂互动 5-9**

利用国家市场监督管理总局网站检索有关国家强制性标准"保健食品"的内容原件。

① 进入国家市场监督管理总局网站主界面,在主界面"服务"中选择"我要查"得到图5-28(a)。

图 5-28 国家市场监督管理总局网站检索"保健食品"标准实例

② 点击图 5-28（a）"食品"栏目下的"食品安全国家标准数据检索平台"，可以得到图 5-28（b）。

③ 由于这是一个强制性标准，可以全文下载 PDF 格式的标准文件。

思考练习 5-7

利用国家市场监督管理总局网站检索"绿色产品评价 涂料"的标准内容。

[提示：国家市场监督管理总局网站主界面→国家认证认可监督管理委员会→公众服务→绿色产品认证信息平台→建材（图 5-29）]

图 5-29 "绿色产品评价 涂料"标准

七、中国国家标准化管理委员会网站

中国国家标准化管理委员会（Standardization Administration of the People's Republic of China，SAC）网站（http://www.sac.gov.cn）由中国国家标准化管理委员会主办（图5-30），与标准化工作相关的文件资料都包括在该网站中。

图 5-30　中国国家标准化管理委员会网站主界面

中国国家标准化管理委员会主要栏目有：①新闻；②信息公开，主要法律法规文件公开；③全文公开，主要包含强制性国家标准和推荐性标准，并提供普通检索、标准分类检索和高级检索；④服务平台，可以链接全国标准信息公共服务平台，可以了解国家标准、行业标准、地方标准、团体标准、企业标准、国际标准、国外标准、示范试点和重点工程等内容；⑤业务协同，与国内各类标准数据库以及国外主要贸易国之间标准的协同一致。例如中美标准信息平台可以利用中英文查询标准化最新动态、标准发布公告和标准信息［图5-31（a）］；中

(a) 界面1

(b) 界面2

图 5-31　中国国家标准化管理委员会业务协同服务平台

德标准信息平台可以中德文查询标准化动态、中德最新标准发布、标准信息查询和重点领域标准［图5-31（b）］。

中国国家标准化管理委员会网站有全国专业标准化技术委员会名单（500多个）、ISO/IEC 技术委员会名单等，该网站的国际标准查询界面有许多检索项供选用（图5-32）。对于强制性标准通过链接可以免费全文下载，其中有关食品安全、环境保护和工程建设等类别通过链接检索。

图 5-32　中国国家标准化管理委员会网站标准查询界面

课堂互动 5-10

图 5-33　SAC 检索实例 1

通过国家标准化管理委员会网站检索下载有关 2016 年实施的《环境空气质量指数（AQI）技术规定（试行）》的标准文献。

① 在国家标准化管理委员会网站主界面选择"标准化管理"点击，然后再选择"强制性国家标准全文公开"点击，得到图 5-33。

② 选择点击"环境保护"进入，其中第二项就是所要检索的标准［图 5-34（a）］。

③ 点击第二项下载，可以得到该标准 PDF 格式的全文内容［图 5-34（b）］。

(a) 界面1　　(b) 界面2

图 5-34　SAC 检索实例 2

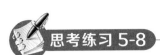

思考练习 5-8

通过国家标准化管理委员会网站检索下载有关《锅炉和压力容器用钢板》国家标准。（提示：GB 713—2014）

课堂互动 5-11

通过国家标准化管理委员会网站检索有关“信息与文献”的技术委员会办事机构设在何处，有几个分委员会，目前正在制定或修订的标准有哪些。

① 进入国家标准化管理委员会网站，选择点击“业务协同”→进入“全国标准信息公共服务平台”→进入“国家标准化业务管理平台”→进入“系统入口（全国专业标准化技术委员会信息公示系统）”→进入“委员会目录”点击得到图 5-35（a），可知有 4 个分委员会。

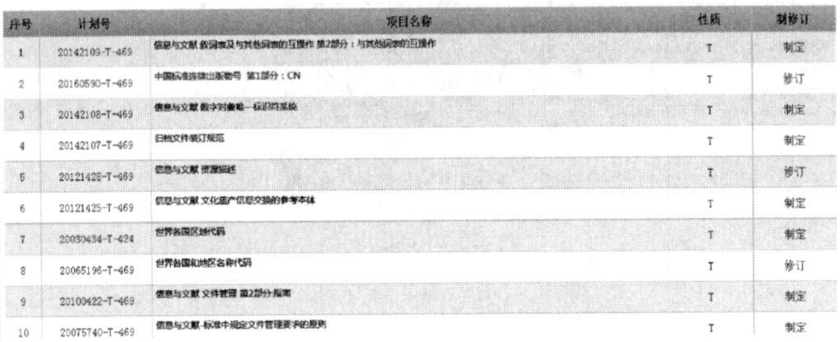

② 把图 5-35（a）中的最后内容“查看制、修订标准信息”点击得到图 5-35（b），得到最新制定和修订的标准内容。

③ 选择图 5-35（a）中的“TC4”点击得到图 5-36，由此可知，该技术委员会设在“中国科学技术信息研究所”，地址在“北京市复兴路 15 号”，均可通过单位的电子邮箱、电话和传真联系。

TC号	委员会名称	负责专业范围	制修订标准信息
TC TC1	电压电流等级和频率	电压电流等级和频率	查看制、修订标准信息
TC TC2	微电机	控制电机、驱动微电机、特种电机、电源电机	查看制、修订标准信息
TC TC3	液压气动	液压、气动	查看制、修订标准信息
SC TC3/SC1	液压传动和控制	液压	查看制、修订标准信息
SC TC3/SC2	气压传动和控制	气压传动和控制	查看制、修订标准信息
SC TC3/SC3	密封装置	液压、气动系统的密封装置	查看制、修订标准信息
SC TC3/SC4	液压污染控制	液压、气动系统的过滤净化产品及过滤元件	查看制、修订标准信息
TC TC4	信息与文献	信息和文献	查看制、修订标准信息
SC TC4/SC2	书面语言转写		查看制、修订标准信息
SC TC4/SC4	自动化	计算机在信息情报文献中的应用	查看制、修订标准信息
SC TC4/SC8	统计	统计和工作指标	查看制、修订标准信息

(a) 界面1

序号	计划号	项目名称	性质	制修订
1	20142109-T-469	信息与文献 叙词表及与其他词表的互操作 第2部分：与其他词表的互操作	T	制定
2	20160590-T-469	中国标准连续出版物号 第1部分：CN	T	修订
3	20142108-T-469	信息与文献 数字对象唯一标识符系统	T	制定
4	20142107-T-469	归档文件装订规范	T	制定
5	20121428-T-469	信息与文献 资源描述	T	修订
6	20121425-T-469	信息与文献 文化遗产信息交换的参考本体	T	制定
7	20030434-T-424	世界各国区划代码	T	制定
8	20065196-T-469	世界各国和地区名称代码	T	修订
9	20100422-T-469	信息与文献 文件管理 第2部分:指南	T	制定
10	20075740-T-469	信息与文献-标准中规定文件管理要求的原则	T	制定

(b) 界面2

图 5-35　SAC 检索实例 3

TC号/SC号：	TC4
TC/SWG名称：	信息与文献
负责专业范围：	信息和文献
秘书长或联系人：	曾建勋
E-mail：	liucy@istic.ac.cn
秘书处所在单位：	中国科学技术信息研究所
单位地址：	北京市复兴路15号
邮政编码：	100038
单位电话：	58882319
单位传真：	58882347

图 5-36　SAC 检索实例 4

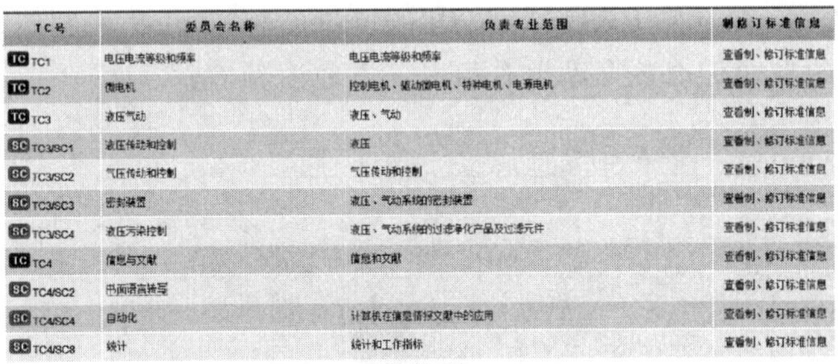

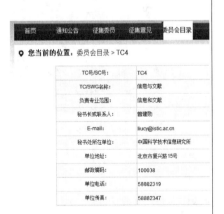

思考练习 5-9

通过国家标准化管理委员会网站检索目前全国标准技术委员会有多少个。温州市是制鞋集聚地区,温州是否设置有该类机构?若有,办公机构在何处?

(提示:鞋类标准属于 TC305)

八、其他标准数据库

中国方圆标志认证委员会简称"中国方圆委"(http://www.cqm.com.cn),是经国家批准认可的综合性认证机构(图 5-37),既能开展产品合格认证、产品安全认证、强制性产品认证(CCC)、质量管理体系认证,又能开展环境管理体系认证、职业安全卫生管理体系认证或其他合格评定活动,其认证中心是中国方圆标准认证委员会的实体,具有独立的法人资格。

中国知网(图 5-38)、万方数据库、维普数据库和国家科技图书文献中心(NSTL)等均有相应的标准检索数据库,各行业协会和学会以及大型企业专用的专业标准数据库也有很多,方便读者检索。

图 5-37　方圆标志认证网站主界面

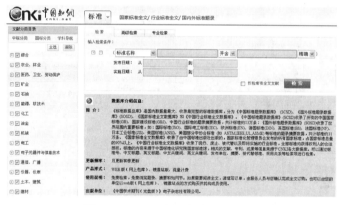

图 5-38　CNKI 标准数据库主界面

思考练习 5-10

下载一个扫码软件(如"我查查"等),或者利用微信"扫一扫"中的"二维码"到商场超市随机选取 5 件商品扫描验证其正式性如何。

(提示:如果扫不到该商品条码,会是什么情况?总结调查工作成果,总结出现的问题,这些情况说明了什么?如何解决?)

第五章　标准文献的网络检索

自测练习题

1. 单选题：下面属于强制性标准的是（　　）。
   A. GB/T 13536—2018　　　　B. GB 22760—2008
   C. DB22/T 2759—2017　　　　D. T/CSES 1—2015
2. 单选题：国际标准分类法简称（　　）。
   A. CCS　　　　B. ICS　　　　C. CIS　　　　D. CSI
3. 单选题：欲检索我国有关环境保护方面的标准文献资料，应选择下面哪一种分类语言？（　　）
   A. CLC 的 TQ　　B. IPC 的 C　　C. ICS 的 71　　D. CCS 的 Z
4. 单选题：欲利用国际标准分类法的分类号检索化工产品标准文献资料，应选择下面哪一种分类语言？（　　）
   A. CLC 的 TQ　　B. IPC 的 C　　C. ICS 的 71　　D. CCS 的 G
5. 多选题：技术标准的存在形式可以是（　　）。
   A. 标准　　　　B. 规范　　　　C. 规程　　　　D. 管理标准
6. 单选题：标准化主要活动不包括（　　）。
   A. 编制标准　　B. 发布标准　　C. 实施标准　　D. 印制标准
7. 单选题：GB/T 中的"T"是指（　　）。
   A. 推荐　　　　B. 推行　　　　C. 特色　　　　D. 特殊
8. 单选题：制定标准是为了在一定范围内获得最佳（　　）。
   A. 效果　　　　B. 利益　　　　C. 秩序　　　　D. 质量
9. 单选题：哪类标准被喻为"技术法规"？（　　）
   A. 国家标准　　B. 行业标准　　C. 地方标准　　D. 强制性标准
10. 单选题：《中国标准文献分类法（试行）》设 24 个大类（使用除 I 和 O 外的字母表示），食品用（　　）表示。
    A. G　　　　　B. X　　　　　C. O　　　　　D. T
11. 单选题：下列属于国际标准的是（　　）。
    A. GB 2312—80　B. ISO 408：77　C. JT/T 433—2004　D. HG/T 1024—2012
12. 欲检索一份有关金属材料性能试验方面的标准文献，有人说，按照分类情况应从 TG（金属学与金属工艺）类入手进行查阅；有人说，应该从 C 部（化学、冶金）类入手进行查阅；有人说，这是钢铁研究总院负责组织制定的，应该从机构查询入手；有人认为这是梁新邦主持编写的，应从著者途径入手进行检索；还有人提议应该按照主题词"金属材料"入手进行检索。指出其中 3 个错误的地方。

实训练习题

1. 标准和标准化的定义是什么？这个定义是从什么地方查到的？
2. 根据所知道的事例说明标准的重要性。
3. 你见过实物标准件吗？是什么样的标准件？
4. 查阅中国标准号为 GB/T 23961—2009 的中英文标准名称是什么，什么时间开始实施的，该标准号各部分符号的含义是什么。

（低碳脂肪胺含量的测定　气相色谱法，Determination of low carbon aliphatic amines—Gas chromatographic method；2010-02-01）

5. 查阅标准号为 HG/T 2863—1997 的中英文标准名称是什么，何时何机构批准，何时实施。

（灯泡用氩气，Argon for glow lamp；中华人民共和国化学工业局 1997-03-11 批准，1998-01-01 实施）

6. 标准号为 ISO 1407：1976 的标准名称是什么？该标准号各部分符号的含义是什么？

7. 标准号为 ANSI/ASTM D 3435-80 的标准名称是什么？该标准号各部分符号的含义是什么？

8. 标准号 GB/T 7714—2005 的标准名称是什么？是现行标准吗？被取代标准是哪年制定的？两者之间的变化如何？

9. 以下的国家标准内容是什么？从何处能够找到原文？

ISO 4：1997（E）Information and Documentation — Rules for the Abbreviation of Title Words and Titles of Publications

10. 利用中国标准文献检索有关"农药测定和分析方法"的标准。

11. 根据本书的内容，综合出来有关化学化工方面的 ISO/TC 类号、ICS 分类号、UDC 分类号、中国标准分类号、ANSI 分类号、ASTM 分类号等。

12. 在标准分类法中，化学实验室设备和表面活性剂的 ICS 和 CCS 各是什么？

（ICS：71.040.10；CCS：N61；ICS：71.100.40；CCS：G73）

13. 在标准分类法中，茶叶制品和制糖与糖制品的 ICS 和 CCS 各是什么？

（ICS：67.140.10；CCS：X55；ICS：67.180.10；CCS：X30）

14. 查找 GB/T 19000—2008 的内容是什么，它与国际标准 ISO 哪个标准有关？是什么样的关系？

15. 查找国家标准"速冻食品技术规程"内容有哪些，标准号是多少，是哪一年制定的标准？是现行标准吗？（GB 8863—88，已经作废）

16. 通过国家市场监督管理总局网，检索苏州工业园区美柯乐制版印务有限责任公司制作防伪票证是否具有资质，其有效期到何时？

（国家市场监督管理总局→服务→质检服务→便民查询→产品质量监督→工业产品生产许可证→输入企业名称检索。有效期到 2023-04-22）

17. 通过国家市场监督管理总局网，检索特种设备检验人员资格认定需要提交的资料有哪些，如何在线申报？（国家市场监督管理总局→服务→网上办事→特种设备→特种设备检验人员资格认定）

[1.申请表；2.身份证明；3.学历证明；4.检测资质证明；5.视力证明（报考项目规定的视力证明）；6.专业培训经历证明]

18. 通过 ISO 网站查找 ISO 4：1997（E），Information and documentation—Rules for the Abbreviation of Title Words and Titles of Publications 是否是现行标准。

第六章

科技论文的撰写与编辑

 学习目标

  1. 掌握科技论文的规范格式、文后参考文献著录规则，简单了解文字图表编辑排版和毕业论文一般编辑格式。
  2. 掌握科技论文和论文摘要的写作，能够根据需要熟练掌握文后参考文献著录格式，能够按照标准要求完成一篇合格的毕业论文。

 重点难点

  本章重点是熟练应用国家规范的写作格式；难点是正确著录文后参考文献。

导读导学

◎什么是科技论文？见过科技论文吗？你所见到的论文有几种类型？
◎你知道国家对科技论文写作格式是有规范要求的吗？
◎如何确定科技论文的选题？能否深刻理解发现、提出问题比分析、解决问题更重要？
◎如何正确著录文后参考文献？
◎如何看待网络资料？这种资料可靠吗？能否尽可能将其转换成纸质资料？
◎能够正确使用各类文字编辑系统吗？能够把下载的一篇文章按照要求的格式改变成功吗？
◎能够用 A4 纸编辑一份图文并茂的"文字编辑技巧"的小板报吗？

第一节　科技论文与科研选题

　　检索和利用文献是科技工作者获取文献信息、创造成果的最重要的手段，而撰写各种类型的学术文献则是一个科技工作者总结科研成果、学习科学知识、交流学术思想、探讨学术问题、活跃学术气氛、显示个人成就的重要途径。因此，科技工作者与文献信息的关系是互相紧密结合的两个方面，相辅相成。熟练地掌握科技论文的写作格式对于一个科技工作者是至关重要的一件大事。

一、科技论文的概念

　　论文又称为议论文、论说文，是"讨论或研究某种问题的文章"（《现代汉语词典》）。科技论文（scientific paper）是创造性的科学技术研究成果的科学论述，是理论性、试验性或观测性新知识的科学记录，是已知原理应用于实际中取得新进展、新成果的科学总结。也就是说，科技论文是对某一学科某些问题进行创造性地科学试验和理论分析，并运用逻辑思维方法揭示其客观规律和本质的一种论说性文章。总之，科技论文是记录、探讨或论述某个问题的文章。

二、科技论文的分类

　　按照论文题材可以把论文分为以下几种。

　　（1）研究性论文　是作者自己创新的见解、新的科研成果，或者某种新观点、新理论、新方法、新技术应用于实践中并取得新进展的科学总结。其内容特点是"创新"，其出版形式一般为期刊论文，或者是研究论文的简报。简报通常是作者对论文的全文尚无成熟的见解，但在实验过程中得到某些有意义的结果和数据，需要及时将这些内容成果公布于世，以便取得首发权。

　　（2）技术性论文　指工程技术人员为报道工程技术研究成果而提交的论文。主要应用国内外已有理论解决设计、工艺、设备、加工、材料等具体技术问题。

　　（3）综述　是作者在参阅大量科技文献的基础上，综合介绍、分析、评述该学科领域里国内外研究的新成果、发展新趋势，并表明作者的观点，进而做出发展预测，提出比较中肯的建设性意见和建议。

　　（4）调查报告　选取一定范围的研究对象，对某一问题进行调查研究，然后写成的文章，一般都要找出规律性的东西并提出见解和解决问题的建议等。

科学家谈获取知识与写论文

　　英国科学家法拉第说过："科学研究有三个阶段,首先是开拓,其次是完成,最后是发表。"所谓发表,就是把科技成果公布于世,这样才能为人类所知,为社会所承认。

　　英国著名文学家肖伯纳有一段发人深思的论述："倘若你有一个苹果,我也有一个苹果,而我们彼此交换这些苹果,那么,你和我仍然是各有一个苹果;但是,倘若你有一种思想,我也有一种思想,而我们彼此交流这些思想,那么,我们每个人将各有两种思想。"这句话揭示出科技人员写作的论文可以与同行进行学术交流,在交流过程中,双方都可以得到重要启示,并促进深入的研究。

17世纪法国著名的思想家笛卡尔曾经说过:"最有价值的知识是关于方法的知识。"

三、科研工作选题

科学家谈科研选题的重要性

爱因斯坦说过:"提出一个问题往往比解决一个问题更重要,因为解决一个问题也许仅是一个科学上的实验技能而已,而提出新的问题、新的可能性,以及从新的角度看旧的问题,都需要有创造性的想象力,而且标志着科学的真正进步。"还有人说:"选题选好了,科研就成功了一半。"亚里士多德早在两千多年前就告诫人们:"因为欲作研究而不先提出疑难,正像要想旅行而不知向何处去的人。"

在科研选题过程中,要注意内容不能过大或者过小。例如我们常说的课题一般是指某一学科领域重大的科研项目,它的研究范围比较大,内容也比较深。而论题则是对某一个问题进行探讨研究,内容范围相对比较集中。研究题目则泛指论文的题目,应该比论题的范围还要小,如果题目确定的科学准确,则其中能够包含论文的大部分内容信息,能够成为论文的"眼睛"而起到画龙点睛的作用。

1. 选题的原则

(1) 科学性　科学性是指以科学理论为依据,以客观事实为基础,坚持以科学和严肃的态度从事研究工作,实事求是地探索和发现真理。科学性是衡量科学研究工作的重要标准,因为科学研究的任务在于揭示客观世界的发展规律,正确反映人们认识世界和改造世界的客观实际情况,探索和发现真理。选择研究课题也必须符合这一标准,不能靠个人主观臆想甚至凭空妄想确定课题。否则,研究工作就会因选题没有客观依据,违背科学性的原则而失败。

(2) 创造性　对于那些别人已经研究过并且已经得出了正确结论,没有必要进一步研究的课题,一般不再考虑。所以在确定研究课题之前,一定要进行认真的调查研究,了解有关问题是否已经有人研究过了,得出了何种结论,这种结论是否与自己的认识一致,自己有无可能突破别人的研究成果,取得更高水平的成果。如果没有这种可能,而只是完全机械地重复别人的研究,则应放弃这类选题。因为,尽管对于同一课题可以从不同角度、用不同论据资料进行论证,但若确实没有特别新鲜的东西,单纯进行重复研究是没有意义的。当然,如果自己准备对已有人研究过的问题提出相反的观点,或使用不同的理论与方法进行研究,也可以考虑选择。

（3）可行性　在选择课题时，要考虑个人所具备的主客观条件。在主观上，要实事求是地评价自己的优势和长处，要选择自己专业知识较为深厚、理论基础扎实、形成较为系统成熟的个人见解的课题。若对于所选课题平时就比较感兴趣，留心较多，对课题的发展状况、涉及范畴和使用的理论与方法较为明确，自己也知道从何入手开展研究，并且自己也有话可说，这样就会产生研究探索的欲望，具有进行研究的能力，写作起来也会得心应手，易于阐发出较为精彩的见解，也能够经得起困难和挫折的考验，充分发挥自己的主动性和创造力，最终写出水平、价值和质量俱佳的学术论文。在客观上，则要考虑选题的可行性。对于研究中所需文献资料、时间乃至费用的保障程度都要清楚，根据这种客观可行性选择课题，特别是对课题研究所需文献资料的情况要心中有数，对查找和获得自己尚未掌握的文献资料的可能性应有把握。如果所需资料缺口很大而且弥补上的可能性较小，那么再好的选题也要重新考虑，以免最后骑虎难下。当然，占有资料比较丰富的选题也未必就好，因为这类题目很可能已有很多人研究过，不容易取得新的研究成果。而那些角度和视野较新，资料被别人使用较少且自己有把握将这些资料搜索到的课题，一般比较理想。

选择课题的题目大小和难度要适中，要根据自己的能力和客观条件选择研究课题。如果是初次尝试撰写学术论文或为了完成专业学业撰写毕业论文，题目一般不宜过大，涉及面不宜过广。这是因为，由于写作者学术研究功力和时间所限，题目太大的论文质量难以保证甚至难以完成。所以，学生的毕业论文题目一般应尽量小一些、专一些，宁可写出题目小但言之有物的论文，也不要写出题目大但内容空洞肤浅的论文。除了题目大小之外，选题的难易程度也要适当，应当选择具有一定深度和难度，但经过必要努力又能够完成的题目。题目肤浅，轻易能够完成，不能锻炼提高自己的能力，写出的东西也没有多大社会价值；题目太难，短时期内不可能得出研究成果，课题就很可能半途而废。所以，毕业论文的难易程度，应当以既具有一定深度和难度，经过个人努力又能够按时完成为限度。

（4）必要性　人们从事科学研究活动，为的是认识世界，探索真理，目的在于解决现实世界客观存在的实际问题。任何学科的发展和研究工作的开展，归根到底都是出于客观实际的需要，这是人类科学技术不断进步的动力。因此，选择科研课题一定要遵循符合客观实际需要的原则，不能选择华而不实的"屠龙之技"型课题。当前我国处于创新时代，科技发展面临着许多新问题、新情况，迫切需要研究人员脚踏实地地研究、探索和论证发展变化的客观规律，以促进我国科技事业健康稳步地不断发展。因此，选择课题时，应当把具有现代意义的课题放在首位。

2. 选题的来源

① 首选从实践活动中寻找科研课题。因为科学技术是第一生产力，必须服务于经济建设，只有这样的课题才能产生良好的社会效益、经济效益和环境效益。

② 从文献资料中寻找科研课题。搜集整理文献资料，进行分析归纳后，把其中规律性的问题或者特例性的现象找出来，进而研究其现状、作用、优势、局限和不足。

③ 从自然现象的调查和观察中寻找科研课题。

④ 从当地具体情况出发，接受上级或者教师指定的急需解决的科研课题。

四、科技论文的基本要求

1. 学术性要求

科技论文不是科研工作总结，不能写成总结汇报的形式；科技论文不是统计报表，不能写成数字的堆积；科技论文不是文学作品，不能采用华丽的文学辞藻，写成文学体裁。

> **课堂互动 6-1**
>
> 如果对面粉改良剂使用后效果进行评价，以下两种描述哪种更具有学术性？
> ① "加入面粉改良剂后，面包变得又大又白，色泽艳丽，美味可口，令人垂涎欲滴。"
> ② "添加面粉改良剂后，烘焙出的面包体积增大，表皮隆起，面皮和面瓤变白，内部呈蜂窝状结构。"

2. 真实性要求

科技论文的真实性体现在四个方面。其一，研究方法科学有据，经得起论证。不论是引用参考文献，还是自己设计的试验方法，都应该是真实和可靠的。其二，试验数据真实可靠，经得起复核。其三，客观讨论不作夸张，经得起推敲。不夸大或缩小客观试验，避免"填补某领域空白""处于国内（外）领先水平"等语言。其四，所作结论站得住脚，经得起实践的检验。

3. 逻辑性要求

培根说过："写作使人严谨。"科技论文的逻辑性，要求作者在撰写论文的过程中要经过周密的思考，严谨而富有逻辑效果的论证。

4. 规范性要求

我国对于科技论文的写作格式制定有十分详细的标准，在写作中必须了解这些要求才能写出符合规范要求的好文章。

五、科技论文的撰写步骤

① 整体构思打腹稿。构思是对文稿的设想和设计，对内容的论点、论据、论证、立意、内容层次和布局进行反复的推敲，勾勒出一个写作轮廓。

② 拟订提纲搭框架。列出写作提纲可以起到一个备忘录的作用，以便于随时修改、增减和调整。

③ 起草行文写初稿。初稿的核心是抓住立论中心，另外就是论据和论点要达到有机统一。

④ 反复修改细加工。主要验证选题是否恰当；论点是否鲜明；论据是否充分；资料是否齐全；立论是否充满新意；参考文献是否正确。

⑤ 适当闲置冷处理。作者在某个阶段会处于思维枯竭状态，可以先放一放，静下心来，或者思路转移，或者找些相关资料阅读，或者与人交流，反思写作过程，从中发现问题和新的切入点。

⑥ 最终定稿得华章。必须以认真研究为基础。必须抱着科学的态度并付出艰苦的劳动，对课题进行深入研究和科学分析，才能写出真实反映科研成果的好文章。要做到这一点，需要避免两种做法：一是只凭头脑中一番心血来潮式的思考就随手写出一篇随感性文章；二是只靠随意翻到的一点资料就东拼西凑写成一篇人云亦云式的重复别人论调的文章。这样的文章都没有坚实的基础，不能算是学术论文。

反复推敲出佳句,精心修改得华章。当然,在论文的具体写作过程中,会因为原始资料的情况不同而使写作程序发生一些变化,这是正常现象。但是,基本的写作步骤应当有以上几个步骤。

第二节 科技论文的写作格式

1999年1月,《中国学术期刊(光盘版)》编辑委员会出版了《中国学术期刊(光盘版)检索与评价数据规范》[Data Norm for Retrieval and Evaluation of Chinese Academic Journal (CD)],2006年进行了必要的修订(CAJ-CD B/T 1-2006)。该规范在充分研究国内外数据库制作技术、规范现状和发展趋势的基础上,以国际标准中规定的数据项为依据,并充分考虑到现有国内规范化文件,对入编期刊的检索和统计评价数据项提出了具体要求,这些要求力求简便易行。论文按照该标准要求的格式写作,对期刊检索与评价的标准化提供可靠数据,以下将按照该基本要求介绍论文的写作格式。

一、科技论文格式基本要求

可以把一篇完整的论文分为十个部分。

1. 题名(title)

题名又称篇名、题目、标题、文题,是科技论文的总纲,是能反映论文最重要的特定内容的最恰当、最简明词语的逻辑组合。读者阅读论文,首先映入眼帘的是文章的题名;查阅文献资料时,首先寻找题名;判断文章有无阅读必要,要从题名开始;归纳文章主题时,题名是重要的参考对象。可以说,题名是一篇论文的缩影,拟好题名至关重要。对题名的基本要求可以概括为简明、确切、完整和醒目。

> **课堂互动 6-2**
>
> 以下论文题名是否科学准确?若有问题,如何修改?
> ①"金属疲劳强度的研究";②"关于钢水中所含化学成分的快速分析方法的研究";③"金属陶瓷材料的制备及电解质腐蚀性初步研究";④"新能源的利用研究"。
> (参考答案:①金属概念过于笼统;②烦琐,可以修改为"钢水化学成分的快速分析法";③啰唆,可以修改为"金属陶瓷材料的制备及电解质腐蚀性";④泛指且笼统,可具体到何种能源,如"沼气的利用研究"。)

2. 作者及其工作单位(author and organization)

根据《关于修改〈中华人民共和国著作权法〉的决定》第一次修正中规定,"著作权属于作者",文章均应由作者署名。必须清楚地表示出作者的姓名及工作单位(含工作单位所在地和邮政编码),工作单位宜直接排印在作者姓名之下并应写全称,不能简写,以免混淆。其目的:一是便于读者检索或同作者联系;二是表明作者拥有著作权;三是文责自负的标志;四是便于按地区、机构统计文章的分布。单位名称与省市名之间应以逗号","分隔,整个数据项用圆括号"( )"括起来。例如:

（中国科学院 力学研究所，北京 100080）

中国作者的汉语拼音姓名，依据 GB/T 16159—2012《汉语拼音正词法基本规则》规定，应姓前名后，中间为空格。姓氏的全部字母均大写，复姓连写；"双姓"（包括"夫姓＋父姓""父姓＋母姓"）中间加连字符"-"。名字的首字母大写，双名中间加连字符，不缩写。

> **课堂互动 6-3**
>
> 范例：毛泽东（MAO Ze-dong），诸葛华（ZHUGE Hua），范徐丽泰（FAN-XU Li-tai）。据此，写出司马贤杭、毛磊、张黄兴胜的汉语拼音名字。
>
> （参考答案：SIMA Xian-hang；MAO Lei；ZHANG-HUANG Xing-sheng）

如果作者单位注于地脚或文末，应以"作者单位:"或"[作者单位]"作为标识。英文文章和英文摘要中的作者工作单位还应在省市名及邮编之后加列国名，其间以逗号","分隔。例如：

（Institute of Nuclear Energy Technology，Tsinghua University，Beijing 100084，China）

多名作者的署名之间用逗号","隔开。不同工作单位的作者，应在姓名右上角加注不同的阿拉伯数字序号，并在其工作单位名称之前加与作者姓名序号相同的数字，以便于建立作者与其工作单位之间的关系。各工作单位之间连排时以分号";"隔开，对于同一单位不同部门的作者可以再用小写英文字母加注在姓名右上角以示区别。例如：

邢　茂[1a]，张恩娟[1a]，叶　欣[1b]，张　林[2]

（1. 北京理工大学 a. 化工与材料学院；b. 机电工程学院，北京 100081；2. 南京理工大学应用化学系，南京 210094）

文章的主要作者应给出简介，简介主要由三部分内容组成：①基本信息：姓名、出生年、性别、籍贯/出生地、民族；②简历信息：学历、学位、职称、工作履历、研究方向等；③联系信息：电话、QQ、手机、E-mail、微信、传真。同一篇文章的其他主要作者简介可以在同一标识后相继列出，其间以分号";"隔开。目前一般按如下顺序应给出作者简介（Biography）：

姓名（出生年-）、性别（民族—汉族可以省略）、籍贯、职称、学位、简历及研究方向（任选）。在简介前加**作者简介:**或"**[作者简介]**"作为标识。

> **课堂互动 6-4**
>
> 根据以上要求，检查下面对作者简介的书写是否正确。
>
> [作者简介] 乌兰娜（1968—），女（蒙古族），内蒙古达拉特旗人，内蒙古大学历史学系副教授，博士，1994 年赴美国哈佛大学研修，主要从事蒙古学研究。（电话）0471-6660888（电子信箱）ulanna@chinajournal.net.cn。
>
> 据此，书写一份个人的作者简介。

3. 中文摘要（abstract in Chinese）

摘要是论文内容的浓缩，能使读者一目了然地了解论文的整体思路和所要解决的问题。

主要内容有研究目的、方法、结果、结论和其他5个方面,自成完整的句子。摘要具有相对独立性,其中尽量不用图、表、化学结构以及不常见的符号、缩略语和术语等。摘要的作用:一是用于交流,科技文献种类繁多,内容丰富,读者不可能都通读,需从题名到摘要来决定取舍;二是用于检索,文摘期刊或网络数据库对发表的论文的摘要进行整理,使之形成二次文献。

中文摘要的编写应执行 GB 6447—86《文摘编写规则》的规定,撰写文摘内容时,应采用第三人称的写法,以使其内容更加令人信服,篇幅为 100~300 字左右。必要的英文摘要应与中文摘要相对应。

中文摘要前加"**摘要:**"或"[**摘要**]"作为标识,英文摘要前加"**Abstract**:"作为标识。

思考练习6-1

以下摘要是否规范?如何修改?

摘要1:本文首先提出了一种基于网格的现代设计框架,其基本原理是:***。研究结果表明:***。该研究对***的研究具有重大的指导意义,处于国内领先水平。

摘要2:短时交通流预测是交通控制与交通诱导系统的关键问题之一。随着预测时间跨度的缩短,交通流量的变化显示出越来越强的不确定性,使得一般的预测方法难以奏效。本文针对BP神经网络运行的特点,提出了用隔离小生境遗传算法优化传统的BP网络。实例证明:该神经网络的进化建模方法设计简单,全局搜索效率较高,能有效地用于短时交通流量的预测,该项研究填补了国内一项空白。

[提示1:提出了一种基于网格的现代设计框架,其基本原理是***,研究结果表明,***。

提示2:针对BP(Back Propagation)神经网络运行的特点,提出了用隔离小生境遗传算法优化传统的BP网络。实例证明,该神经网络的进化建模方法设计简单,全局搜索效率较高,能有效地用于短时交通流量的预测。]

4. 关键词(key words)

关键词是表达论文主要内容的最重要的词、词组和短语。是一种非标准化的主题词,它对文献检索的重要作用在于:其一是为提炼主题词做准备;其二是便于读者按照关键词途径查阅文献,提高文献检索效率。多个关键词之间应该用分号";"分隔。

中、英文关键词应一一对应。中文关键词前应冠以"**关键词:**"或"[**关键词**]";英文关键词前加"**Key words**:"作为标识。例如:

关键词:界面状态方程;吸附;乳化溶胀。

Key words:interfacial state equation;adsorption;emulsification swelling

由于科技的发展、网络信息的普及,以及边缘学科和交叉学科的被广泛关注和研究,信息环境发生了深刻的变化,检索语言种类繁多,仅使用"关键词"已经不能全面准确表达文章的中心主题。科技论文提炼出的检索词内容丰富,凸显出原有的"关键词"含义过于狭窄局限,不能满足当前的需要。例如可以将代码语言"GB/T 7714—2015"、分类语言中的类号(如中图分类号)等作为检索词使用,因此该条目概括为"检索项"更确切,这样也实现了期刊论文与网络检索的统一。

第六章 科技论文的撰写与编辑

> **阅读材料 6-3**
>
> **选取关键词时的注意事项**
>
> ① 无检索价值的词语不能作为关键词,如"技术""应用""调查""研究"等;
> ② 化学分子式不可作为关键词;
> ③ 未被普遍采用或在论文中未出现的或者未被专业领域公认的缩略语,不能作为关键词;
> ④ 论文中提到的常规技术、内容为大家所熟知,也未加探讨和改进的,不能作为关键词;
> ⑤ 每篇论文标引的关键词一般为3~8个;
> ⑥ 中英文关键词要相互对应,数量完全一致。

5. 中图分类号（CLC number）

为从期刊文献的学科属性实现族性检索并为文章的分类统计创造条件,同时也为了便于读者检索（按分类途径）,要求对学术论文著录文献分类号。

一篇论文一般标识一个分类号,对涉及多学科的论文（或称为多个主题）,可以同时著录几个分类号,但应该遵循"A"应用于"B"则归入"B"类的原则,把主分类号排在第一位,多个分类号之间应以分号";"分隔。例如论文"超滤膜法提取茶叶中茶多酚的研究"的中图分类号应为"TS202；TQ028.8",第一个主分类号表示"食品中功能成分的分离",第二个分类号表示化工"分离过程"中的"新型分离法"。分类号前应以"**中图分类号：**"或"[**中图分类号**]"作为标识。例如:

中图分类号：TK730.2；O357.5,英文文章以"**CLC number：**"作为标识。

6. 文献标识码、DOI 码和文章编号（document code, DOI code and article ID）

（1）文献标识码 为了便于文献的统计和期刊的评价,确定文献的检索范围,提高检索结果的适用性,每一篇文章或者资料都应该根据其内容性质标识一个文献标识码。根据《中国学术期刊（光盘版）检索与评价数据规范》规定,共设置有5种。

A：基础性理论与应用研究论文（包括述评、综述等）;
B：应用性技术成果报告（科技）、理论学习与社会实践札记（社会科学）;
C：业务指导与技术管理性文章（包括领导讲话、政策性评论、标准技术规范等）;
D：一般动态性信息（通讯、报道、会议活动、专访等）;
E：文件、资料（包括历史资料、统计资料、机构、人物、书刊、知识介绍等）。

不属于上述各类的文章以及文摘、零讯、补白、广告、启事等不加文献标识码。

A类文献系统而全面,属于基础性研究,这类文献应具有《规范》中所要求的各种数据项。B类文献具有实用性、个体性和对具体问题的解决,属于应用研究。例如研究某一污水处理原理的文献属于A类,而描述用这一原理修建某一个污水处理厂工艺的文献则应属于B类。关于这个污水处理厂建设的技术管理资料可归入C类,关于这个污水处理厂的会议活动、专访、通讯和报道应是D类,而对建设这个污水处理厂的专家和单位的介绍则应列入E类。其中上述A、B、C三类文章必须编号。中文文章的文献标识码以"**文献标识码：**"或"[**文献标识码**]"作为识别标志,如:

文献标识码：A，英文文章的文献标识码以"Document code："作为标识。

（2）DOI 码　数字对象唯一标识（Digital Object Unique Identifier，DOI）码是国外的数字文献生产商较早采用唯一标识码来标识其出版的电子文献，并形成了很多应用在不同环境下的标识符方案。我国科技期刊均已采用本标识码，标识码中含有的内容主要有该期刊被分配的数字代码，国内连续出版物代码，该出版物在中图法中所属类别，该文章的出版年、期和排列序号。DOI 码具有唯一性，为数字化管理提供了基础数据。DOI 码由期刊编辑部负责排序分配。例如，《中州大学学报》2018 年第 35 卷第 2 期中由鲁枢元和张平撰写的文章"佛教与生态"的 DOI 码为：10.13783/j.cnki.cn41/g4.2018.02.001。中文文章的 DOI 码以"**DOI：**"或"［DOU］"作为识别标志。文章的英文部分不用表示。

（3）文章编号　文章编号由期刊的国际标准连续出版物号、出版年、期次号及文章的篇首页码和页数等 5 段共 20 位数字组成，其结构为：XXXX-XXXX（YYYY）NN-PPPP-CC。其中 XXXX-XXXX 为文章所在期刊的国际标准连续出版物号（ISSN），YYYY 为文章所在期刊的出版年，NN 为文章所在期刊的期次，期次为两位数字，若实际期次为一位数字时，需在其前面加"0"补齐，例如第 1 期为"01"。PPPP 为文章首页所在期刊页码，若实际页码不足 4 位时，应在前面补"0"，CC 为文章页数，式中的"-"为连字符。例如《河南师范大学学报》（自然科学版）2001 年第 29 卷第 2 期中由李靖靖和魏振枢撰写的文章"PMS 改性淀粉对滑石粉悬浮体的絮凝作用及机理的研究"的文章编号为：1000-2367（2001）02-0048-03，文献标识码为：A。该编号在全世界范围内是该篇文章的唯一标识，文章编号由各期刊编辑部顺序排列给定。

中文文章的文章编号以"文章编号："或"［文章编号］"作为识别标志，如：

［文章编号］1000-2367（2001）02-0048-03，英文文章编号的标识为"**Article ID：**"。

7. 正文（main body）

（1）前言（introduction）　又称引言或绪论。其目的是向读者简介本研究的来龙去脉，作用在于唤起读者的注意，使读者对论文先有一个总体的了解。它的内容，其一是前人研究的成果与分析，其二是本研究的目的和意义，其三是采用的方法和研究途径，其四是该研究成果的结论。

前言的写法：其一要突出重点，即在回顾前人工作时，不宜面面俱到，应选具有代表性、关系最密切的资料；其二是注意深度，一些常识性的、为大众所熟知的原理和知识不必一一赘述（如公知的公式、众所周知的基础理论）；其三是谨慎评价，介绍自己成果时，切忌拔高或降低；其四是只简要阐述论文的研究情况，不必列出图表、公式、照片等。

（2）材料与方法（materials and methods）　视论文情况可分为两个部分：一是试验原料与材料；二是试验装置、方法与理论分析。试验所用材料指的是试验样品、试验仪器、试验设备、化学试剂、试验工具等，写清数量、来源、纯度、规格等。试验方法包括试验装置方法、测量测定方法、数理统计方法、分类方法、观察方法、取样方法、试剂制备方法，以及参考文献中别人使用过而经过改进后的方法等。

材料与方法的写作，应满足既能详尽地了解试验情况，又能达到"再现性"或"可重复性"的要求，所以应该实事求是地认真写好。

（3）结果与分析（讨论）（results and discussion）

① 意义　此部分内容是科技论文的关键部分，全文的一切结论由此得出，一切议论由此引发，一切推理由此导出。试验结果的分析和讨论，是展现作者思维火花的重要部分，是从直观的感性材料上升到理性高度的分析判断过程，是整篇论文精华之所在。

② 方法　研究结果的表达方式可以用表格、插图、照片、公式等来体现；研究结果的导出方法可以用数理统计、误差分析、公式推导、图表筛选来进行。研究结果具备的特点应该是：可靠性，令人信服；再现性，可以重复；普遍性，能够通用；客观性，实事求是。

③ 内容　应用已有理论和知识对试验结果进行整体分析和讨论；对本研究的结果进行价值评价；本研究结果与他人研究结果的异同点及其原因分析；异常结果的分析和讨论（由于某种原因，造成试验结果偏离设计的范围时，应对其进行认真分析研究，找出原因和对策，而不能任意修改试验数据）；本研究未能解决的问题及其原因；本研究的材料、方法、手段、结果中尚存在的不足及其改进的设想。

（4）结论（conclusion）　该部分内容并非每篇论文所必需，除非特别需要，"结论"或"小结"可不专门设项写作。这是因为主要结果已在"摘要"中报道，主要的方法内容已在"前言"中报道，主要的分析讨论已在"结果与分析"中报道。专设"结论"一般限于如下情况：研究结果特别重要，有重大学术价值；研究方法特别新颖，对结果的取得有决定性作用；用同样的材料和方法得出与别人截然相反的结论。

总之，结论部分的写作注意事项是概括准确，措辞严谨，不能模棱两可、含糊其词，肯定和否定要明确具体，简短精练，不展开论述，只起到"点睛"作用，不作自我评价。对今后研究工作的设想和建议，可作为单独一条列入结论的最后一段。

8. 致谢（acknowledgments）

致谢的对象一般是曾经帮助过自己进行研究而又不符合论文作者署名条件的那些团体或者个人。如曾参加部分研究工作的人、帮助试验的人员、提供资料或者仪器药品的部门或个人、提供资助的组织等。本单位所作的常规分析测试通常不应列入致谢范围。

9. 文后参考文献（bibliographic references）

文后参考文献是论文写作中一个重要部分，有国家的规范标准，内容见后。

10. 英文文摘（abstracts in English）

联合国教科文组织规定："为了便于扩大学术交流，都必须有英文文摘，否则期刊不予报道。""全世界公开发表的科技论文，不管用何种文字写成，都必须附有一篇短小精悍的英语摘要。"其主要内容有：文献题名；姓名；工作单位和地址（邮政编码）；摘要；关键词。英文摘要中只列主要作者，中、英文关键词必须一一对应。英文摘要的谓语动词应使用被动语态，根据文摘报道的具体内容使用时态，一般常用的有以下五种：一般现在时、现在完成时、一般过去时、过去完成时和一般将来时。

二、文后参考文献著录规则

文后参考文献是为撰写或编辑论文或者著作而引用的有关文献信息资源。根据 CAJ-CD B/T 1-2006《中国学术期刊（光盘版）检索与评价数据规范》和 GB/T 7714—2015《信息与文献　参考文献著录规则》的规定，参考文献一般按在正文中出现的先后次序列表于文后，以"**参考文献:**"或"[**参考文献**]"作标识，参考文献的序号顺序排齐。

1. 参考文献的目的与作用

引用参考文献，一方面是表示对前人的尊重，体现学术研究的承前启后，反映作者的学术道德和学术态度；另一方面是为后人的进一步研究提供依据。参考文献有以下几点作用。

① 能够反映论文作者的科学态度和论文的起点与深度，表明论文具有真实而广泛的科

学依据；

② 能方便地区别论文作者与他人的研究成果，反映作者的学术道德和学术态度；

③ 具有索引功能，引导他人进一步阅读；

④ 有利于节省论文篇幅，突出论文主题；

⑤ 有利于科技情报人员进行情报研究和文献计量学研究。

2. 著录参考文献的原则

由于学科发展不平衡，不同学科的文章引用的文献数量不同。当前我国期刊引文数量不是多，而是偏少。我国科技论文平均文后参考文献不足6篇，与国际水平（23.7篇）相差悬殊。因此，在遵守下面原则的基础上，尽可能多地引用必要的参考文献。

① 要精选参考文献，只著录最必要的、最新的文献。仅限于作者亲自阅读过并在论文中直接引用的。

② 只著录公开发表的文献，因为内部资料不易查找到。已经通过答辩的研究生论文可以视为公开出版物。

③ 采用规范化的著录格式，论文作者应该按照国家标准来著录文后参考文献。

3. 主要参考文献类型和载体类型的标识代码

参考文献类型及其标识代码以字母方式标识，见表6-1。

表6-1 常见参考文献类型和文献类型标识

参考文献类型	普通图书	会议论文	汇编	报纸文章	期刊文章	学位论文	报告	标准	专利	数据库	计算机程序	电子公告
文献类型标识	M	C	G	N	J	D	R	S	P	DB	CP	EB

一个人在不同时期写的文章结集为专著，用M；不同作者在同一个会议上围绕会议主题写的合集为会议录，用C；不同作者在不同时期围绕一个主题写的合集为汇编，用G。

以数字方式将图、文、声、像等信息存储在磁、光、电介质上，通过计算机、网络或相关设备使用的记录有知识内容或艺术内容的文献信息资源，包括电子书刊、数据库、电子公告等称为电子文献（electronic documents）。对于非纸张型载体的电子文献，当被引用为参考文献时，需要采用双字母标明其载体类型，常见电子文献载体的标识代码分别为：磁带（magnetic tape，MT）；磁盘（disk，DK）；光盘（CD-ROM，CD）；联机网络（online，OL）。以纸张为载体的传统文献在引做参考文献时，不必注明其载体类型。

4. 几种常见文献类型的顺序编码制的书写规则

一种文后参考文献的标注体系，称为顺序编码制（numeric references method），即引文采用序号标注，参考文献表按引文的序号排序。还有一种文后参考文献的标注体系，即引文采用著者-出版年制（first element and date method）标注，参考文献表按著者字顺和出版年排序。现在一般采用顺序编码制。

(1) 普通图书（包括专著、教材等）、会议论文集、资料汇编、学位论文、报告（包括科研报告、技术报告、调查报告、考察报告等）、参考工具书（包括手册、百科全书、字典、图集等）著录格式如下：

［序号］主要责任者.文献题名：其他题名信息（任选）［文献类型标识］.其他责任者（任选）.版本项（任选）.出版地：出版者，出版年：起止页码.

课堂互动 6-5

各类书籍作为文后参考文献的著录格式。

[1] 魏振枢.化工安全技术概论[M].北京：化学工业出版社，2008：48-52.

[2] 昂温 G，昂温 P S.外国出版史[M].陈生铮，译.北京：中国书籍出版社，1988.

[3] 张筑生.微分半动力系统的不变集[D].北京：北京大学数学系数学研究所，1983.

[4] 汪昂.（增补）本草备要[M].石印本.上海：同文书局，1912.

[5] 王夫之.宋论[M].刻本.金陵：曾氏，1845（清同治四年）.

[6] 辛希孟.信息技术与信息服务国际研讨会论文集：A 集[C].北京：中国社会科学出版社，1994.

思考练习 6-2

将下面的书籍转化成文后参考文献的著录格式。

书籍1：课题组完成一篇论文，其中作为第三篇参考文献引用的是国家质量监督检验检疫总局职业技能鉴定指导中心组编，陈融元、王元发主编的国家质量技术监督行业检验人员培训系列教材《材料物理性能检验》第75～83页的内容，该书是由中国计量出版社2009年6月出版的第一版，是第3次印刷，据此根据参考文献著录格式，改写成文后参考文献形式。

书籍2：某作者完成一篇论文，把河南科技出版社于1996年出版的魏振枢、路振国、刘长春、刘军坛和岳福兴等人编著的《工业废水处理技术》书中第21～25页内容作为第五篇参考文献引用，请按照要求写出其规范的文后参考文献格式。

〈提示1：[3] 陈融元，王元发.材料物理性能检验[M].北京：中国计量出版社，2009：75-83.

提示2：[5] 魏振枢，路振国，刘长春，等.工业废水处理技术[M].郑州：河南科学技术出版社.1996：21-25.〉

（2）期刊论文　著录格式如下：

[序号] 主要责任者.文献题名[J].刊名（建议外文刊名后加 ISSN 号），年，卷（期）：起止页码.

课堂互动 6-6

期刊作为文后参考文献的著录格式。

[1] 魏振枢，薛培军，吕志元.专利文献在文后参考文献中著录规则的探讨[J].中国科技期刊研究，2008，19（2）：296-297.

[2] 魏振枢，蔡红燕.科技论文中"关键词"改为"检索项"更科学[J].科技与出版，2009，(4)．39-41.

思考练习 6-3

将下面的期刊论文转化成文后参考文献的著录格式。

文章 1：由河南工业大学化学化工学院卢奎为第一作者，与成红丽、马丽、赵东欣、杨亮茹、赵玉芬等完成的一篇科技论文《L-半胱氨酸二肽与 DNA 的相互作用研究》发表在中文核心期刊"光谱学与光谱分析"（月刊）2010 年第一期第 146～149 页上，该期刊的国际统一刊号为 ISSN 1000-0593，如果把该文章做为第二篇参考文献使用，怎样正确著录？

文章 2：由南阳理工学院生物与化学工程学院岳春为第一作者，与姚虹、李靖靖、初峰等完成的一篇科技论文《海洋红酵母的酶法破壁及在发酵鸡饲料中的应用》于 2018 年 4 月 40 日发表在"中州大学学报"（双月刊）第 35 卷第 112～116 页上，该期刊的国际统一刊号为 ISSN 1008-3715，国内统一刊号为 CN 41-1275/G4，如果把该文章作为第三篇参考文献使用，怎样正确著录？

{提示 1：[2] 卢奎，成红丽，马丽，等.L-半胱氨酸二肽与 DNA 的相互作用研究 [J]. 光谱学与光谱分析，2010，(1)：146-149.

提示 2：[3] 岳春，姚虹，李靖靖，等.海洋红酵母的酶法破壁及在发酵鸡饲料中的应用 [J].中州大学学报，2018，35（2）：112-116.}

（3）报纸文章　著录格式如下：
[序号] 主要责任者.文献题名 [N].报纸名，出版日期（版次）.

课堂互动 6-7

报纸作为文后参考文献的著录格式。
[1] 谢希德.创造学习的新思路 [N].人民日报，1998-12-25（10）.

思考练习 6-4

将下面的报纸文章转化成文后参考文献的著录格式。

文章 1：《光明日报》2018 年 5 月 22 日第 7 版发表由林卫光撰写的《英国：垃圾分类标准日益严格》，如果把该文章作为第四篇参考文献使用，怎样正确著录？

文章 2：《大河报》2018 年 5 月 24 日第 AII-05 版发表由耿子腾撰写的《气温高到爆，小心车"发火"》，如果把该文章作为第五篇参考文献使用，怎样正确著录？

{提示 1：[4] 林卫光.英国：垃圾分类标准日益严格 [N].光明日报，2018-05-22（7）.

提示 2：[5] 耿子腾.气温高到爆，小心车"发火"[N].大河报，2018-05-24（AII-05）.}

（4）标准文献　标准是为了获得最佳秩序，对活动或结果制定的规则、导则或特性的文件。这个文件要经过某公认机构批准才能实施。一个标准文献的制定涉及标准的提出者、归口者、起草单位、主要起草人和最终的发布者。一项标准是由一些具体起草人编写的，该标准的提出者不应该成为主要责任者。如果说有责任者，应该是最终的发布单位。标准文献作为国家一种特殊的行政法规，具有法律上的约束性，《中华人民共和国著作权法》第五条规定适于标准文献,因此不享有著作权。既然不享有著作权,也没有必要突出主要责任者。因此,一项具体的法律文件和标准文件应该是唯一没有具体责任者的文献。标准文献可以由多家出版社出版,以便于在工作中广泛宣传、严格执行,从而淡化主要责任者和编辑出版部门。这样的传播和使用不涉及侵权问题,而是一种宣传贯彻的责任和义务。一个标准文献达到一定的标龄后需要进行必要的修订,修订后的顺序编号和标准名称不会改变,用修订年份加以区别,因此顺序编号及后面的修订发布年份是重要的标识。标准文献标注在"参考文献"中的作用是为了方便查找核实。

GB/T 7714—2015《信息与文献 参考文献著录规则》对标准文献提出著录规则比较烦琐,没有反映标准的特点和实质。中国国家标准服务网(http://www.cssn.net.cn)对标准的检索项有关键词、标准号、国际标准分类、中国标准分类、采用关系(与国际标准之间的关系)、标准品种(该标准所属的标准化组织)、年代号、标准状态等;中国知网(http://www.cnki.net)的"中国标准数据库"所推荐的检索项有标准名称、标准号、关键词、摘要、全文、发布单位、出版单位、中国标准分类号、国际标准分类号、起草人等。从文献检索语言分类的角度看,标准文献可以通过主题(或者关键词)途径和代码语言的号码途径(标准文献号)来检索。各种检索数据库中没有"标准提出者"这样的检索途径,如果以此为检索对象,无法查找到所需要的标准资料。标准文献出版的各种汇编比较多,一个标准可能出现在多种版本书籍中,通过以出版者作为检索途径进行检索也会造成很多的麻烦。假如标准文献在文后参考文献中的著录格式仅仅含有标准编号和标准名称就可以简化书写,有利于编辑人员的编校工作和需求者的查找。

需要说明的是标准编号含有三部分内容:第一部分是国标代号,即这个标准是国际标准还是国家标准,是国家标准中的哪一类标准,是强制性标准还是推荐性标准;第二部分是该标准的顺序号,这是一个标准唯一不变的数据码;第三部分是发布年份,基本上可以看出是现行标准还是作废标准。另外一个就是标准名称。以上这几个知识点是一个标准的核心内容,通过这几个知识点可以很容易检索到标准原文。

鉴于此,标准文献在文后参考文献的著录规则应该使用以下表达方式为好:

[序号] 标准编号(含年份). 标准名称 [S].

>>> **课堂互动 6-8**

标准文献作为文后参考文献的著录格式。
[1] GB/T 5795—2006,中国标准书号 [S].
[2] ZC 0006—2003,专利申请号标准 [S].

思考练习 6-5

将下面的标准文献转化成文后参考文献的著录格式。

标准1:2014年7月24日由中华人民共和国国家质量监督检验检疫总局和中国国家标准化管理委员会联合发布的、2015年5月1日正式实施的 GB 20814—2014《染料产品中重金属元素的限量及测定》是由中国石油和化学工业联合会提出,由全国染料标准化技术委员会(SAC/TC 134)归口,该标准的起草单位有:沈阳化工研究院有限公司、江苏亚邦染料股份有限公司、北京服装学院、泰州市产品质量监督检验所、金华双安化工有限公司,国家染料质量监督检验中心,该标准主要起草人:王勇、郑君良、周永凯、黄银波、章国栋、姬兰琴、刘丽、沈日炯等。如果把该标准作为第六篇参考文献使用，怎样正确著录？

标准2：2009年6月2日由中华人民共和国国家质量监督检验检疫总局和中国国家标准化管理委员会联合发布的、2010年2月1日正式实施的GB/T 23955—2009《化学品命名通则》该标准是由中国石油和化学工业联合会主管，由全国化学标准化技术委员会（SAC/TC 134）归口。如果把该标准作为第七篇参考文献使用，怎样正确著录？

{提示1：[6] GB 20814—2014.染料产品中重金属元素的限量及测定［S］.

提示2：[7] GB/T 23955—2009.化学品命名通则［S］.}

（5）专利文献　一件专利技术从提出申请到获得专利权需要一定时间，在这中间要经过全社会的审查检验，同时发明者会对专利说明书进行多次修改，从而形成系列专利文献。从广义上说，专利文献是指国家知识产权局按照相关法律法规对发明、实用新型、外观设计申请法定程序中予以公布或公告，由此产生的各种专利文献，如专利说明书、专利公报、专利目录、专利文摘、分类表索引等。从狭义上说，专利文献主要是指专利说明书。作者作为参考文献引用的"专利文献"主要指的是专利说明书。

GB/T 7714—2015中提出的"专利号"是个模糊的概念，可以涉及专利申请号、取得专利号以及专利文献号，从历史上来说，一件发明专利大约会有10多个"专利号"。"专利文献号"是国家知识产权局按照法定程序，在专利申请公布和专利授权公告时给予的文献标识号码。我国专利文献号有两个制定原则：一是唯一性原则，即一个专利文献号只能唯一地用于一件专利申请所形成的专利文献；二是实用性原则，为便于专利信息的检索以及公众的理解和记忆，采用了简明实用的编号规则，专利文献号中包含了表示专利申请的种类号和表示专利文献公布或公告顺序的流水号。

查阅专利文献是查看专利的各类专利说明书，虽然还没有取得专利权，但已经产生的专利说明书可予以借鉴和引用。国家知识产权局网站（http://www.sipo.gov.cn）专利高级检索的"检索项目"有申请号（日）、公开（公告）号（日）、发明名称、IPC分类号、申请（专利权）人、发明（设计）人、优先权号（日）、摘要、权利要求、说明书、关键词等14个途径。中国知网（http://www.cnki.net）的"中国专利全文数据库"提供的检索项有专利名称、关键词、摘要、全文、申请号、公开号、分类号、主分类号、申请人、发明人、地址、专利代理机构、代理人、优先权、国省代码、国省名称等。从中可以看出，专利号只是其中的检索途径之一，各类相应的专利说明书（包括摘要）才是参阅者需要的内容。

根据以上分析可知，应该对专利文献在参考文献中的著录规则做必要的修改。专利文献在文后参考文献著录规则中，<u>应该将题名项中"专利号"更改为"专利申请号"更为合适</u>，如果是未批准专利，可以用"专利申请号"表示，一个专利有一个唯一的专利申请号从头到尾不会变化，即使在最后取得专利而获得专利号的数字也与申请号一致，只是前缀发生了变化。如果是已经取得专利权的专利文献，同样可以用"专利申请号"表示。题名项中仅用"引用日期"即可。

鉴于此，专利文献在文后参考文献的著录规则应该使用以下表达方式为好：

［序号］专利申请（专利权）所有者.专利题名：专利申请号［P］.引用日期.

>>> **课堂互动6-9**

专利文献作为文后参考文献的著录格式。

［1］姜锡洲.一种温热外敷药制备方案：88105607.3［P］.1989-07-26.

第六章　科技论文的撰写与编辑

思考练习 6-6

将下面的专利文献转化成文后参考文献的著录格式。

专利1："两步分离法污水处理工艺"于2000年11月24日提出专利，专利申请号为CN00130808.4，申请（专利权）人为中国轻工总会甘蔗糖业研究所和深圳市宏发垃圾处理工程技术开发中心，发明人有卢巨流、钟志才、卢远光、黄向阳、林桂鹏、梁汉平、崔向东、廖建辉、韩学成、沈金健和袁宏伟。该专利的IPC分类号为C02F1/04；C02F1/00，公开（公告）号为CN1309091A，公开（公告）日为2001.08.22，该专利代理机构为广州市荔湾专利事务所，代理人为唐弟。查阅该专利法律状态数据如下：20010822，公开；20040602，授权；20120208，专利权的终止。如果在2018年5月10日把该专利作为第八篇参考文献使用，怎样正确著录？

专利2："一种医用软管固定夹"于2014年9月4日提出专利，专利申请号为CN201420507311.2，申请（专利权）人为中州大学，发明人有郭林、李靖靖、孙浩冉、周万春、王宇飞。本专利的IPC分类号为：A61M5/14；A61M25/02。公开（公告）号为CN204134014U，公开（公告）日为2015.02.04，该专利代理机构为郑州红元帅专利代理事务所（普通合伙）41117，代理人为季发军。查阅该专利法律状态数据如下：20150204，授权；20161026，专利权的终止。如果在2018年5月20日把该专利作为第九篇参考文献使用，怎样正确著录？

（提示1：[8] 中国轻工总会甘蔗糖业研究所，深圳市宏发垃圾处理工程技术开发中心. 两步分离法污水处理工艺：CN00130808.4 [P]. 2018-05-10.

提示2：[9] 中州大学. 一种医用软管固定夹：CN201420507311.2 [P]. 2018-05-20.）

（6）析出文献（contribution）　是指从整本文献中析出的具有独立篇名的文献。著录格式如下：

[序号] 析出文献主要责任者. 析出文献题名 [文献类型标识] //原文献主要责任者（任选）. 原文献题名. 出版地：出版者，出版年：析出文献起止页码.

课堂互动 6-10

析出文献作为文后参考文献的著录格式。

[7] 钟文发. 非线性规划在可燃毒物配置中的应用 [C] //赵玮. 运筹学的理论与应用-中国运筹学会第五届大会论文集. 西安：西安电子科技大学出版社，1996：468-471.

[8] 马克思. 关于《工资、价格和利润》的报告札记 [M] //马克思，恩格斯. 马克思恩格斯全集：44卷. 北京：人民出版社，1982：505.

[9] 王家益. 1995年湖南省交通肇事逃逸案件 [G] //公安部交管局. 49~99五十年交通事故统计资料汇编. 北京：群众出版社，2000.

（7）电子文献　对于载体为"DK""MT"和"CD"等的文献，将对应的印刷版的 [文献类型标识] 换成 [文献类型标识/载体类型标识]（包括 [DB/MT] 和 [CP/DK] 等）；对于载体为"OL"的文献，除了将对应的印刷版的 [文献类型标识] 换成 [文献类型标识/

载体类型标识]以外,尚需在对应的印刷版著录项目后加上发表或更新日期(加圆括号)、引用日期(加方括号)和电子文献的网址。著录格式如下:

[序号]主要责任者.题名:其他题名信息[文献类型标识/文献载体标识].出版地:出版者,出版年(更新或修改日期)[引用日期].获取和访问路径.

课堂互动 6-11

电子文献作为文后参考文献的著录格式。

[10] 萧钰.出版业信息化迈入快车道[EB/OL].(2001-12-19)[2002-04-15].http://www.creader.com/news/20011219/200112190019.html.

[11] 万锦坤.中国大学学报论文文摘(0983-1993)[DB/CD].英文版.北京:中国大百科全书出版社,1996.

[12] 莫少强.数字式中文全文文献格式的设计与研究[J/OL].情报学报,1999,18(4):1-6[2001-07-08].http://periodical.wanfangdata.com.cn/periodical/qbxb/qbxb99/qbxb9904/990407.htm.

[13] 赵耀东.新时代的工业工程师[M/OL].台北:天下文化出版社,1998[1998-09-26].http://www.ie.nthu.edu.tw/info/ie.newie.htm(Big5).

阅读材料 6-4

常用文后参考文献著录格式一览表(表 6-2)

表 6-2 常用文后参考文献著录格式一览

文献类型	著录内容
著作	[1]作者.著作书名:其他题名信息(任选)[文献类型标识].其他责任者(任选).版本项(任选).出版地:出版者,出版年:起止页码.
期刊	[2]作者.论文题名[J].刊名(建议外文刊名后加 ISSN 号),年,卷(期):起止页码.
报纸	[3]作者.文章题名[N].报纸名,出版日期(版次).
标准文献	[4]标准编号,标准名称[S].
专利文献	[5]专利所有者.专利题名:专利国别,专利号或专利文献号[P].出版日期.
析出文献	[6]析出文献主要责任者.析出文献题名[文献类型标识]//原文献主要责任者(任选).原文献题名.出版地:出版者,出版年:析出文献起止页码.
电子文献	[7]主要责任者.题名:其他题名信息[文献类型标识/文献载体标识].出版地:出版者,出版年(更新或修改日期)[引用日期].获取和访问路径.
其他文献	[8]作者.文献题名[Z].出版地:出版者,出版日期.

思考练习 6-7

下面一篇参考文献，指出其中著录错误。

(1) 见李建、陈业明、王桂珍、刘祥平等著，"改革新途径"（M），北京高等教育出版社，1957。

{提示：① （1）；② 见；③ 、、、；④ 不能多于三人；⑤ 等著；⑥ ""；⑦ （）；⑧ ，；⑨ ；；⑩ 。。

正确著录是：[1] 李建，陈业明，王桂珍，等.改革新途径[M].北京：高等教育出版社，1957.}

5. 参考文献著录中应注意的问题

著录参考文献是否正确的判断标准是，在别人看到后，能够找到它。

① 著录顺序号时，用阿拉伯数字左顶格书写，用方括号标注。

② 著录作者时，不加"著""编""主编""合编"等责任说明。对于个人作者（包括译者和编者），在书写时，其姓名一律姓在前，名在后（中外作者相同），外国人名的名可缩写为首字母（大写），但不加缩写点（·）。作者为3人或少于3人时应全部写出，之间用","号相隔；3人以上的只列前3人，后边加"，"，再写"等"字或相应的文字如"et al"。

译者是相对于"主要责任者"（作者）的"其他责任者"，姓名应置于书名或题名之后。

③ 著作第1版不著录，其他版本需著录说明版次。版本用阿拉伯数字、序数缩写形式或其他标志表示，例如"3 版""5th ed"，古籍的版本可著录"写本""抄本""刻本""活字本"等。

④ 著录期刊出版年份、卷号、期号时，有时缺少卷或期，这时，其著录格式为：

年，卷，期齐全的：　　　1980，92（2）：25.
缺少卷次的：　　　　　　1985（4）：25.
缺少期次的：　　　　　　1987，5：25.

对于所引文献已在前面著录过的属于同一期刊上连载的文章，可在原有文献项目后直接著录后续部分的年，卷，期等。例如：

1981，5（1）：37-44；1981，5（2）：47-48.

⑤ 若论文中多次引用同一文献，其页码不同，在文后参考文献表中只出现一次，其中不注页码，在正文中标注引用的该文献序号，并在序号的角标外著录引文页码。例如：

……主编靠编辑思想指挥全局已是编辑界的共识[1]，然而对编辑思想至今没有一个明确的界定……由于"思想"的内涵是"客观存在反映在人的意识中经过思维活动而产生的结果"[2]1194，所以"编辑思想"的内涵就是……《中国青年》杂志创办人追求的高格调——理性的成熟与热点的凝聚[3]，表明其读者群的文化的品位的高层次……"方针"指"引导事业前进的方向和目标"[2]354……

⑥ 文内标注的参考文献顺序应与文后参考文献表中顺序相同，一一对应。

⑦ 文后参考文献表的著录项目应全面规范，不可缺项。

⑧ 参考文献是作者写作过程所参考的已公开发表的文献书目，或有明确收藏地点的善

本、档案,一般集中列表于文末。注释是对论著正文中某一特定内容的进一步解释或补充说明,以及未公开发表的私人通信、内部资料、书稿和仅有中介文献信息的"转引自"等类文献的引用著录,一般排印在该页地脚。参考文献序号用方括号标注,而注释用数字加圆圈标注(如①、②…)。另外,随着网络信息应用的扩大,使用网上文献资料的可能性越来越大,但是应该采用慎重使用的原则。

阅读材料 6-5

网络资源尽可能溯源成引用纸质载体文献

有人在一篇论文中引用一篇文章《我们的科技一直在追赶:访中国工程院院长周济》,其参考文献著录为:

[2] 余建斌.我们的科技一直在追赶:访中国工程院院长周济[N/OL].人民日报,2013-01-12(2)[2013-03-20].http://paper.people.com.cn/rmrb/html/2013-01/12/nw.D110000renmrb_20130112_5_02.htm.

如果要从网络中查阅全文,按照提供的网址检索,可以发现只提供三个检索结果(图 6-1),但没有所需要的相关资料,致使信息链断裂。在这种情况下应该尽量利用该网页内容找到文章的源头,利用源头母本载体作为参考文献就可以在今后任何时候让任何人去检索。

因为网络资料会随着提供资料的网络企业本身的变化而发生变化,如企业本身撤并,再如企业名称的变更而将原有资料清空,一段时间后企业本身清理现有网络资料等。如果出现上述情况,则网络资料就无从查到而成为死结。

可以根据原参考文献提供的信息查找到 2013 年《人民日报》的原文(图 6-2),内容准确无误,但如果把这篇文章的参考文献更改为如下形式会更好。目前一般学术期刊编辑部都希望尽量不用网络信息资源作为参考文献,因为追溯落实会遇到困难。

[2] 余建斌.我们的科技一直在追赶:访中国工程院院长周济[N].人民日报,2013-01-12(2).

图 6-1 网络资料的转换 1   图 6-2 网络资料的转换 2

三、专业论文标准格式样本

利用新显色剂分光光度法测定氯化十六烷基吡啶

高和平[1]，刘胜利[2]

(1. 平原工学院 化工系，郑州 450005；2. 河南工程大学 环境科学学院，河南 开封 475000)

摘　要：研究了新显色剂与氯化十六烷基吡啶（CPC）的显色反应。结果表明，显色反应具有良好的选择性，可以直接用于水样的分析。

关键词：二溴羧基苯基重氮氨基偶氮苯；氯化十六烷基吡啶；分光光度法

中图分类号：O657.3　文献标识码：A　文章编号：1408-3715（2005）04-0047-03

氯化十六烷基吡啶是一种阳离子表面活性剂，应用十分广泛，但其洗涤液直接排入水体中会造成严重污染，需要研究一种快速准确的测定方法……

1 实验部分

1.1 主要仪器和试剂

722 型分光光度计……

1.2 实验方法与步骤

移取不多于 100μg 的 CPC 标准溶液于 25ml 容量瓶中……

2 结果与讨论

2.1 吸收光谱及最大吸收波长的选择

按实验方法显色后，在不同波长下……

2.2 显色介质的选择及用量

……

2.3 显色剂用量的选择

……

……

3 样品分析

3.1 样品处理

……

3.2 样品分析

……

4 简单结语

……

参考文献

[1] 王启宗，孙家俊. 化学分离与富集法 [M]. 北京：化学工业出版社，2000：25.

[2] 刘金燕，李峰. 气相色谱-质谱仪分析烷基季铵盐阳离子表面活性剂的新方法 [J]. 化学与世界，2004，40（5）：266.

[3] 张文发. 表面活性剂在环境中的降解机理探讨 [C] // 张平. 全国第八届有机分析学术讨论会论文集. 广州：华南科技大学出版社，2004：236-239.

[4] Zhang K，Wang J J，Sun J Q，et al. Activity coefficients for NaCl-monosaccharide-water systems at 298.15K [J]. Carbohydr Res，2003，325：46-55.

[5] 陈民. 显色剂发展新动态 [N]. 中国化工报，2004-10-13（10）.

[6] 戴威斯. 分光光度法的新应用 [M]. 吕志远，译. 合肥：皖平科学技术出版社，2004.

[7] TURCOTTE D L. Fractals and chaos in geology and geophysics [M/OL]. New York: Cambridge University Press, 1992 [1998-09-23]. http://www.seg.org/reviews/mccorm30.html.

[8] HG/T 3712-2003,抗氧剂 168 [S].

Spectrophotometric Determination of Cetylpyridinium Chloride with Bibromocarbaxylbenzenediazoaminoazobenzene

GAO He-ping[1], LIU Sheng-li[2]

(1. Department of Chemical Engineering, Pingyuan Institute, Zhengzhou 450005, China; 2. Institute of Environmental Science, University of Henan Engineering, Henankaifeng, 475000, China)

Abstract: A novel spectrophotometric method for the determination of cetylpyridinium chloride (CPC) with dibromocarbaxylbenzenediazoaminoazobenzene is developed. The proposed method based on the above color reaction is simple and rapid, It has been applied to the determination of trace CPC in tap water with satisfactory result.

Key words: dibromocarbaxylbenzenediazoaminoazobenzene; CPC; spectrophotometric

收稿日期:2005-03-05
基金项目:河南省杰出青年科学基金项目(0412000101)
作者简介:高和平(1967—),男(回族),河南郑州市人,平原工学院化工系教授,研究方向:有机分析,配合物的合成。

第三节 论文的编辑排版

一、简单排版

1. 基本内容

以 Microsoft office word 2010 编辑系统为例,了解简单排版的主要内容。

文件栏:保存,另存为,打开,关闭,新建,打印,保存并发送,帮助等。

开始栏:常用,剪贴板,字体[包括中(西)文字体、字形、字号、字体颜色、下划线线型、着重号、各类效果等],段落(包括缩进和间距、换行和分页、中文版式等),样式,编辑(包括查找、替换、选择等)。

插入栏:页,表格(插入表格、绘制表格、文本转换成表格、Excel 电子表格、快速表格),在线资源(图片、范文),插图(图片、剪贴画、形状、SmartArt、图表、屏幕截图),链接(超链接、书签、交叉引用),页眉和页脚(页眉、页脚、页码),文本(文本框、文档部件、艺术字),符号(公式、符号、编号)等。

页面布局栏:主题(颜色、字体、效果等),页面设置(文字方向、页边距、纸张方向、纸张大小、分栏),稿纸(稿纸设置),页面背景(水印、页面颜色、页面边框),段落(缩进、间距),排列(位置、自动换行、上移一层、下移一层、选择窗格)等。

引用栏:目录(添加文字、更新目录),脚注(插入尾注、下一条脚注、显示备注),引文与书目(管理源、样式、书目),题注(插入表目录、更新表格、交叉引用),索引(插入索引、更新索引),引文目录(插入引文目录、更新表格)等。

第六章 科技论文的撰写与编辑

邮件栏：创建（中文信封、信封、标签），开始邮件合并（开始、选择、编辑），编写和插入域（突出显示合并域、地址块、问候语、插入合并域），预览结果，完成（完成并合并）。

审阅栏：校对（拼写和语法、信息检索、同义词库、字数统计），语言（翻译、语言），中文简繁转换（繁转简、简转繁、简繁转换），批注（新建批注、删除），修订，更改（接受、拒绝），比较，保护（阻止作者、限制编辑）等。

视图栏：文档视图（页面视图，阅读版式视图，web 版式视图，大纲视图和草稿等），显示（标尺、网格线、导航窗格），显示比例，窗口（新建窗口、全部重排、拆分、切换窗口），宏等。

福昕阅读器栏：创建 PDF（创建 PDF、创建并发送），常规设置（查看 PDF 结果、提示输入文件名、转换文档信息、支持 PDF/A-1b 标准、创建书签）。

2. 论文目录的自动生成

文档完成后，可以自动为文档插入目录。首先以分节的方式在文档首页前插入一页。按组合键 Ctrl＋Home 将光标定位于文档最前面（标题第一个字前），单击"页面布局/"页面设置"/"按钮，在弹出的选项列表中选择"分节符"分类中的"下一页"命令，完成插入分节符操作，如图 6-3 所示。

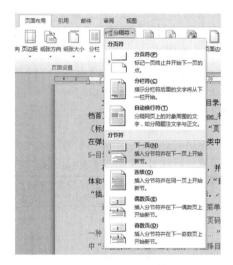

图 6-3 插入分节符

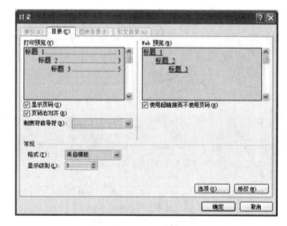

图 6-4 插入目录

在新产生的页内输入"目录"二字，并按照院校的要求对此"目录"二字进行排版（字体和字号），水平居中。单击"引用"/"目录"/（目录）按钮，在弹出的目录样式列表中选择"插入目录"命令，弹出"目录"对话框，修改"显示级别"为"3"，目录"格式"为"正式"，"制表符前导符"一般选择"……"，如图 6-4 所示。

这样自动生成的目录，不仅具有超链接功能，通过目录可以直接进入相应的正文内容部分，还可以初步检查正文排版有没有遗漏、错误之处，而且正文的改变在目录中采用"自动更新"可以实现修改，不会出现不一致现象。

由于在正文前插入了页码，正文首页页码默认从增加页开始延续而不是"1"，双击进入正文首页页脚，选择"页眉和页脚工具 设计"/"页眉和页脚"/"页码"/"设置页码格式"命令，在弹出的"页面格式"对话框底部的"页码编号"栏选择"起始页码"单选按

图 6-5 设置正文首页页码

钮,并设置为"1",如图 6-5 所示。

3. 插入图表

图应该具有自明性,即只看图、图题和图例,不阅读全文,就可以理解图意,常用的图有函数图和照片图,函数图的组成包括坐标轴、曲线、标值线、标值、标目、图序、图题及图注。图序与图题居中排在图下,图题应简洁明确,具有较好的说明性和专指性,不能选用过于泛指的题名,如设备图、框图、函数关系图等。标目是说明坐标轴物理意义的必要项目,由于物理量=数值·单位,所以由物理量的名称或符号比相应的单位组成标目,如 $T/℃$,$Y/\%$,密度$/(kg/m^3)$,物理量符号用斜体,单位符号用正体。横坐标的标目从左至右;纵坐标的标目自下而上。标值是坐标轴定量表述的尺度,标值线和标值不能过密或过稀,标值要规整,标值应控制在 $0.1\sim1000$,必要时需要调整单位,有了标值,坐标轴上不用再画箭头。

表格是记录数据或事物分类的一种有效表达方式,具有简洁、清晰、准确的特点,表格与图的内容不能重复,表格的形式有多种,如无线表、系统表、卡线表、三线表等,三线表是由卡线表衍变而来,它隐藏了卡线表的所有纵线及表身的行线,科技论文推荐使用三线表。

图表必须随文排列,一般是先见文字后见图表,图表应有以阿拉伯数字连续编号(可以全文连排,也可以分章编排)的序号(如果仅有一个,可以定名为"表1"或者"图1-1")。表中单位标注在表的右上角,不写"单位"二字。图表插入正文中可以采用文本框,文本框是存放文本和图表的容器,可以放置在页面的任何位置,其大小可以由用户自行调节。图表规范表示见图 6-6 和图 6-7。

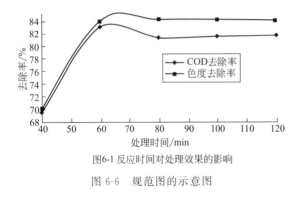

图 6-6 规范图的示意图   图 6-7 规范表格的示意图

>>> **课堂互动 6-12**

把"中华人民共和国中央人民政府网站主界面"复制作为"图1-1"粘贴在 Word 文档中。

① 打开"中华人民共和国中央人民政府网站主界面"(www.gov.cn)点击键盘上"Pr Scrn"键复制该界面。

② 打开附件"画图",将复制界面粘贴其中(图 6-8)。

③ 在"画图"界面截取所需要的画面,点击鼠标右键选取"复制"(图 6-9)。

图 6-8　所需图片粘贴在"画图"中

图 6-9　截取所需图片并复制

④ 在 Word 文档页面，选项"插入"→"文本框"→"简单文本框"，鼠标放在文本框内，点击鼠标右键，选择"粘贴"即可，在图下方标出图目（图 6-10）。

图 6-10　在 Word 文档中粘贴图片

思考练习 6-8

从网络上下载一篇文章,按照如下要求编辑该文稿。

论文标题[居中,二号黑体(红色)]

以下正文部分一律用小四号宋体,正文行间距为"固定值"22磅,页面设置为上下左右均为2.5cm,纵向排列,页码在下面居中设置。

有图表的按要求插入文中。

学生毕业论文真实性承诺和论文使用授权推荐格式

学生论文真实性承诺

本人郑重声明:所提交的作品是本人在指导教师的指导下,独立进行研究所取得的成果,内容真实可靠,不存在抄袭、造假等学术不端行为。除文中已经注明引用的内容外,本论文不含其他个人或集体已经发表或撰写过的研究成果。对本文的研究做出重要贡献的个人和集体,均已在文中以明确方式标明。如被发现论文中存在抄袭、造假等学术不端行为,本人愿承担本声明的法律责任和一切后果。(四号、宋体)

毕业生签名: ;日期:

指导教师关于学生论文真实性审核的声明

本人郑重声明:已经对学生论文所涉及的内容进行严格审核,确定其内容均由学生在本人指导下取得,对他人论文及成果的引用已经明确注明,不存在抄袭等学术不端行为。(四号、宋体)

指导教师签名: ;日期:

关于论文使用授权的说明

本人完全了解**职业技术学院有关保留、使用毕业论文(设计)的规定,即:学校有权保留送交论文的复印件,允许论文被查阅和借阅,学校可以公布论文的全部或部分内容,可以采用影印、缩印或其他复制手段保存论文。(保密的论文在解密后应遵守此规定)

毕业生签名: ;指导教师签名: ;日期:

学生毕业论文推荐格式

论文题目(小二、黑体、居中)

作者姓名(小四、宋体、居中)

****工程技术学院化工系,班级:有机化工****班(小四、宋体、居中)

摘要:(小四、仿宋,其中"摘要"加粗)

关键词:各关键词之间用";"隔开(小四、仿宋,其中"关键词"加粗)

目录(小二、黑体、加粗、居中)

第一章 绪论(小四、黑体)

1.1*** …………………………………………………………… (1)

︙(小四、宋体)

第一章 绪论(小二、黑体、加粗、居中)

1.1**(四号、黑体)**

1.1.1*(小四、黑体)**

正文*****(小四、宋体)

文中表格标题及表中内容(五号、宋体、居中)

文中插图标题(五号、宋体、居中)

参考文献(小三、宋体,加粗)

[1]梁克炳.常用冷作模具钢的选材及发展趋势[J].广西轻工业,2011(02):16-17.(小四、宋体)

致谢(小二、黑体、加粗、居中)

在**学院四年的生活和学习即将结束,值此论文完成之际,回溯在校的日子,感慨万千。

从开始进入课题到论文的顺利完成,有多少可敬的老师给了我无言的帮助,在此一并表示感谢,谢谢你们四年的辛勤栽培,谢谢你们在教学的同时更多的是传授我们做人的道理,谢谢四年里面你们孜孜不倦的教诲!

最后,衷心地感谢在百忙之中评阅论文和参加答辩的各位老师!

***

20**年**月(小四、宋体)

二、数据处理

1. WPS Office 表格软件一元回归分析数据-吸收曲线图绘制

>>> **课堂互动 6-13**

以分光光度法测定高锰酸钾浓度试验为例,说明利用 WPS Office 表格软件进行一元回归分析数据的具体方法。配制三种浓度的高锰酸钾溶液,调整不同波长,得到相应的吸光度（表 6-3），作图后可以求得高锰酸钾的最大吸光度值。利用 WPS Office 表格软件作出高锰酸钾的最大吸光度值。

表 6-3　实验数据 1

波长 λ/nm	420	440	460	480	500	510	520	530	540	550	560	580	600
吸光度 A_1/(0.0001mol/L)	0.023	0.22	0.025	0.014	0.086	0.086	0.148	0.173	0.157	0.166	0.092	0.029	0.018
吸光度 A_2/(0.0002mol/L)	0.044	0.044	0.072	0.147	0.275	0.275	0.385	0.429	0.395	0.411	0.272	0.163	0.066
吸光度 A_3/(0.0003mol/L)	0.048	0.045	0.082	0.179	0.372	0.373	0.541	0.613	0.561	0.588	0.373	0.186	0.054

① 打开 WPS Office 表格软件，将实验数据输入，点击选中吸光度 A 的三组数据（图 6-11）使形成一个数据框，点击"插入"，选择"图表类型"中的"折线图"，显示出原始图（图 6-12）。

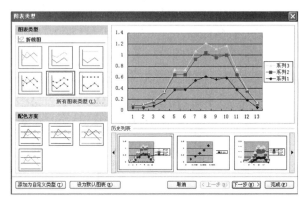

图 6-11　测吸光度-选取数据　　　　图 6-12　测吸光度-确定图形类型

② 点击"下一步"，选择"系列"选项，分别对系列 1、2、3 命名其数值及单位。点击"分类-（X）轴标志"，然后框住所选 X 轴对应的数据（图 6-13），点击小长条"标题栏"。点击"下一步"。

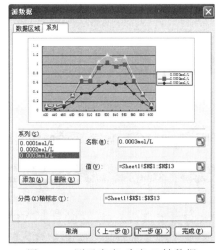

图 6-13　测吸光度-确定 X 轴数据

③ 填入图的名称（高锰酸钾吸收曲线图）、X 轴（波长/nm）和 Y 轴（吸光度/A）名称（图 6-14），点击"下一步"和"完成"，即可得到图 6-15。

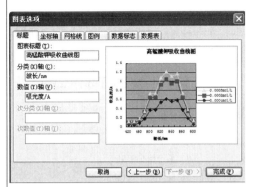

图 6-14　测吸光度-填入图和坐标轴名称

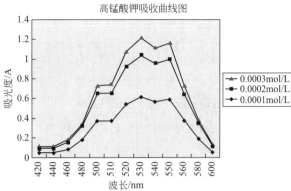

图 6-15　吸光光度法测定高锰酸钾吸光度图示

④ 经过测量，高锰酸钾最大吸光度 A 为 525nm。

2. Microsoft Excel 软件（2010 版）一元回归分析数据-标准曲线图绘制

>>> 课堂互动 6-14

将不同浓度的高锰酸钾溶液在分光光度计中测定其吸光度 A（表 6-4），作出标准曲线图，得到一元方程式。同时有一瓶未知浓度的高锰酸钾溶液，测定其吸光度 A 的值为 0.314，求出该未知溶液浓度为多少。

表 6-4　实验数据 2

浓度 c/(mol/L)	0.0001	0.0002	0.0003	0.0004	0.0005	?
吸光度 A	0.228	0.419	0.633	0.869	1.202	0.314

① 打开 Excel，将实验数据输入，并选中数据区域，如图 6-16 所示，单击工具栏"插入"下拉点击"图表"，选择"XY（散点图）"点击第一个图形，点击"确定"，出现图 6-17。

图 6-16　测标准曲线-选取数据

② 选择"图表布局"中的第一种形式，出现如图 6-18 所示对话框。分别选择"标题"，输入图表标题名称（高锰酸钾标准曲线图）、X 轴［c/（mol/L）］和 Y 轴（吸光度/A）名称，出现图 6-19。

③ 用鼠标选图 6-19 中任一个数据点，单击右键，选择"添加趋势线"，在出现的对话框中"趋势预测/回归分析类型"中选取"线性"，选取"显示公式"，出现如图 6-20 所示标准曲线图。y＝2399x－0.0497。

④ 由于测得未知溶液的吸光度 A 值（y 值）为 0.314，代入公式 y＝2399x－0.0497 中，得到未知溶液浓度 c＝0.0001516mol/L。

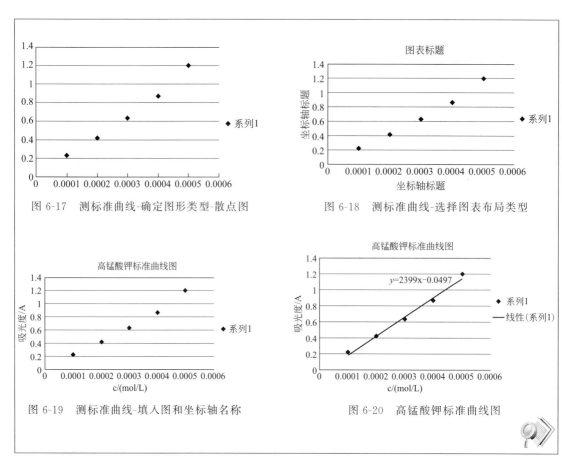

图 6-17 测标准曲线-确定图形类型-散点图

图 6-18 测标准曲线-选择图表布局类型

图 6-19 测标准曲线-填入图和坐标轴名称

图 6-20 高锰酸钾标准曲线图

3. Microsoft Excel（2003 版）软件数据-曲线图绘制

> **课堂互动 6-15**
>
> 某企业生产 A 产品在各销售区的销售情况见表 6-5，用柱形图分析该产品 1999～2003 年在全国各大区域销售情况。
>
> 表 6-5　某企业生产 A 产品在各销售区的销售情况
>
> | 销售区 | 1999 年 | 2000 年 | 2001 年 | 2002 年 | 2003 年 | 累计数量 |
> |---|---|---|---|---|---|---|
> | 东北区 | 1000 | 950 | 1020 | 1210 | 1510 | |
> | 西北区 | 900 | 870 | 910 | 1020 | 1430 | |
> | 西南区 | 1050 | 910 | 1000 | 1120 | 1440 | |
> | 华北区 | 1100 | 1000 | 1130 | 1210 | 1510 | |
> | 华中区 | 840 | 970 | 1020 | 1140 | 1480 | |
> | 华东区 | 910 | 1040 | 1100 | 1240 | 1580 | |
> | 华南区 | 1020 | 980 | 1200 | 1220 | 1570 | |

① 打开 Excel，将统计数据输入，并选中数据区域，见图 6-21，单击工具栏"插入"下拉点击"图表"，出现对话框，选择"柱形图"，点击"下一步"，出现对话框如图 6-22 所示。

② 点击"下一步"，出现如图 6-23 所示对话框。点击"分类-X 轴标志"，然后框住所选 X 轴对应的数据（图 6-24），点击小长条"标题栏"。点击"下一步"（图 6-25）。

图 6-21　绘制柱形图-选取数据

图 6-22　绘制柱形图-确定图形

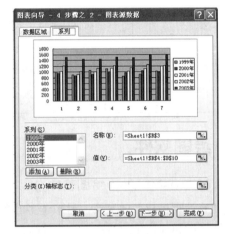

图 6-23　绘制柱形图-确认 X 轴

图 6-24　绘制柱形图-选择 X 轴对应内容

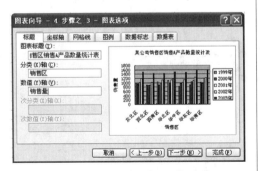

图 6-25　绘制柱形图-完成 X 轴

③ 选择"标题",输入图表标题名称(某企业各销售区销售 A 产品数量统计)、X 轴(销售区)和 Y 轴(销售数量)名称,点击"完成"出现如图 6-26 所示的结果。

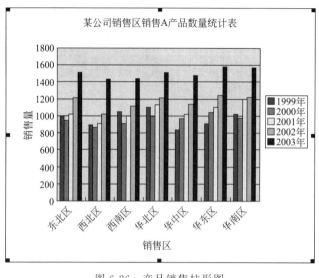

图 6-26　产品销售柱形图

三、绘图软件

1. Microsoft Visio 绘图软件

随着计算机技术的发展,越来越多的单位和个人启动了办公自动化、数字化的工作模式,运用计算机和现代化的信息技术来提高工作效率。在日常办公过程中,使用 Microsoft Visio 2010 可以替代传统工具,绘制各类图形,如流程图、结构图、项目规划图、室内布局图及各种表。

2. Origin 绘图软件

Origin8.0 是 OriginLab 公司研发的专业制图和数据分析软件。Origin 是公认的简单易学、操作灵活、功能强大的软件,既可以满足一般用户的制图需求,也可以满足高级用户数据分析、函数拟合的需求。软件适合研究人员、工程师和科学人员使用。若有需要,下载安装即可使用。

总结以上几种绘图软件的优缺点,并了解更多的绘图软件。

学术不端文献检测实例

当有人送达一篇文章到编辑部要求发表时,编辑部工作人员希望知道该文章的真伪性，或者说想了解该文章是否有剽窃的嫌疑，可以通过 CNKI 的“学术不端”进行验证。例如有一篇文章题目是“情报学若干问题辨析”。

① 该论文共有 6500 多字，参考文献 24 篇，文章结构规范（图 6-27）。

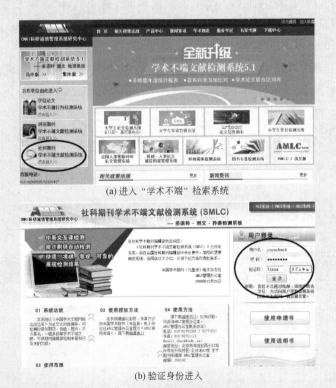

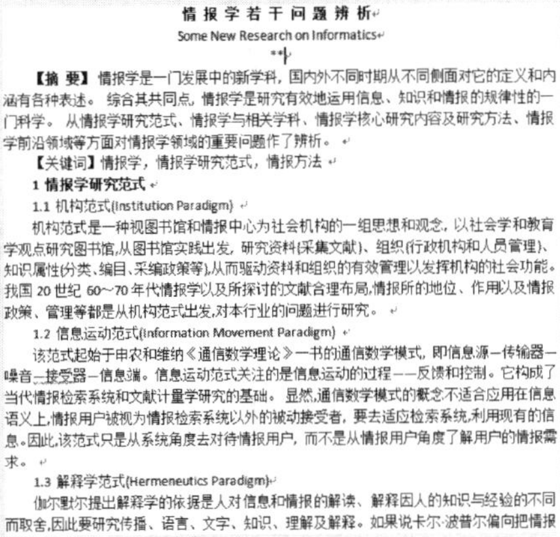
情报学若干问题辨析

Some New Research on Informatics

**

【摘 要】情报学是一门发展中的新学科，国内外不同时期从不同侧面对它的定义和内涵有各种表述。 综合其共同点，情报学是研究有效地运用信息、知识和情报的规律性的一门科学。 从情报学研究范式、情报学与相关学科、情报学核心研究内容及研究方法、情报学前沿领域等方面对情报学领域的重要问题作了辨析。

【关键词】情报学，情报学研究范式，情报方法

1 情报学研究范式

1.1 机构范式(Institution Paradigm)

机构范式是一种视图书馆和情报中心为社会机构的一组思想和观念，以社会学和教育学观点研究图书馆,从图书馆实践出发，研究资料(采集文献)、组织(行政机构和人员管理)、知识属性(分类、编目、采编政策等),从而驱动资料和组织的有效管理以发挥机构的社会功能。我国 20 世纪 60~70 年代情报学以及所探讨的文献合理布局,情报所的地位、作用以及情报政策、管理等都是从机构范式出发,对本行业的问题进行研究。

1.2 信息运动范式(Information Movement Paradigm)

该范式起始于申农和维纳《通信数学理论》一书的通信数学模式，即信息源—传输器—噪音—接受器—信息端。信息运动范式关注的是信息运动的过程——反馈和控制。它构成了当代情报检索系统和文献计量学研究的基础。 显然,通信数学模式的概念不适合应用在信息语义上,情报用户被视为情报检索系统以外的被动接受者，要去适应检索系统,利用现有的信息。因此,该范式只是从系统角度去对待情报用户，而不是从情报用户角度了解用户的情报需求。

1.3 解释学范式(Hermeneutics Paradigm)

伽尔默尔提出解释学的依据是人对信息和情报的解读、解释因人的知识与经验的不同而取舍,因此要研究传播、语言、文字、知识、理解及解释。如果说卡尔·波普尔偏向把情报

(a) 来稿论文首页

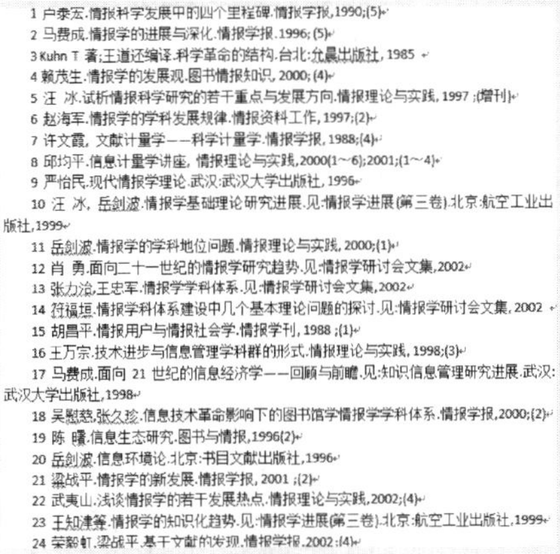

1 户泰宏.情报科学发展中的四个里程碑.情报学报,1990;(5)

2 马费成.情报学的进展与深化.情报学报.1996; (5)

3 Kuhn T 著;王道还编译.科学革命的结构.台北:允晨出版社, 1985

4 赖茂生.情报学的发展观.图书情报知识, 2000; (4)

5 汪 冰.试析情报科学研究的若干重点与发展方向.情报理论与实践, 1997 ;(增刊)

6 赵海军.情报学的学科发展规律.情报资料工作, 1997;(2)

7 许文霞, 文献计量学——科学计量学.情报学报, 1988;(4)

8 邱均平.信息计量学讲座, 情报理论与实践,2000(1~6);2001;(1~4)

9 严怡民.现代情报学理论.武汉:武汉大学出版社, 1996

10 汪 冰, 岳剑波.情报学基础理论研究进展.见:情报学进展(第三卷).北京:航空工业出版社,1999

11 岳剑波.情报学的学科地位问题.情报理论与实践, 2000;(1)

12 肖 勇.面向二十一世纪的情报学研究趋势.见:情报学研讨会文集,2002

13 张力治,王忠军.情报学学科体系.见:情报学研讨会文集,2002

14 符福垣.情报学科体系建设中几个基本理论问题的探讨.见:情报学研讨会文集, 2002

15 胡昌平.情报用户与情报社会学.情报学刊, 1988 ;(1)

16 王万宗.技术进步与信息管理学科群的形式.情报理论与实践, 1998;(3)

17 马费成.面向 21 世纪的信息经济学——回顾与前瞻.见:知识信息管理研究进展.武汉:武汉大学出版社,1998

18 吴慰慈,张久珍.信息技术革命影响下的图书馆学情报学学科体系.情报学报,2000;(2)

19 陈 曙.信息生态研究.图书与情报,1996(2)

20 岳剑波.信息环境论.北京:书目文献出版社,1996

21 梁战平.情报学的新发展.情报学报, 2001 ;(2)

22 武夷山.浅谈情报学的若干发展热点.情报理论与实践,2002;(4)

23 王知津等.情报学的知识化趋势.见:情报学进展(第三卷).北京:航空工业出版社,1999

24 荣毅虹.梁战平.基于文献的发现.情报学报,2002;(4)

(b) 来稿论文末页

图 6-27 CNKI“学术不端”检索 1

② 打开 CNKI 旧版入口进入，在栏目条中找到“学术不端”点击进入。

③ 得到图 6-28(a)界面，选择“社科期刊学术不端文献监测系统”点击进入。

(a) 进入“学术不端”检索系统

(b) 验证身份进入

图 6-28 CNKI“学术不端”检索 2

④ 输入"用户名""密码"和"验证码",点击登录,见图6-28(b)。
⑤ 输入欲验证的论文(图6-29)。

(a) 在检索系统中确定输入论文窗口

(b) 输入论文

图6-29 CNKI"学术不端"检索3

⑥ 确定检索范围[图6-30(a)],经过系统解析,得出检测结果为总文字复制比为97.7%,疑似剽窃观点和文字,最终结论为:疑似整体剽窃[图6-30(b)]。因此该论文不能录用。

(a) 检测范围

(b) 检测结果

图6-30 CNKI"学术不端"检索4

自测练习题

1. 单选题：根据文后参考文献著录规则，报纸日期的正确书写方式是（　　）。
   A. 2014-10-30　　B. 10-30-2014　　C. 2014-30-10　　D. 30-10-2014

2. 单选题：课题"计算机在情报检索中的应用"的中图法分类号及类名主号应该是（　　）。
   A. TP3 计算机技术　　　　　　　　B. TP399 计算机技术的应用
   C. G250 图书馆学　　　　　　　　D. G252.7 情报检索

3. 单选题：现有一篇参考文献：
[1] 黄如花. Internet 上美国政府信息的检索［J］. 图书情报工作，2001（3）：69-72.
其中"2001（3）：69-72."所表达的内容是（　　）。
   A. 2001 年 3 期 69～72 行　　　　B. 2001 年 3 卷 69～71 页
   C. 2001 年 3 期 69～72 页　　　　D. 2001 年 3 卷 69～71 行

4. 单选题：在确定一篇论文的中图分类号时，"A 应用于 B"，则（　　）属于主分类号。
   A. A　　　　　　　　　　　　　　B. B
   C. A 和 B　　　　　　　　　　　D. A、B 均不是主分类号

5. 单选题：著录参考文献的原则主要有（　　）。
   A. 只选必要的、最新的、阅读过的　　B. 公开发表的
   C. 采用规范化的著录格式　　　　　　D. A+B+C

6. 单选题：根据文后参考文献著录规则，期刊和图书的信息区别主要依据是判断有无（　　）特征词，有则为期刊。
   A. 作者　　　　B. 卷期号　　　　C. 题名　　　　D. 出版年

7. 单选题：正确著录文后参考文献的重要性是（　　）。
   A. 体现学术研究的承前启后　　　　B. 反映作者的学术道德和学术态度
   C. 有利于文献计量学研究　　　　　D. A、B、C 三项

8. 单选题：在文后参考文献著录作者姓名，应注意（　　）。
   A. 作者姓名超过三名的，只著录前三名，第三名作者后应添加"，等."或者"，et al."
   B. 西文作者的姓名，应注意写成"姓"前"名"后
   C. 作者与作者之间，应使用"，"，不应使用"；"
   D. A、B、C 三项

9. 单选题：就同一文献的作者"张三，李四，王五，赵六"而言，按照文后参考文献著录格式，应将其写成（　　）。
   A. 张三，李四，王五，赵六　　　　B. 张三　李四　王五　赵六
   C. 张三，李四，王五，等.　　　　　D. 张三等.

10. 单选题：哪种类型的文献在文后参考文献中不著录个人作者姓名。（　　）
    A. 会议录文献　　B. 专利文献　　C. 工具书　　D. 标准文献

11. 单选题：只可能是一个个人作者的文献是（　　）。
    A. 标准文献　　B. 传记图书　　C. 学位论文　　D. 技术报告

12. 从 CNKI 查到一篇论文的如下信息：
论文题目："铁氧体法处理含铬废水工艺条件探讨"
作者：魏振枢

发表期刊：化工环保（双月刊）

发表日期：1998-02-28

所在页码：33-36

如果本文作为第一篇参考文献，写出其正确表达式，该论文共有几个页码？

13. 填空：对科技论文的基本要求有四条：①（　　）；②（　　）；③（　　）；④（　　）。

14. 填空：一篇科技论文一般选择（　　）个关键词。

15. 填空：GB 3793—83 规定，英文文摘主要内容有：（　　）、（　　）、（　　）、（　　）和（　　）。

16. 填空：一篇文章的编号为 1008-3715（2018）05-0001-08，请指出该文所在期刊的期次为（　　），起始页码为（　　），文章总页数为（　　）页。

实训练习题

1. 什么是科技论文？科技论文可以分为几种类型？你理解的科技论文具有什么样的特点？

2. 总结一篇标准格式的科技论文可以分为几个部分。

3. 参考文献的作用和原则是什么？

4. 请纠正下面参考文献不规范之处。

[1] 王贵真.《英语语音教程》[M].北京，高等教育出版社，2000

[2] 孟献生.期权制度涉及相关法律问题［N］.天津日报，2000-6-4

5. 到图书馆查阅专业杂志中的一篇论文及其文摘内容，了解它们的书写格式。

6. 一篇文章的编号为 1008-3715（2004）04-0116-03，请指出该文所在期刊的期次和所占页码。

7. 某作者一篇论文中以第一篇参考文献引用了魏振枢、薛培军、吕志元三人在"中国标准导报"2010 年第 10 期第 31 页到 33 页发表的《具有法律效力的文献和专利文献在文后参考文献中的著录规则》的文章，请按照文后参考文献著录规则表示出其正确的书写格式。

8. 查找《中国学术期刊（光盘版）检索与评价数据规范》标准，请指出下列期刊（2004 年 10 月出版，第 21 卷第 4 期）基本参数中不当之处（给不正确的项目加上下划线即可）：

（期刊参数为 CN48-1275/G4 * 1984 * Q * A4 * 128 * zh * P * ￥6.00 * 2000 * 47 * 2004-04）

并请指出下列参数各是什么。

创刊年：　　　　　　出版周期：

文章篇数：　　　　　语种：

9. 郑州建筑职业技术学院测量系近几年来稳步发展，在诸多方面取得骄人成绩。以下是 2010～2014 年在科研项目、专利数量和发表论文的数据，用柱形图表示出发展状况。

销售区	2010 年	2011 年	2012 年	2013 年	2014 年
科研项目	3	6	14	16	18
专利数量	6	6	10	10	12
科研论文	8	13	16	25	25

10. 将自己毕业论文编辑成学校要求的文稿格式。

参 考 文 献

[1] 魏振枢,吕志元."标准"文献在文后参考文献中的著录规则[J].中国科技期刊研究,2007,18(3):520-521.
[2] 魏振枢,薛培军,吕志元.专利文献在文后参考文献中的著录规则[J].中国科技期刊研究,2008,19(2):520-521.
[3] 魏振枢,蔡红燕.科技论文中"关键词"改为"检索项"更科学[J].科技与出版,2009(4):39-40.
[4] 魏振枢,薛培军,吕志元.Rule for Description in Bibliographic References:Special Literature[J].CHINA STANDARDIZATION,2010(1):30-35.
[5] 刘海燕,魏振枢.文献检索语言分类系统的研究[J].中州大学学报,2008,25(1):108-111.
[6] 魏振枢,李靖靖,郭林.基于网络环境下化工信息检索课程改革探讨[J].中州大学学报,2009,26(3):79-82.
[7] 王文峡,薛培军,魏振枢.基于网络环境下代码语言在文献检索中的特性[J].中州大学学报,2009,26(4):104-107.
[8] 魏振枢,初峰,郭晓玉,等.旅游专业文献检索教材建设探讨[J].焦作大学学报,2006(4):94-96.
[9] 魏振枢,邹兰,姚虹,等.化学化工文献课内容改革的探讨[J].中州大学学报,2000(3):59-61.
[10] 魏振枢,薛培军,吕志元.具有法律效力的文献和专利文献在文后参考文献中的著录规则[J].中国标准导报,2010(10):31-33.
[11] 魏振枢,吕志元.代码语言及其特征[J].中州大学学报,2012,29(2):68-70.
[12] 魏振枢,史子木,等.科技文献信息检索[M].北京:化学工业出版社,2016.
[13] 魏振枢.旅游文献信息检索[M].北京:化学工业出版社,2005.
[14] 傅连仲.计算机应用基础[M].北京:电子工业出版社,2014.
[15] 里红杰,陶学恒.文献检索与科技论文写作[M].北京:中国计量出版社,2011.
[16] 冷士良.化工文献检索实用教程[M].北京:化学工业出版社,2011.
[17] 胡家荣.文献检索[M].北京:人民卫生出版社,2009.
[18] 纪林,王者乐.医学文献检索[M].北京:科学出版社,2004.
[19] 中国图书馆分类法编辑委员会.中国图书馆分类法[M].第5版.北京:国家图书馆出版社,2010.
[20] 花芳.文献检索与利用[M].第2版.北京:清华大学出版社,2014.
[21] 郭向勇.信息素养教程——高等职业教育必修课程[M].北京:电子工业出版社,2012.
[22] 黄军左.文献检索与科技论文写作[M].第2版.北京:中国石化出版社,2013.
[23] 花芳,战玉华.《文献检索与利用》案例集锦[M].北京:清华大学出版社,2016.